子どもを「まもる」心理学

健やかな育ち・ウェルビーイング・心と安全

編著

出口保行・藤後悦子・坪井寿子・日向野智子

[執筆者]

渡辺千歳・井梅由美子・鈴木公啓・須田　誠・横地早和子・塚本伸一
大橋　恵・野中俊介・大村美菜子・大橋　智・藤本昌樹・近藤俊明
小谷博子・川原正人・石倉　篤

福村出版

はじめに

　少子化が言われて久しい時代に，「子どもをどのように育てるのか」ということがとても重要な課題となっています。もちろん，政策的な子育て支援策は数多あるものの，フレームだけあって実際はなにも機能していないことも多く，具体的になにをすればよいのか，どうすればよいのかということを「わがこと」として考えていかなければなりません。

　当然ながら，少子化であるのだから子どもの数は少ない。しかし，すべての子どもが手厚く育てられているのかというと，必ずしもそうでもありません。子どもを取り巻く環境は時々刻々と変化しており，それにどのように対応していくのかという課題が山積しています。

　本書の執筆者は全員が東京未来大学（以下，本学）こども心理学部こども心理学科心理専攻の教員です（執筆時）。本学は2007年に開学し，以降多くの有為な卒業生を世に輩出してきました。そもそも本学の教育理念は「技能と心の調和」です。これをさらに具体的に進めているのが「科学者・実践家モデル」。つまり，科学者として机上で学んだものを，今度は実践してみる。そして実践から得たことを再び机上の学問に還元する。こうした繰り返しにより，たんに「技能」を身につけるだけではなく，そこに「心」を入れていく，まさに科学者だけではなく実践家としての「心」をどう取り入れることができるのかを中心に教育を展開しています。この教育理念に則り，たんに心理学を知識や技能として学ぶだけではなく，学生のうちから地域社会において実践家として活動させ，多くの経験を積ませるようにしています。

　本学には，心理学の多岐にわたる分野の教員が勤務しています。大学の心理学科でこのように多くの分野の教員が勤務している大学はほかにあまりありま

せん。それだけ広範にそして深く心理学を学ぶことが可能です。こうした多彩なメンバーによって本書は書き上げられました。

*

さて。本書は「子どもをまもる」をメインテーマとし，現代の子どもにまつわる諸問題を心理学のさまざまな観点からとらえる一冊となっています。

子どもは「守られる」存在です。それは社会から，学校から，保護者から，子どもを取り巻くすべての環境から「守られる」存在と言っても言いすぎではないでしょう。一般的に「まもる」と言えば，大事なものが侵されたり害されたりしないよう防ぐ意味の「守る」，大切にかばい合って害が及ばないよう防ぐ意味の「護る」が想起されるかと思われます。いずれの意味も本書のテーマに当てはまることから，本書ではあえて「まもる」と表記します。

そのうえで，本書は3部構成をとっています。第Ⅰ部は「子どもの健やかな育ちをまもる」，第Ⅱ部は「子どもと身近な大人との Well-being をまもる」，第Ⅲ部は「子どもの心と安全をまもる」とし，心理学ならではの発達的視点や実践的アプローチを織り交ぜながら，子どもの心身と未来をまもる知見を提供することを目指します。

子どもの育つ環境は，社会状況や地域，家庭によってさまざまです。国内外の諸事情，災害，感染症などによる社会経済的状況の変化は，子どもの養育環境や心身の健康に少なからず影響を与えています。情報化社会への昂進やテクノロジーの発達，都市化の影響も，かつての子ども像や子どもの育ちとは異なる様相を呈しています。しかし，冒頭でも触れたように，社会や環境が変わろうとも，子どもが育ち成長することに変わりはありません。変化の著しい現代社会において，子どもが大人や友人，地域社会との触れ合いの中でどのように育ちゆくのか，子どもにとって変わらないこと，変わりつつあることはどのようなことであり，子どもと子どもの幸せな未来をどうすればまもれるのかについてじっくり考える必要があります。

本書が，多方面の心理学的知見から子どもを理解し，子どもをまもり，子ど

もとともに育つ大人を支援することができるような一冊になることを願っています。

　また，心理学の初学者だけでなく，心理学に関心のある高校生や子どもとかかわるさまざまな大人の方にも関心をもってもらえるような，わかりやすく親しみやすい一冊になれば幸いです。

2024 年 3 月

東京未来大学　こども心理学部長　教授

出口保行

Ⅱ 子どもと身近な大人との Well-being をまもる

III 子どもの心と安全をまもる

I

子どもの
健やかな育ちをまもる

● 渡辺千歳

第　**1**　章

子どもとは

　子どもが好きだから幼稚園の先生になりたい，子どもの意見を取り入れて行政に生かしたいなど，私たちは客観的な対象として子どもをとらえています。大人になると自分も子どもだったのに主観的にとらえられなくなるのがふつうです。そんな子どもについて，いくつかの視点から考えてみましょう。

1.「子ども」の定義，意味

　日常的に使われる「子ども」という言葉は主に2つの意味をもっている。まず思い浮かぶのは幼児や小学生など成熟していない幼い人間のことで，見た目については小さい身体で相対的に頭が大きく，行動や能力についてはできないことやわからないことが多いというイメージである。成長の最中なので身長も体重も増加している時期を指し，中学生や高校生くらいになり身長の増加が止まってくると，見た目には子どもとは思えなくなる。しかし，思慮や社会経験は不十分で，不安や怒りなどの感情のコントロールがうまくいかないところなど，まだまだ内面は成長途中，すなわち「子ども」と思われてしまう。とくに中学生のころは第二次性徴を迎え身体的には大人に近いが，心の内面や社会的立場は子どもという境界的な曖昧さにいら立ちを覚えることもしばしばである。

この意味で使う「子ども」には対義語として「大人」が存在する。

　次に，「子ども」には誰かの息子や娘という意味がある。父親あるいは母親がもうけた遺伝的につながりがある場合が多くを占めるが，つながりがなくても養子やステップファミリーなどのつくられた親子関係，結婚による「義理の息子・娘」の関係などがあり，親から見れば何歳になっていようとも「子ども」となる。先に述べた反抗期の中学生は自己同一性を模索し親離れがはじまっているのだが，親と子という関係は続くので，親子関係から見た「子ども」という立場を捨てることはできない。親や家族に不満をもっているのに断つことのできないこの関係に悩む子どもも存在する。

　親から見た子どもが成人し，家庭をもち，そこに子どもが生まれると，もともとの親にとっては孫となる。この場合は代々つながる派生的な関係性を表している。この関係性は人間だけではなく無生物にも適用され，親会社，子会社，孫会社などと用いられる。また，「子ども」は人間以外の動物に対しても，幼い個体という意味と，親子関係から見た子どもという意味の両方が同じように使われている。

　心理学では「子ども」は専門用語ではない。そのかわりに年齢で区分された名称が使われる。とくに発達心理学では人間の一生を次のように分けている。①出生前期，②新生児期，③乳児期，④幼児期，⑤児童期，⑥青年期，⑦成人期，⑧老年期の 8 区分で，子ども時代は新生児期から児童期までとするのが一般的である。

2. 子どもの特性，子どもはかわいい

　万葉集に収められている山上憶良の長歌「瓜食めば　子ども思ほゆ　栗食めばまして偲はゆ　いづくより　来たりしものぞ　眼交に　もとなかかりて　安眠し寝さぬ」およびその反歌（短歌）「銀も金も玉も何せむにまされる宝子にしかめやも」は，父親が煩悩といえるほどに幼い子どもたちを思う深い愛情を詠んだ歌である。ここに描かれている子どもは自分がもうけた子どもであり，おそらくま

だ幼い姿をしているのだろう。7世紀後半から8世紀後半ごろに編纂された日本最古の和歌集にある，何物にもかえがたい，かわいくてたまらないという親の率直な表現には，古来子どもをかわいがり慈しんできた日本人の心が表されていると思う。このように通常は，自分の子どもはかわいく，尊く，守るべき存在である。このような親の愛，親として子どもを守り育てる動機づけは養護性（ナーチュランス）とよばれている。育児の主体は母親なので以前は母性とよばれ，本能のように遺伝的に組み込まれた機能とされてきたが，母親だけではなく父親も，また男女を問わず若いころから親にならなくても発動し，親族の子どもや同じ地域で暮らす他人の子ども，保育者や教師となって乳幼児や児童たちにも向けられるもので，子どもに接したり子育てのようすを学習したりして開発されるものであることから，現在は養護性という言葉が用いられている。

　それでは，小さい子どもの姿はなぜ胸をキュンとさせたりかわいいという感情を掻き立てられたりするのだろうか。他人の子どもの姿に自分の子どもの幼いころを思い起こさせる場合もあれば，幼かったころの自分を重ね合わせる場合もあるだろうが，そのような投影とはまったく関係なく，幼い子どもの見た目や声そのものが大人の養護性のスイッチを入れることがわかっている。動物行動学者のローレンツ（Lorenz, K.）は，犬や鳥の赤ちゃんと成体の姿や行動を比較して養護性を引き出す特徴を示した（ローレンツ　日高訳，1989）。その特徴とは，体に対して頭が大きい，頭の中で顔の部分が小さい（額が広い），目が大きく丸くて顔の中の低い位置にある，鼻と口が小さく頬がふくらんでいる，体がふっくらして手足が短くずんぐりしている，動作がぎこちない，というものである。ウェブで「かわいい動物」を検索するとこのような特徴を備えた画像が多数出てくる。そして成体よりも子どもやヒナのほうが多い。子どもである，幼いということはそれだけで見るものにかわいさを訴えかけ，つい近づきたい触れてみたいという気持ちを起こさせ，やさしく接して面倒を見るという行動，すなわち養護性を引き出すことに成功する。これらの特徴は人間の子どもにもぴったりと当てはまる。動物や鳥がかわいいという感情をもっているどうかは不明だが，守り育てる行動を起こさせ，人間にはかわいいという感情を

喚起して養育行動を引き出させるこれらの特徴はベビーシェマとよばれている。

「かわいい」という形容詞には小さく愛らしいものに心引かれる気持ちを抱く状態，幼く無邪気な子どもっぽいようす，ほかと比べて小さいことなどの意味がある。もともと子どもと「かわいい」とは結びついており，赤ちゃんや幼児などの見た目や行動の特徴そのものが「かわいさ」であると考えてよい。カワイイ文化の中心で発信しているのは日本の女子高校生や大学生など若い女性たちである。もともと若い女性は自分や友だちの写真が大好きであった。そしてプリントシールにはじまりスマートフォンの顔写真加工アプリで目指すのは，目が大きい小顔，すなわちベビーシェマにほかならない。また，日本で飼育されているペットでもっとも頭数が多いのは長い間犬であったが，最近は猫のほうが多くなったという。猫と小型の愛玩犬とは室内での飼育のしやすさは同じ程度と思われるが，猫が好まれる理由のひとつにベビーシェマがあると考えられる。猫は大人になっても丸い頭で口吻が短い，抱きかかえられる大きさで丸みを帯びている，泣き声がいつまでも赤ちゃんのようであるといったベビーシェマをいくつも兼ね備えた動物と言える。

3. 子どもの表記と年齢区分

ひと口に子どもといっても表記のしかたはまちまちで，本書の題名には「子ども」が用いられているが，2023 年現在の文部科学省などの文書を見ると「子供」が多い。法律や行政文書ではこの漢字表記が使われていたが，1994 年の「児童の権利に関する条約（子どもの権利条約）」をどう訳すかの論争を経て，この漢字表記が差別的であるとの主張が広まり，2000 年代は「子ども」表記が主流となった。しかし文部科学省は漢字表記の「子供」に差別的意味はないとして 2013 年に省内の表記を「子供」に統一したところ，一部教科書などでも漢字表記に改められるようになり，「子供」は一般的にも拡大傾向となった。「子ども」も「子供」も両方が使われている現在だが，2023 年 4 月にこども家庭庁が創設されたのを機に，各府省庁に対して「こども」と平仮名表記するこ

とを求める依頼文書が出された。したがって今後は平仮名表記の「こども」が増えていくことが予想される。

　日本における法律上の子どもの定義は 2022 年 4 月 1 日に変更されたので記憶に新しい。それ以前は満 20 歳が成年年齢であったが，満 18 歳に引き下げられた。しかしすべての事柄について 18 歳で大人になるというわけではなく，飲酒・喫煙・公営ギャンブルの投票権などは 20 歳のままで変わらない。飲酒や喫煙，ギャンブルは依存性が高く健康や健全な生活を損なう原因となることがあり，アルコールやニコチンなどの物質の摂取は大人でも注意すべきところであるが，成長途中の子どもの身体にはより深刻な影響が出るとも言われている。また個人により異なるが，ギャンブルやインターネット，ゲームなどは病気とみなされるほどの依存を起こす場合がある。明確な研究結果はまだないようだが，子どもの未成熟な脳には深刻な影響が出やすいとも言われている。

　子どもと大人の分かれ目である成年年齢は国によって異なる。2008 年（平成 20 年）の法務省による調査では 18 歳を成人とする国がもっとも多い。日本もこれにならったのだが，国によっては 16 歳から 21 歳まで差があり，アメリカ合衆国では州によって異なっている。また日本ではもとは 20 歳であった選挙権年齢を先に 18 歳に引き下げたため，一時期成年年齢と選挙権年齢にずれが生じていた。このように制度面では一貫していないことがいろいろとある。各種法令では子どもは「児童」として定義されている。児童福祉法では「児童」は 18 歳未満の者を指し，さらに「乳児」を 1 歳未満の者，「幼児」を 1 歳から小学校就学の始期に達するまでの者，「少年」を小学校就学の始期から 18 歳に達するまでの者と区分している。

4.　子どもと労働

　労働基準法（厚生労働省，2018）では 18 歳未満の者を「年少者」，15 歳に達した日以後の最初の 3 月 31 日が終了するまでを「児童」と区分している。そして"児童が満 15 歳に達した日以後の最初の 3 月 31 日が終了するまでこれを

使用してはならない"とし，児童は義務教育を終了するまでは労働者として雇用してはいけないと定めている。ただし，映画や演劇の子役タレントと非工業的事業（製造業や土木建築業ではなく，健康および福祉を害することがない軽微な作業のこと，具体的には新聞配達など）に携わる場合は例外とされる。すなわち例外はあるけれども，義務教育を受けている児童生徒を雇い働かせてはいけない。また中学校を卒業すれば18歳までは年少者という扱いになり雇用できるようになるが，年少者は原則として時間外労働と休日労働ができない，重量物を取り扱う業務や危険を伴う業務，福祉上有害な業務の就業が禁止されるなどの制限も設けられている。

　時間帯についても制限があり，児童は午後8時から午前5時までの就労が禁止（ただし，映画や演劇の子役は午後9時から午前6時までの就労が禁止），年少者は原則として午後10時から翌日午前5時まで就労禁止（ただし，交代制勤務の場合は満16歳以上の男子に限り深夜の就労が可能）となっている。このように18歳未満の者を労働の担い手としないように定めているのであり，子どもを守る仕組みのひとつとなっている。このように賃金の発生する労働に関しては，法的に子どもは守られているのだが，実際には家では親やきょうだいの介護をしていたり，親のかわりに食事の支度や掃除洗濯などの家事を担っていたりするヤングケアラーが多数存在している。家族が担う家事労働に賃金は支払われないけれども，一説によると一般的に女性が行っている家事労働を時給に換算した場合1,470円になるという。それほどの仕事を無償で子どもが行っているというのは，労働という観点からも間違っている。

　昔は西欧でも日本でも子どもは不完全な存在で，大人になってはじめて一人前の人間とみなされてきた。庶民の暮らしにおいて子どもは不完全ながら重要な労働力だったので，子どもは家の仕事や農作業を手伝い，幼い弟妹の世話をする，早くに見習いとして親元を離れ奉公に出る，さらに危険なものとしては小さい体が重宝され炭鉱労働に従事していたこともあった。現在，子どもたちは学校に通うのが当たり前であるが，庶民が通える学校は近世までなく，特別な場合を除いて，文字の読み書きや計算を習得する機会がない時代が長く続い

ていた。今でも発展途上国の農村部では貧困のため学校に通えなかったり，登校してもノートや鉛筆がなかったり，またイスラム原理主義を掲げる国では女の子は学校へ行くことを許されなかったりと，多くの子どもが教育を受けられずにいる。世界に目を向けると現在でも児童の 10 人に 1 人が児童労働に携わっていると言われる。児童労働とは子どもの教育機会や健全な成長を妨げる労働のことで，国連や国際労働機関（International Labour Organization：ILO）などの国際条約で禁止されている。子どもの教育機会や健全な成長を妨げる労働とは，劣悪な環境での長時間労働，親の借金のかたに無給で働かせる債務労働，人身売買による性産業での強制労働，子ども兵として軍事行動に参加させることである。このような児童労働が横行する社会が私たちの暮らしのすぐそばにもあることを忘れないで関心を寄せること，またフェアトレード商品を購入するよう心がけることなどが重要である。

5.　発達段階説

　発達心理学では人間の一生を，身体的・精神的発達の度合いによっていくつかのまとまりに分けて考える。このまとまりは発達段階（発達期）とよばれ，ある程度年齢に沿ったものである。主要な発達段階の考え方としては，精神分析学の始祖であるフロイト（Freud, S.）の心理性的発達理論，その娘アンナ・フロイト（Freud, A.）の教えを受け精神分析家・発達心理学者となったエリクソン（Erikson, E. H.）の心理社会的発達理論，発生的認識論を提唱し発達心理学に多大な影響を与えたピアジェ（Piaget, J.）の認知発達論がある。

　エリクソンの心理社会的発達理論は精神分析学を基礎に置くが，性的エネルギーの移行というフロイトの考え方からは離れ，養育や教育でかかわる親や教師，周囲の子どもたちや大人たち，世間の目といった人とのかかわりを重視する。そして誕生から死までを人生周期（ライフサイクル）とよび，8 つの発達期に区分し，各発達期に達成しなければならない発達課題を設定している。子どもに相当する発達期は 1 番目の乳児期，2 番目の幼児期初期，3 番目の遊戯

期，4番目の学童期までで，5番目の青年期は子どもから大人への移行期に相当する。人生においては失敗したり思いどおりにいかなかったり悩んだりする経験も意義深いと考えられており，発達課題を順調にクリアしていくことが必ずしも人間発達としてよいとは言えない。乳児期だけは自分ひとりではどうすることもできないが，幼児期になれば自分で考えて動くことも増えていく。しかし身体的にも精神的にも未熟なので失敗や思いどおりにならないことの連続である。親から怒られることも多く，悔しさや情けなさ，悲しさなどを体験しながら，少しずつ成長発達していくのである。学校に上がれば勉強がはじまり自分の能力が評価されることになる。さまざまな競争に身を置く学校生活では，求められることをきちんとこなすことが重要で，ほかの子どもと比較して劣等感をもつこともしばしばである。このように人びととのかかわりの中で成長発達してきた個人が第二次性徴を迎えて，身体的には子ども時代を終えようとするときが青年期の入り口であり，今までの自分を振り返り，親や教師をはじめとする大人に対して疑念を抱き，自分はいったい何者だろうと思い悩むことを通じて自我同一性（アイデンティティ）を確立することが，青年期の発達課題とされる。この混乱を乗り越える過程で自分に適した仕事とはなにか，自分が歩みたい人生はどのようなものかの見通しが立てられるようになり，社会人・家庭人として大人の意識をもつ第一歩をふみ出すことになる。

　ピアジェの認知発達論は人間がどのようにして事物を認識し思考するようになるのかを示すものである。生まれたばかりの赤ちゃんは随意運動がほとんどできないが，自分の意思で動かせる身体の部分が少しずつ増えていくことによって，身の回りの物とのかかわり方も変化していく。やがて言葉を話すようになり，幼児期特有の認識のしかたなどを経て，論理的に物事をとらえ考えることができるようになっていく。発達段階は大きく4期に区分され，出生から2歳までを感覚運動期，2〜6，7歳を前操作期，6，7〜11，12歳を具体的操作期，12歳ごろ以降を形式的操作期とよんでいる。ただし身体的にも発達のスピードが速い乳児期に相当する感覚運動期についてはさらに6期に分けられ，幼児期に相当する前操作期についても2期に分けられている。月齢や年齢の目

安はあるが，たとえば2歳の誕生日を期に前操作期に入るようなものではないし，発達の遅速には個人差があるので，年齢区分には幅があると考えてほしい。

6. 子どもの思考・子どもの表現

　乳児期に相当する感覚運動期から幼児期に相当する前操作期に変わる節目となる要因は，二語文（二語発話）が話せるようになることである。標準的な言語発達では，生後12か月あたりで赤ちゃんは初語（始語）すなわちはじめての意味のある言葉を発するようになるが，一語文（一語発話）という単語1つのみのおしゃべりであり，語彙数はしばらくの間は少しずつ増える。1歳6か月を過ぎるころから対象を指さしてその物の名前を尋ねる行動がはじまると身の回りの名詞が大量に獲得され，二語文という単純な文の形態で話すようになる。「ワンワンキタ」のように単語と単語が続けて発せられるだけであるが，主語と述語の関係があり，「ワンワン」以外にニャーニャーでもブーブーでも入れかえが可能，「キタ」のほうも同様というように，文の構造が理解できたから二語文が話せるようになると考えられる。したがって二語文の使用は基本的な言語コミュニケーションがはじまったことを表していると言ってよい。

　2歳ごろから6歳ごろの前操作期は幼児期のことであり，ピアジェは子どもたちとの対話や観察にもとづく幼児期特有のおもしろい認識や思考について述べている。例をいくつかあげてみよう。あるとき，子どもが散歩の途中でカタツムリを見つけた。さらに進むとまた同じようなカタツムリに出会った。このときこの子は先に見つけたカタツムリが移動してここにいると述べた。小学生以上なら2匹は別のカタツムリだと思うが，4歳児は自分が見たのとそっくりなカタツムリだから同じものだと判断してしまう。また，晴れていたのに急に暗くなり雷鳴が鳴り響くようすを「お空が怒ってる」と表現したり，動く電車や車に「ばいばい」と手をふるなど，まるで人に接するような行動をとったりする。さらに，横一列に並べたあめ玉を左から指を添えて数えあげたところで，こんどは右はしのあめ玉を指さして「こっちから数えるといくつかな？」と尋

ねると，今度は右から数えようとする。同じ量のジュースだと確認したのに，形の異なる容器に移しかえると見た目によって多くなったり少なくなったりしたように思えてしまう。実際に自分が見ているのとは異なる位置から見た場合を想像することができない。このような大人とは異なるさまざまな認識や表現は間違っているのだから正しいことを教えるべきである，などと考える必要はまったくない。むしろこれらは子どもの自由な発想であって尊重されるべきである。発達段階が上がればなくなっていくことなので，貴重な子どもらしさを十分に発揮できるのびのびとした環境こそが大切である。

　これら子どもの思考の根底にある性質を自己中心性とよんでいる。ただし，自分本位のわがままな性格特性といった意味ではなく，自分の経験から離れて考えることができない性質を表す心理学用語で，中心化とよぶ場合もある。認知発達論では子どもの思考の発達とは自己中心性から脱却していく過程であり，これを脱中心化とよんでいる。最終段階である形式的操作期には脱中心化が進み，言語や記号の操作だけで論理的に物事を考えることが可能となる。それにより，わからないことをわかるようにするため追究し，言語や数式で表すことや自然や人びとの行動の普遍性を見つけ出すことなど，人間が連綿と続けてきた文化的活動が成り立つと考えられている。形式的操作は12歳ごろに脱中心化が完了し，その後は変わらないということではなく，年齢や経験を重ねることでさらに深まっていく。

7.　子どもと未来

　医療や衛生面が整った先進諸国では寿命が延びて高齢者が増えており，日本は超高齢社会に分類される。その一方で少子化が深刻さを増している。子どもを安心して産み育てられる社会をつくることが重要なのは言うまでもないが，どうしたら出産適齢期の人びとに子育てを動機づけられるのだろうか。育児や教育にかかる金銭的負担を減らすことだけではなく，次世代を担う子どもをもうけ育てることの価値や意義を十分に感じられる社会になることが求められる。

　少子化対策が喫緊の課題となっている一方で，児童相談所による児童虐待相談対応件数は毎年増加している現状がある。近年増加している要因としては，家庭内での DV（ドメスティック・バイオレンス）の目撃など，心理的虐待が増えていることがあげられる。子ども自身に身体的危害がなくても心理的には深い傷を残すことになる。また人びとの中に子どもを守ろうという意識が高まり，子どもが虐待されているかもしれないと思ったときには通報するという態度が広まっていることも，通報件数増加の一因と考えられる。虐待だけではない，子どもたちが事故や災害，事件などで亡くなったり傷ついたりしないように，身内も他人も関係なく見守り，なにかあったら積極的に行動することが大切である。

　最後に児童憲章を載せておきたい。児童憲章は，国民各層・各界の代表で構成された児童憲章制定会議が作成し，1951 年（昭和 26 年）5 月 5 日に制定された。12 か条すべてを読んでほしいが，前文は次のとおりである。「われらは，日本国憲法の精神にしたがい，児童に対する正しい観念を確立し，すべての児童の幸福をはかるために，この憲章を定める。児童は，人として尊ばれる。児童は，社会の一員として重んぜられる。児童は，よい環境の中で育てられる」（文部科学省，1951）。誰もがこれを信条とし，これに反する行為に目を光らせると同時に，子ども自身も自分の置かれた状況に甘んじないで助けを求める声をあげてほしい。子ども時代に大切にされ，考えや発言を受け止めてもらった経験が自己肯定感や自尊感情を育み，対人関係の基礎になる。子どもを尊重し，よい環境を整えることは私たちの未来を創ることにほかならない。

▶引用文献

厚生労働省（2018）．労働基準法（平成三十年法律第七十一号による改正）　第六章　年少者（第五十六条–第六十四条）　https://elaws.e-gov.go.jp/document?lawid=322AC0000000049（2023 年 9 月 18 日アクセス）

ローレンツ，コンラート　日高敏隆（訳）（1989）．動物行動学 II　思索社

文部科学省（1951）．児童憲章　https://www.mext.go.jp/b_menu/shingi/chukyo/

chukyo3/004/siryo/attach/1298450.htm（2023 年 9 月 18 日アクセス）

コラム 1-❶　子どもの人口統計

渡辺千歳

　人口統計学においては 15 歳未満の者を「子供」としており，総務省の人口統計でも 15 歳未満の人口を「年少人口」と定義している。現代の日本において深刻な問題となっているのが少子化である。昭和の初期には 1 組の夫婦に 4 〜 5 人の子どもがいるのがふつうだったが，核家族化が進むにつれて 2 人程度になり，ひとりっ子も増えた。2022 年には 1 人の女性が生涯に産む見込みの子どもの数を示す「合計特殊出生率」は 1.26 となり，過去最低だった 2005 年と並んだ。赤ちゃんの出生数は 77 万 747 人で 2021 年の 81 万 1,622 人より 4 万 875 人減少し，出生率（人口 100 人あたりで何人生まれたか）は 6.3 で，前年の 6.6 より低下した。

　2023 年 5 月 5 日に総務省統計局が発表した「我が国のこどもの数」（総務省統計局，2023）によると，推計で，全国の子どもの数は 1,435 万人となり 42 年連続して減少し，人口に占める子どもの割合は 11.5% となり 49 年連続で低下している。さかのぼってみると，2000 年は 14.6%，1980 年は 23.5%，1960 年は 30.0% であった。子どもの割合が低いということは，未来の労働人口（15 〜 64 歳）が減少していくことを表している。このことが社会に及ぼす影響は計りしれない。

　通常，男児のほうが女児よりも少し多く生まれてくるため，男女別の子どもの数は男子が 735 万人，女子は 700 万人でやはり男子が多い。子どもの数を年齢 3 歳階級別にみると，12 〜 14 歳が 321 万人，9 〜 11 歳が 308 万人，6 〜 8 歳が 296 万人，3 〜 5 歳が 267 万人，0 〜 2 歳が 243 万人であった（図 1-1）。年齢が若いほど少なくなっており，現在に近い

図 1-1　年齢 3 歳階級別子どもの人数（2023 年 4 月 1 日現在）

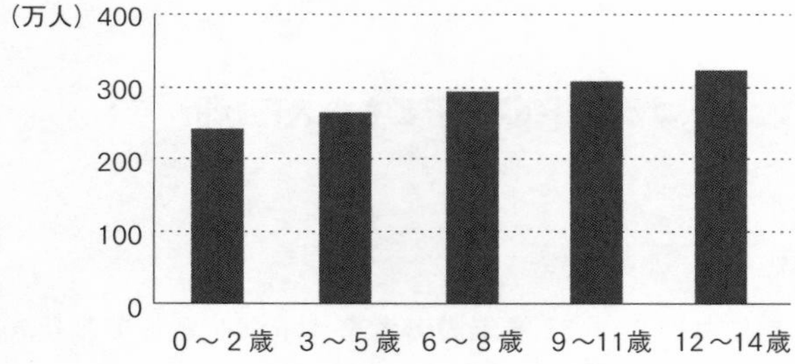

ほど子どもが生まれていないことがわかる。

▶引用文献

総務省統計局（2023）．我が国のこどもの数——「こどもの日」にちなんで
　　https://www.stat.go.jp/data/jinsui/topics/topi1370.html（2023 年 9 月
　　18 日アクセス）

コラム 1-❷　社会的子育ての実現に向けて

藤後悦子

　近年子育て支援はあらゆるところで行われており，子育て支援セン
ター，子育てサロン，子育てサポーターなど，充実しているように見え
る。しかし，児童虐待の相談件数は 20 万件を突破しており，子育てで
とまどい苦労を抱えている親子は多い。子育ては血縁家族のみで行うこ
とには限界があるのである。子育ての孤独感が昔に比べて高くなってい
るというデータは数多く報告されている。子育ての責任を担っている保
護者が，「支えられている」という安心感がないと，孤独感にさいなま
れ追い詰められることになる。
　藤後他（2022）は，血縁関係の家族を超えて，地域の親子を地域で支

えていく社会的子育てについてまとめ，理論的背景や保育所を拠点とした実践について報告した。また藤後（2012）では，地域の子どもへの温かいまなざしをもち，地域の子どもたちと積極的にかかわっていく養護性の特徴を明らかにした。その結果，地域の子どもへの養護性には，過去に「異年齢と遊んだ」，「地域の人からかわいがってもらえた」，「家庭にいろいろな人が出入りしていた」などの経験が関係していたのである。すなわち，社会的子育ての実現のためには，地域の中で多世代が交わることができる居場所があったり，異年齢で交流できる機会があったり，役割をもって地域に貢献できる機会を保障する必要がある。

　社会的な子育ては，幼少期だけでなく思春期以降もきわめて重要である。思春期や青年期には，同世代の友だちや親には話しにくいことが出てくる。その時こそ，頼りになる斜めの関係をもつ第三者や，自分を安心して表現できるサードプレースが地域に存在するとよいであろう。思春期から青年期にかけては，まだまだ「育てられる」立場でありながら，実は次世代を「育てる」立場にもなってくる。青年が養護性を発揮することは，小さい子どもたちにとっては多くの人からかわいがってもらえる経験となり，他者への愛着や信頼感の形成につながる。同時に，青年たちも「お兄ちゃん大好き」と子どもたちから受容されたり，「教えて」，「すごいね」，「ありがとう」といった，子どもたちから必要とされ，感謝される経験を通して，自己有用感や自己効力感が高まる。このように，多世代が交わることでお互いが成長し合い，それぞれのウェルビーイングが高まることが期待できる。

▶引用文献

藤後悦子（2012）．中学生のナーチュランスを形成する発達教育プログラム　風間書房

藤後悦子・柳瀬洋美・野田敦史・及川留美（2022）．社会的子育ての実現　ナカニシヤ出版

●井梅由美子

子どもの育ちと家族

　2023年夏，連日猛暑のニュースが話題となっていますが，そんな中，ショッキングなニュースが耳に入ってきました。厚生労働省が発表した人口動態統計によると，2023年度上半期に生まれた子どもの出生数は，前年同期に比べて，3.6% 減の 37 万 1,052 人だったそうです。年初のニュースでは，2022 年に生まれた日本人の子どもは 77 万 747 人とはじめて 80 万人を割り込んだと報道されていました。このままいくと，2023 年度はおそらく，この数字よりもさらに減少するでしょう。社会の課題として「少子化」が注目されるようになって久しいけれども，一向に回復のきざしは見えないまま，今日を迎えています。少子化にはさまざまな要因が絡んでいて，これを解決していくことは容易なことではありませんが，「子どもをまもる」という視点から，この章では，子どもの育つ環境としての家族を取り上げたいと思います。

I. 子どもを取り巻く家族

1）家族とは

　はじめに，「家族」の定義について考えてみたい。「家族」という言葉は日常よく使われる言葉である。皆さんにとってもなじみのある言葉だろう。しかしながら，「家族」という言葉を使うとき，実はあいまいな部分も多い。一般的には同居している血縁関係にあるメンバーを家族とイメージすることが多いで

あろうか。しかし，たとえば，父親が単身赴任中であったり，離婚により片方の親と離れて暮らしている場合もある。あるいは里親家庭や再婚家庭，同性婚カップルで子どもを育てているなど，血縁関係がない場合もある。離婚率の増加や社会の価値観が多様化する中で，家族の形態についても多様化している。

　次に，本章のテーマである子どもの育ちに関連する「家族の機能」について考えていきたい。子どもの成長にとって，家族は大きな役割を担っている。家族の機能の1つに「子どもの社会化」があげられる（小田切，2017）。子どもは他者との相互作用を通して自らが所属する社会のルールを獲得していくが，この過程が「社会化」である。家族・家庭は，子どもの社会化に最初にかかわる場である。養育者によるしつけや価値の伝授，生活習慣の獲得など，子どもが社会で生きていくうえで必要なことは，はじめに，家族とのかかわりの中で習得される。

2）家族の移り変わりと現代家族の特徴

　家族の形は時代によって変化する。日本で長らく放送されている『サザエさん』は，昭和の日本の象徴的な家族の一形態である。サザエさん一家は，祖父母世代，子世代，孫世代からなり，「三世代家族」である。ちなみに，年齢が近いことからきょうだいと間違われることも多いが，ワカメちゃんとタラちゃんの関係は叔母と甥の関係である。三世代家族では，必然的に家族の構成メンバーの数も多くなることから，家庭内においてさまざまな関係性が存在し，それだけ多様な人間関係を経験することができる。

　この三世代家族は，社会の変化とともに減少し，都市部ではとくに，「核家族」が一般的となった。核家族とは，夫婦と子どもからなる世帯や，ひとり親と子どもからなる世帯，あるいは夫婦のみの世帯のことを指す。家族の構成メンバーの数は，三世代家族と比較して少なくなる傾向にあり，家族の縮小化が進んでいると言える。平均世帯人数（1世帯あたりの家族の構成メンバー数）を見てみると，昭和28年（1953年）には5.00人だったものが，令和4年（2022年）には2.25人となり，世帯あたりの構成メンバーの数が半分以下に減少し

図 2-1　世帯類型別世帯数の推移（昭和 45 年〜令和 4 年）（厚生労働省，2023a より作成）

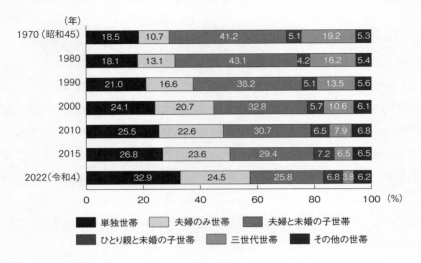

ていることがわかる（厚生労働省，2023a）。また，近年，大幅に増加しているのが「単独世帯」である（図 2-1）。高齢人口が増える中で，65 歳以上の高齢者のいる世帯が増え，高齢者のひとり暮らしが増加していることや，成人男女の未婚率の増加などが「単独世帯」増加につながっている。一方で，児童（18歳未満の子ども）のいない世帯は，昭和 50 年（1975 年）の 47.0％ から令和 4 年（2022 年）の 81.7％ へと大きく増加している（厚生労働省，2023a）。

　ここまで家族形態の移り変わりを見てきたが，この間，家庭内における夫婦の役割も変化してきている。1960 年代の高度経済成長期には，若い人たちが地方から都市部に流入し，核家族が増えていった。都市部では，企業に勤め，給料を得るという，いわゆるサラリーマン家庭が増え，「夫は仕事，妻は家事・育児」という性役割分業が進んだ。こうした家族形態を「性役割分業型家族」という。専業主婦の割合がもっとも多かった時期は 1975 年あたりであるが（山田，2013），その後，経済が低成長期になったことや，国際社会の流れを受けて，男女共同参画社会に向けたさまざまな法整備が行われる中で，女性の社会進出が活発化した。図 2-2 は専業主婦世帯と共働き世帯の年次推移であ

図 2-2　専業主婦世帯と共働き世帯数の年次推移（厚生労働省，2023c より作成）

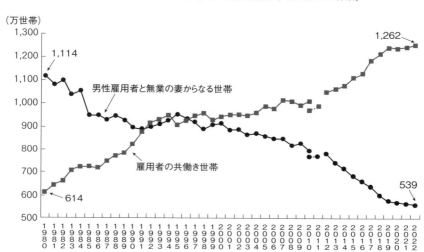

資料：1980 ～ 2001 年は総務省統計局「労働力調査特別調査」，2002 年以降は総務省統計局「労働力調査（詳細集計）（年平均）」

（注）
1. 「男性雇用者と無業の妻からなる世帯」とは，2017 年までは，夫が非農林業雇用者で，妻が非就業者（非労働力人口および完全失業者）の世帯。2018 年以降は，就業状態の分類区分の変更に伴い，夫が非農林業雇用者で，妻が非就業者（非労働力人口および失業者）の世帯
2. 「雇用者の共働き世帯」とは，夫婦ともに非農林業雇用者の世帯
3. 2010 年および 2011 年は，岩手県，宮城県および福島県を除く全国の結果
4. 「労働力調査特別調査」と「労働力調査（詳細集計）」とでは，調査方法，調査月などが相違することから，時系列比較には注意を要する

る。1990 年代ごろからその数が逆転し，2022 年にはその差が倍以上になっている。家族の形は，夫婦がともに家庭内外の仕事を行う「協業型家族」へと変化してきている。

　ところで，1980 年代ごろから，育児不安に関する研究がなされるようになるが，育児不安の背景には，都市部に増えた「核家族」での子育てが関係していることなどが注目されるようになった。地域社会とのつながりがない中で，日中，母親と子どもだけで過ごすという「密室育児」が母親の育児の不安を増大させていることが指摘されたのである。また，1990 年には前年の合計特殊

出生率が「1.57」となったいわゆる1.57ショックを受け，わが国の少子化対策がはじまる。これらの流れの中で子育て支援の必要性が認識されるようになった。

　第二次世界大戦後のわが国の急激な社会の変化は，家族の形態を大きく変えた。三世代家族から核家族へ，さらにはひとり親家庭や単独世帯の増加など，家族は縮小の一途をたどっている。このことは，家族の養育機能に大きな影響を及ぼしている。大家族であれば，さまざまな家族の構成員が「子どもの社会化」にかかわるが，核家族，あるいはひとり親，ひとりっ子など，家族の構成員が減るほど，子どもの養育を担う人は固定化する。また，「性役割分業」によって子どもの養育の責任が母親に強くかかるようになった。現在では，「共働き家庭」も増えたが，子育ての責任は母親にあるとの風潮は根強く残っている。日本において男性の育児休業取得率がなかなか伸びないこともその表れと言えよう（厚生労働省，2023b）。子どもの成長には，さまざまな大人，あるいは年長のきょうだいなど多様な人間関係の中で，多様な価値観に触れ，育つことが本来望ましい。しかしながら，昨今，家族や地域社会の中でそれを求めることが難しくなった。家族の形が変容する中で，新しい形の子育て支援が求められるであろう。

　ここまで，社会の中での家族形態の変化とそのことが及ぼす子育てへの影響を見てきたが（マクロな視点），次の節では，ミクロの視点から，子どもの育ちにおける家族の役割を見ていこう。

2. 子どもの成長と家族

1）家族のライフサイクル

　家族ライフサイクルという言葉がある。ライフサイクルとは，人が生まれてから死ぬまでの一生のプロセスを描いたもので，エリクソン（Erikson, E. H.）は人の一生に8つの発達段階を提唱し，それぞれの段階に達成するべき発達課題があるとしている。この個人のライフサイクルになぞらえて，家族が形成さ

表 2-1　家族ライフサイクル（子どもがいる家族の場合）（中釜，2006）

ステージ	家族システムの発達課題	個人の発達課題
1. 家からの巣立ち（独身の若い成人期）	源家族からの自己分化	親密性vs孤立 職業における自己確立
2. 結婚による両家族の結合（新婚期・家族の成立期）	夫婦システムの形成 実家の親とのつき合い 子どもをもつ決心	友人関係の再編成
3. 子どもの出生から末子の小学校入学までの時期	親役割への適応 養育のためのシステムづくり 実家との新しい関係の確立	世代性vs停滞 ┌第2世代──── 　基本的信頼vs不信 　自律性vs恥・疑惑 　自主性vs罪悪感
4. 子どもが小学校に通う時期	親役割の変化への適応 子どもを包んだシステムの再調整 成員の個性化	世代性vs停滞 ┌第2世代──── 　勤勉さvs劣等感
5. 思春期・青年期の子どもがいる時期	柔軟な家族境界 中年期の課題達成 祖父母世代の世話	┌第2世代──── 　同一性確立vs同一性拡散
6. 子どもの巣立ちとそれに続く時期：家族の回帰期	夫婦システムの再編成 成人した子どもとの関係 祖父母世代の老化・死への対処	┌第2世代──── 　親密性vs孤立 （家族ライフサイクルの第1段階）
7. 老年期の家族の時期：家族の交替期	第2世代に中心的な役割を譲る 老年の知恵と経験を包含	統合vs絶望 配偶者・友人の喪失 自分の死への準備

れ，発達していく段階を各時期に分けてとらえたものが家族ライフサイクル論である（表 2-1：中釜，2006）。

　家族成員は互いに影響しあって発達していく。幼い子どもにとって，家族から受ける影響は非常に大きいが，親にとってもまた，子どもを育てるうえでさまざまな影響を受け，親として育っていく。個人のライフサイクル論では，各時期の発達段階に危機がある。この危機を乗り越えて，私たちは次なる段階へと成長していく。家族についても同じことが言える。子どもの学校への適応，思春期の親とのぶつかり合いなど，それぞれの時期の危機を乗り越えて，家族として成長していくと言える。

2）乳幼児期の子どもと家族

　家族ライフサイクルの第3段階にあたる時期である。子どもの誕生は，たんに家族の人数が増えるだけでなく，夫婦関係にも大きな変化を及ぼす。赤ちゃんは24時間，養育者の世話を必要とすることから，家族は赤ちゃん中心の生活となる。また，子どもにとって，この時期は家族からの影響をもっとも受ける時期である。

● 誕生から1歳半ごろまで

　エリクソンは，発達段階の第1段階の課題を「基本的信頼感の獲得」とした。基本的信頼感とは，「人を信頼することができる」ということである。私たちの日ごろの人間関係において，この「人を信頼する力」というのは大変重要である。人とコミュニケーションをとるうえで，相手のことを信頼することができないと，困ったときに相手に頼ることができなかったり，猜疑心が強くて相手と良好な関係を築けなかったり，さまざまな支障が生じる。

　さて，この「人を信頼する力」はどのように育まれるのであろうか？　それは，人生はじめのこの時期に，養育者（以降，「親」と表記する）が自分にどのようにかかわってくれたか，が大きな鍵となる。生まれたばかりの赤ちゃんは，自分ではなにもすることができない。そのため，お腹がすいた，おむつが濡れて気持ち悪い，抱っこしてほしい……，というとき，赤ちゃんは泣いてそれを親に知らせる。親はこの赤ちゃんからのシグナルに応じて，おっぱいをあげたり，おむつや衣服を清潔にしたり，抱っこしてあやしたり，赤ちゃんが満足のいく状態になるよう世話をする。このようなやりとりを通して，赤ちゃんは自分の世話をしてくれる人を認識し，その相手への信頼感が生まれ，特別な親しみを感じるようになる。親とのこの特別な信頼の絆を愛着（アタッチメント）という。

　6か月ごろになると，見知らぬ人が近づくと泣くなどの「人見知り」が出現する。これは，親との愛着が成立している証であり，赤ちゃんは不安を感じると愛着の相手に近づき，気持ちを安定させているのである。この時期の赤ちゃんにとって，親による保護的な環境は心身の成長になにより重要である。

● 1歳半から3歳

　1歳半から2歳ぐらいの時期になると，子どもは「イヤイヤ期」を迎える。「自分でやりたい！」あるいは，「これはいや！」といった気持ちは，「自我」の芽生えであり，子どもの成長にとってとても大事なことであるが，親の側は大変な時期でもある。また，この時期は親の側もさまざまな「しつけ」を開始することから，余計に子どもとのぶつかりが大きくなる。

　ところで，この「しつけ」は親にとって，大きな関心事であり，悩みでもある。子どものしつけに関する書籍，「ほめ方叱り方」などを扱ったものはたくさんある。しかしながら，さまざまなノウハウを学んだり，その知識を駆使してもなかなかうまくいかないのがしつけである。なぜだろうか？　それは，子どもはしつけられたことを受け身的に取り入れるのではなく，自ら積極的に，能動的に学ぼうとする力が強いからである。学習心理学者のバンデューラ（Bandura, A.）は子どもが他者の行動とその結果を観察することによって学習する「観察学習（モデリング）」を積極的に行い，さまざまな行動を自発的に取得していると述べている。幼児期の子育てをしていると，知らないうちに子どもが親の口癖をまねていたり，まねしてほしくない行動をまねていたりして，「あ，しまった！」と思うことはよくある。子どもは周囲の大人たちの行動をモデルにして，さまざまなことを学んでいるのである。すなわち，大人に「こうしなさい」と言われたことを習得するのではなく，大人を見ていて，「こうするんだな」と学ぶのである。

　ところで，子どもが0歳から3歳にかけて，親から分離する過程をとらえたマーラーの分離個体化論（Mahler et al., 1975）によると，この時期は「再接近期」とよばれる親子ともに不安定になりやすい時期である。この時期の子どもは，「自分でやりたい！」との気持ちの一方で，不安な場面では，愛着の相手を頼りたい気持ちも強い。また，自分の気持ちをコントロールする力もまだ弱いことから駄々をこねたり，かんしゃくを起こしたりすることも多い。これが，親が「イヤイヤ期」と感じ，扱いが難しいと感じる所以である。このとき，親の側が子どものアンビバレントな態度を許容できず，子どもをつき離すと子ど

もの不安はますます強くなって，後追いやしがみつきが再び強くなることもある。

●３歳から６歳

　３歳ごろになると，子どもは親の姿は見えなくても，ある程度待っていることができるようになる。先ほどのマーラーの理論では，このころになると「再接近期」の危機を乗り越え，「情緒的対象恒常性」が確立する。愛着対象が目の前にいなくても，あるいは，叱ることが必要な場面で「これはダメ！」とはっきり伝えても，子どもは愛着の相手との確かな信頼関係が心の内にあるので，強い不安を感じることが少なくなる。

　このころになると幼稚園に通いはじめる子も多く，同年代の子どもたちとのかかわりも増えてくる。さまざまな遊びや活動を通して，子どもの「知りたい！」という欲求が活性化される。また，同性の親をモデルにして（「同一化」），社会において必要なマナーやルールを身につけていく。

３）児童期の子どもと家族

　児童期は，おおむね小学校に通う６年間の時期に相当する。子どもの小学校入学は家族にとっても大きな１つのイベントであり，家族は次のステージに入る（家族ライフサイクルの第４段階）。児童期には，子どもたちの居場所は学校や習い事，放課後の友だちとの遊びなど，家庭から離れる活動が増していく。乳幼児期に比較して親に依存することが少なくなり，相対的に学校，あるいは習い事の先生や友だちなど，家族以外の人から受ける影響が大きくなっていく。とはいえ，この時期の子どもたちの判断の基準は依然，親である。

　エリクソンは，この時期の発達課題を「勤勉性（vs劣等感）」としている。児童期は，幼児期や思春期と比べて心が安定している時期と考えられている。学校では活動の中心が「学習」となり，この時期に，子どもはさまざまな知識を獲得する。成長に伴って，少し前にはできなかったことができるようになったり，新しいことを学んだり，親や教師など周囲の大人に助けられながら，「できた！」という体験をたくさんすることによって「勤勉性」は養われてい

く。しかしながら，要求水準が高くなると「できない」ことも増える。また，周りと比較することによって，自分の「できない」が気になることもある。「できない」気持ちのほうが強くなると，「劣等感」となり，新しいことにチャレンジするモチベーションが失われてしまう。

　学校での活動はテストの点数であったり，スポーツや芸術科目での優劣であったり，他者と比較されることが必然的に多くなる。このこと自体は決して悪いことではなく，仲間と切磋琢磨しながら勤勉に努力をし，自分が得意なことを見つけていくことは子どもの成長にとって有意義な体験である。しかしながら，親が子どもに能力以上のことを求めたり，ほかの子と比較してわが子の不足を嘆いたりすると，子どもの勤勉性が発揮されるどころか，劣等感を強めてしまう。藤後他（2020）の調査では，スポーツ活動での親の応援について，子どもの年齢が高くなるにつれて，親からの干渉を嫌がるようになり，応援に来ないでほしいとの声もあがっている。幼児期や小学校低学年のころには，親の応援がうれしかった子どもたちであるが，高学年になると「見に来ないで」と言うとの声もよく聞く。子どもたちは親の評価に敏感であることを大人は自覚しておく必要がある。

4）思春期の子どもと家族

　女子では初潮，男子では精通など身体の変化によってはじまる第二次性徴を迎えるころから，子どもは親の干渉を嫌がり，ぐんと距離をとるようになる。思春期のはじまりである。思春期はこれまでの親子関係が大きく変化する時期である（家族ライフサイクルの第5段階）。エリクソンはこの時期の発達課題を「アイデンティティの確立」としたが，この時期は親から心理的に自立し，ひとりの個としての自分を見つけていくことが求められる。親に依存していたこれまでの自分を見つめ直すことが必要となり，それはときに，親をはじめとする大人への反発という形で現れる。

　この時期は，「反抗期」という言葉で表すことも多い。体格的には親と変わらない，あるいは親の身長を追い越し，これまで見上げていた親と「対等な目

線」となるが，これはさまざまな面で親子の関係性の変化をもたらす。また，この時期の変化は認知（思考）の発達も関係している。認知（思考）の発達段階をとらえたピアジェ（Piaget, J.）は，11，12歳ごろから，形式的操作期へと移行し，物事を相対的，客観的にとらえることができるようになる，すなわち大人の思考段階へと移行していくと述べている。学習の分野では，たとえば，算数から数学へと移行し，マイナスの数や代数など，目に見えない概念を扱うことが可能になる。こうした認知（思考）の変化は，対人関係にも影響を及ぼす。相対的な思考が可能になることによって，それ以前の発達段階よりも，親の言動を客観的に見るようになる。これまで親の価値観が絶対だと思っていたものが，友だちの家では違うらしい，家の家族のルールが必ずしもほかの家族に通用するものでもない，などと気づいていく。今まで信じて従っていたぶん，反発も強くなる。これが「反抗期」におけるぶつかりである。とくに，子どもの変化に気づかず親がこれまでどおり，あれこれ世話を焼きすぎたり，親の価値観を押しつけたりすると，反発は強くなる。しかしながら，思春期の親子のぶつかりは，子どもの発達にとって重要な機会でもある。お互い言い合える関係であるからこそ，ぶつかるのであるし，先ほども述べたように，親を批判しこれまでの自分を見直すことは，この時期の子どもにとって大事な課題でもある。思春期にまったく反抗ができないと，のちに心理的な問題を引き起こすこともある。

　ところで，この時期，親に秘密をもったり，反発したりする一方で，重要な人間関係は仲間との関係となる。中学生ぐらいの年代では仲間への同調圧力はもっとも高まり，異質なものは認めないといった排他的な側面も強くなる。また，性ホルモンやそれに伴う身体の変化などお互いが心理的に不安定な時期でもあり，ちょっとしたすれ違いやストレスによって，いじめが発生したり，人間関係のトラブルが起こったりしやすくなる。しかしながら，親や教師など，大人に相談することを嫌がる年代でもあり，いじめなどの問題が発覚しにくいといった難しさもある。

　思春期は子どもにとって，心理的な課題も多く大変な時期であるが，親に

とっても，子どもの反抗期など対応の難しい時期である。親からの「自立」が求められるこの時期は，親にとっては「子離れ」が求められる。これまでの親子関係を見直し，新たな関係を築くことが重要と言えるであろう。

　以上，本章では子どもの育つ環境としての家族について，マクロな視点とミクロな視点から議論してきた。社会の変化とともに，家族，および個人のあり方も変わっていく。子どもが心身ともに健やかに育つことのできる環境をどうまもっていくか，心理学の視点から私たちができることをともに考えていきたい。

▶引用文献

厚生労働省（2023a）．令和4年国民生活基礎調査　https://www.mhlw.go.jp/toukei/saikin/hw/k-tyosa/k-tyosa22/dl/02.pdf（2023年10月23日アクセス）

厚生労働省（2023b）．令和4年度雇用均等基本調査　https://www.mhlw.go.jp/toukei/list/dl/71-r04/07.pdf（2023年10月23日アクセス）

厚生労働省（2023c）．令和5年版厚生労働白書　https://www.mhlw.go.jp/wp/hakusyo/kousei/22/dl/zentai.pdf（2023年10月23日アクセス）

Mahler, M., Pine, F., & Bergman, A.(1975). *The psychological birth of the human infant.* London: Nutchinson & Co.〔高橋雅士（他訳）（2001）．乳幼児の心理的誕生──母子共生と個体化　黎明書房〕

中釜洋子（2006）．第2章　家族の健康性とは　平木典子・中釜洋子（共著）家族の心理──家族への理解を深めるために　サイエンス社

小田切紀子（2017）．序章　家族とは何か　小田切紀子・野口康彦・青木　聡（編著）家族の心理学──変わる家族の新しい形（pp.3-10）　金剛出版

藤後悦子・井梅由美子・大橋　恵（2020）．バスケットボールをプレーする子どもたちの指導者，親，チームの親集団（応援席）への期待──持続可能な開発（SDGs）と「子どもの権利とスポーツの原則」を実現するため　モチベーション研究, *9*, 23-34.

山田昌弘（2013）．男女共同参画は，日本の希望②──大きな時代変化の中で　共同参画2013年6月号（p.13）　内閣府男女共同参画局

コラム 2-❶　小児科での心理相談

井梅由美子

　小児科は子育てをしている母親，父親にとって，大変身近な存在である。子どもが生まれると，子どもの発熱から各種予防接種，健診など，さまざまな形で相談に訪れる場所となる。とくに，はじめての子育てとなる父母にとって心強い子育ての相談の場であろう。

　筆者は臨床心理士として小児科に勤務していたが，小児科での相談業務は子ども本人，およびその保護者への支援，また，子どもの発達に関する相談など多岐にわたる。ここでは，小児科での心理相談で多い相談事項について，いくつか紹介する。

　まず多いのは，不登校に関する相談である。頭痛や腹痛，あるいは朝起きられないなど身体の不調から不登校がはじまることも多いため，身体の不調の相談として親子がまず，小児科を受診することは多い。このような場合，医師による診察で身体の異常のないことが確認されたのち，心理士によるカウンセリングが導入される。多くの場合，子どもへの面接（プレイセラピー）とともに，保護者への面接が行われる。子どもの年齢が幼いほど，子どもへの支援とともに，母親の子育てに関する不安や，母親自身の育ちの中での母親（子どもから見た祖母）との葛藤の整理など，母親支援が重要になってくることも多い。

　次に，子どもの発達に関する相談がある。昨今，子どもの発達の段階や発達障害に関しても，インターネットで検索すればすぐに多くの情報が得られる。それゆえ，わが子に発達の遅れがあるのではないか，あるいは，発達障害なのではないか，との心配を抱く親も多い。カウンセリングでは，母親から話を聞くとともに，発達検査などを用いて子どもの発達の状況を評価／整理し，対応について話し合うことなども行っている。

コラム 2-❷　働きながら子育て：保育カウンセリング

藤後悦子

　近年，共働き家庭は専業主婦を上回っている。仕事も子育ても生きがいにつながる大切な営みであるが，まだまだ現状は女性への負担が大きい。私も 3 人の子どもを育てたが，夫婦ともに地方出身だったため典型的な核家族での子育てとなり，想像以上に大変であった。そのような中で親子ともに支えてもらったのが保育園であった。今でも保育園の保護者や先生方，そして当時の子どもたちともつながっており，保育園は大きなファミリーのような存在である。

　働きながら子育てをしている親子に寄り添い，一緒に伴走できる立場として保育園のカウンセラーがいる。私は公認心理師として 20 年以上保育園に勤務しており，この間，数多くの親子に出会ってきた。保護者の中には，一見，適切でない子育てをしているように見える人もいるが，その人なりの理由がある。

　たとえば，子どもの泣いている姿を見ると，怒鳴ってしまうお母さん。理由を聞くと，「私は小さいころ泣きたかったけど，お父さんに怒られるからじっとひとりで我慢してきました。それなのにうちの子は泣いてばかりで。ずるいと思っちゃうんです。私ばっかりいつも我慢して」と，胸の内を吐き出した。

　そのほかにも，まだ 3 歳の娘に習い事ばかりさせている家庭。娘がピアノの練習をまじめにやらないといって，怒ってしまい罪悪感にさいなまれるというお母さん。理由を聞くと，「私は子どもの才能を伸ばせていないのではないかと不安になる。私みたいな親の元で生まれた子どもがかわいそうで。私は子育てに向いていない。ほかの人に育ててもらったら，きっともっと才能のある子になっているのに」と。まずは，親のインナーチャイルドに向き合ってもらい受容し，整理をしてもらう。

　子どもが０歳のときは，親も０歳。親子の人生の歩みにかかわれるのは保育カウンセラーの醍醐味である。現在，保育所に勤務するカウンセラーは徐々に増えてきた。自治体によってはキンダーカウンセラー制度をつくっているところもある。文部科学省は，幼稚園へのカウンセラーの配置を打ち出しており，今後の展開が期待される。

　保育カウンセラーのもうひとつの仕事としては，保育者のメンタルヘルスへの支援がある。スクールカウンセラーの場合，教師のメンタルヘルスは原則担わないが，保育者のメンタルヘルスへの支援が制度的に整っていないため，保育カウンセラーが担わざるをえないこともある。保育者の中には，自分の子どもを預けて「働きながら子育て」をしている人も多い。近年子育て支援としての保育現場への期待は大きく，さまざまな事業展開や多様な子どもや保護者の受け入れが求められており，感情労働としての保育者の負担感は大きい。チーム保育所でなければ対応できないこともあるが，女性が多い職場ならではの人間関係の難しさもある（藤後他，2019）。精神的な負担のみでなく，不規則な勤務形態など物理的な負担も大きい。そのような中で多くの親子を支え，自身も「働きながら子育て」を行っている保育者を応援したい。

▶引用文献

藤後悦子・日向野智子・山極和佳・角山　剛（2019）．女性保育者の職場ハラスメントとストレス──保育士と幼稚園教諭の比較　ストレス科学研究，*34*，51-58.

　本コラムの内容の一部は，JSPS18K18672 の助成を受けたものである。

第 **3** 章

●藤後悦子

子どもの成長過程と
自然とのかかわり

　大人となった今,「自分」と「自然」との関係を振り返ってみると, 保育園時代は, バッタをとったり蝉の幼虫を探したり, 小学校時代は近くの川で何時間も魚を追いかけたりしていました。ところが中学・高校になると, 生活の中心は学校や友だち。身近にあるはずの「自然」とは無縁な生活となりました。とくに高校時代は自然豊かなオーストラリアに留学し,「自然」と「自由な時間」がたっぷりあったのですが,「自然」を堪能できず「暇」をもてあましていました。大学生になってもあまり変わらない生活でしたが, 保育園でのアルバイトや農業に関する授業をとる中で, 自然のもつ意味について再度考えるようになりました。子育てがはじまると, 子どもにとっての自然の意味を理解しはじめ, 自然の中で子どもが過ごす時間を「まもる」ことを意識しはじめました。なにかと子どもたちが自然と触れ合える機会を用意したり, 自然を重視している保育園を探したりしたものです。子育ても一段落すると今度は私自身が, 自然の中の散歩を日課とし, 四季の移り変わりを楽しむようになりました。このように自然とのかかわり方はライフサイクルによって異なってきます。そこで本章では, 子どもたちと自然との関係, そして子どもの自然体験を「まもる」大人の役割について発達段階ごとに考えていきます。

1. 子どもも大人も自然が足りない?? 「自然欠乏症候群とは」

　2005 年に出版された *Last Child in the Woods: Saving Our Children from Nature-Deficit Disorder* という本により,「自然欠乏症候群」(Nature Deficit

図 3-1 自然体験の現状と推移（国立青少年教育振興機構，2021）

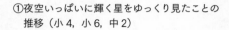

①夜空いっぱいに輝く星をゆっくり見たことの
推移（小 4，小 6，中 2）

②チョウやトンボ，バッタなどの昆虫をつかま
えたことの推移（小 4，小 6，中 2）

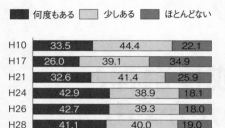

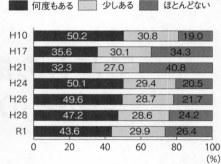

Disorder）という言葉が有名になった。日本では，『あなたの子どもには自然が足りない』（Louv 春日井訳，2006）として翻訳され，関連図書『自然欠乏症候群——体と心のその「つらさ」，自然不足が原因です』（山本，2014）などが出版された。自然欠乏症候群とは，疾患名ではないが，現代社会への警告とも受け止められる。この言葉からは，「現代社会で生きる人びとは，自然と接する機会が少なすぎる！」という声が聞こえてきそうなものである。では実際に子どもたちの自然体験の現状はどのようなものであろうか。国立青少年教育振興機構（2021）による子どもの体験の移り変わりのデータを見てみると，平成 24 年（2012 年）以降大きな変化は少ないが，星をゆっくりと見たことがない子どもは約 5 人に 1 人（**図 3-1 ①**），チョウやトンボ，バッタなどをつかまえたことがない子どもは約 4 人に 1 人（**図 3-1 ②**）となり，全体傾向としてはゆるやかに自然体験が減少している。

　それでは，自然体験の減少は子どもたちになにをもたらすのであろうか。子どもと自然との関係を，発達段階ごとに自然×心身の健康，自然×認知的側面，自然×非認知的側面という 3 つの観点から見ていく。

2．自然×心身の健康

　まず子どもの健康について見てみよう。「子どものからだの調査 2019」（子どものからだと心・連絡会議，2019）では，保育所，幼稚園，小学校，中学校，高校の教員を対象に「最近増えているからだのおかしさ」の実感ワースト 5 をあげてもらった。そうしたところ，どの年代も共通してあげられたものが，前頭葉機能，自律神経機能，睡眠覚醒機能の問題であった。これらに関する子どもの気になる行動は，保育・授業中にじっとしていない，絶えずなにかをいじっている，すぐ「疲れた」と言う，床に寝転がる・背中ぐにゃ，頭痛，肩こり，身体が硬い，低体温（36 度未満）などがあがっていた。もちろん，昔から「今の子は〜」というフレーズは慣用句のように使われているものの，近年の子どもたちの身体の変化には留意すべきである。それでは，これらの症状と自然はどのように関連するのであろうか。発達段階ごとに見ていく。

1）乳幼児期

　子どもたちの健康の基礎になるものは，「睡眠」，「体内リズム」，「自律神経」などである。乳児期には多くの睡眠を必要とする。生まれてすぐの赤ちゃんは約 2 時間おきに起きることが多い。自然の力である朝の日光，夜の暗さを繰り返し体験する中で，体内リズムが整っていく。4 〜 5 か月ごろから昼と夜の区別ができるようになり，まとまった睡眠をとることが可能になる。人間の体内リズムは，25 時間周期なので，毎朝日光を浴びて 24 時間にリセットすることを繰り返し，質のよい睡眠の確保や，交感神経と副交感神経の切りかえが可能となる。このような体内リズムの基礎を乳幼児期につくっていく（鈴木，2007）。

　睡眠外来を行っている医師の神山（2003：2009）は，睡眠の大切さを伝えるために，キーワード「朝の光，昼間の活動，とんでもないのは夜の光，生体時計，セロトニン，メラトニン」をあげた。朝の光や生体時計は前述したとおりであるが，昼間に十分な運動を行うことで，幸福ホルモンのセロトニンが高ま

り，精神的な健康状態が保たれる。さらに，昼間外を歩いたり，走ったりとバリエーションに富んだ自然の中で遊び込むことで，足腰の筋肉が鍛えられ，瞬発力，協応性，敏感性，柔軟性などさまざまな身体的な要素が発達する（藤後他，2019）。また外遊びなどでしっかりと汗をかくことで，基礎代謝や体温調整なども可能となる。そして夜は真っ暗な空間で寝ることで，メラトニンが分泌され，細胞の新陳代謝が促され疲れがとれる。このように自然の光や暗闇，そして自然の中での活動が子どもたちの健康の基礎になる。

2）学童期

　学童期になると，子どもたちは学校や家以外に地域にも遊び場が広がっていく。体力や好奇心が高まってくる学童期の子どもたちには地域の自然は魅力的である。自然の中で基地をつくったり，木登りをしたり，がけを登ったりなど，身体を使った身のこなしを通して体幹や粗大運動が鍛えられる（藤後他，2019）。夏場の川遊びや水遊びなどで，はしゃぎ興奮しながら遊ぶことを通して，大脳の興奮と抑制の切りかえの練習が意図せずなされる。しかし近年，夏場の異常気象や地域の安全性の問題からも子どもたちは自然の中で遊ぶ経験や外を歩く量が少なくなっている。「平成23年度東京都児童・生徒の日常生活活動に関する調査報告書」（東京都教育委員会，2021）によると，東京都の児童・生徒の1日の平均歩数は，小学生で約11,000歩／日，中学生で約9,000歩／日，高校生で約8,000歩／日であった。40年前の小学校5年生は，日々25,000歩も歩いていたが，近年では約半分の歩数となっている。本来，起伏が多い自然の中で動き回ることでふくらはぎの筋肉が鍛えられる。ふくらはぎは重力で落ちてくる血流を全体の身体や脳に押し戻す役目がある。血流のよさは脳の機能を高め，子どもの健康を保つうえで重要なのであるが，昔と比べ最近の子どもたちは日々の生活の中で歩く量を保障することが困難になっている。

3）思春期・青年期以降

　中学生以降も自然は子どもたちの生活リズム，睡眠，自律神経の整えなど健

康面に大きく寄与する。これに加え，ここでは中学生以降で激増する近視についても取り上げておく。文部科学省「令和3年度学校保健統計調査」(2022)によると，裸眼視力1.0未満の子どもは小学生約37.8%，中学生約61.9%と過去最多だった。近視の問題は，アジア各国で生じている。台湾や中国では近視が将来の白内障や緑内障につながるリスクが高いとして，予防活動が盛んになされている。週11時間，明るさ1,000ルクス以上の光を浴びることで，近視の発症が抑えられるというデータから，台湾では小学生の野外活動を週に150分行うことを義務化した（NHK健康チャンネル，2021）。日本でも文部科学省(2023)がリーフレットを作成し，近視予防のために「野外で過ごす時間を増やすこと」を提唱した。

　このように自然と子どもたちの健康は関係するが，それは身体のみでなく心の健康にもつながる。子どもたちは砂や水，昆虫や草花など自然の産物に五感を使って触れ合うことで，心が解放されていく。また，なにかうまくいかず悩み苦しくなったときには，自然の中の新鮮な空気を吸ったり，森林の中を散歩したりすることで，心を落ち着かせることができる。自然体験は，子どもたちの心の安定にも深く関係するのである。

3. 自然×子どもの認知能力

　自然は子どもたちの健康によいことは理解しやすいと思うが，自然の中で遊んでばかりだと学力が心配だと思う人はいるかもしれない。学力の基礎となる認知能力に自然体験は寄与しているのであろうか。答えは「YES」である。もちろん，学力を身につけたいと思って自然の中で遊んでいる子などはいないだろう。しかし自然の中での子どもの遊びは認知機能を高めるのである。

1）乳幼児期

　就学前までに育てておきたい力を丸山(1999)は，文字学習開始のレディネスと数操作学習開始のレディネスに分類した。文字学習開始のレディネスとし

ては５つあげており，言語理解・表現能力，身振りと描画の表現力，音節分解・音韻抽出能力，視覚運動統合能力，空間関係把握・統合能力である。数操作学習のレディネスとしては３つあげており，主に数概念形成，系列化の思考，保存の概念などである。これらを支えるものとして丸山は意欲的側面を重視しており，遊びと生活を豊かにする中で子どもたちの意欲を培っていく必要性を強調した。

　以下，自然の中での子どもの遊びをこれらに当てはめてみる。子どもたちは，毎日たっぷりと自然の中で遊んだ経験を友だちや大人たちに，目をキラキラさせながら，勢いよく話すであろう。話したいと思う経験があり，かつ乳児期から共感してもらいながらコミュニケーションを積み重ねてもらった経験があるからこそ「話したい！」という思いが膨らむ。大人に聞いてもらうことを繰り返しながら，筋道を立てて伝えるという論理性を獲得する。「次の日も遊びたい！」という意欲が膨らみ，「明日」という時間的展望も獲得していく。

　また子どもたちは，経験を言葉での表現のみでなく，描画でも表そうとする。じっくりと昆虫を観察しながら絵を描いたり，友だちと魚をつかまえた経験などを絵に描いたりしながら，情緒や表現力の豊かさを獲得する。それと同時に，絵を描く中で，滑らかな手首の回しや，縦線と横線の組み合わせができるようになり，四角形，三角形，ひし形などが描けるようになる。これが文字学習の

図 3-2　森で拾った落ち葉や木の実を数える　写真：筆者撮影

図 3-3　池の横を歩くカルガモの親子を見て大小の概念や数の概念を学ぶ　写真：筆者撮影

技術的な基礎となる。また自然の中で重たい石や砂を運ぶことで「重い」，「軽い」という概念を身体知として学んだり，斜面を登ることで「斜め」という感覚を理解したりすることも可能である。自然の中で見つけた昆虫や木の実などをつぶさないように指先の力を調整しながらつかまえる。このようなプロセスの中で，視覚運動統合能力や空間関係把握・統合能力が身についていく。

　木の実や落ち葉をひろっては（図3-2），その数を競い合ったり，集めてきたどんぐりを「半分」にして友だちと分け合ったり，池の傍を歩くカルガモ（図3-3）を数えたりしながら，自然の遊びの中で，就学に向けた数的概念のレディネスも形成される。

2）学童期

　学童期は，まさに自然の中で多くの「昆虫博士」，「魚博士」，「泥団子博士」など，「○○博士」が誕生する。学習の基礎となる興味・関心がこの時期に大きく膨らむ。2023年こども環境学会で「子どもと遊び」という題名の基調講演をした沖縄県南風原文化センター元館長・大城和喜の幼少期の話が興味深かった。夏になると蝉をつかまえるが，虫とり網をつくるために，森から竹をとってくる。竹の選び方も重要で，輪をつくっても折れないしなやかな竹を見きわめる。虫とり網の「網の目」も重要。市販のものがないから，蜘蛛の巣で代用したそうだ。粘着力があって，強い糸を出す蜘蛛を見つけるため「蜘蛛博士」から教えてもらいながら蜘蛛や植物の生体を観察して過ごしたという。蝉とりという自然の遊びひとつとっても，観察力，虫とり網作成のための測定力，森の中の天候などを把握する力など多くの認知的能力を身につけることができる。

　2023年度のNHK朝ドラ『らんまん』は，牧野富太郎博士がモデルになっていたが，彼も自然の中での植物との出会いが，のちの植物博士の道につながった。東京海洋大学客員教授のさかなクンも最初はタコへの興味からはじまり，そこからいろんな魚に夢中になり，図鑑を読みふけった。「こんなお魚がいるんだ，このお魚に会ってみたいとワクワクするんです」（Webザテレビ

ジョン，2022）と取材の中で答えている。このように自然の中での学びは，探求心を通して学力に結びついていく。

　各教科の学習指導要領を見てみると，理科はもちろんのこと，国語，社会，道徳，総合的学習，家庭科，生活科などにも自然や環境のことが明記されている。学びを深めるには，実体験は不可欠であり，自然の中で五感を使った体験知から知識につなげていくという螺旋状の学習が期待される。

3）思春期・青年期以降

　思春期以降は，学童期で培った自然への興味関心と教科学習との関係をより高次な学習へと結びつけることが可能となる。最近では，高校生が研究発表をまとめて発表する場面も多くみる。たとえば日本農芸化学会（2023）のジュニア農芸化学会では，高校生による発表が約80もなされている。このように体験を基盤とした学びから，科学的実証を伴った学びへ大きく転換される。中教審が示している学士力の4要素「知識・理解」，「汎用的技能」，「態度・志向性」，「統合的な学習経験と創造的思考力」などにも自然の中での学びは深く結びつく。

4．自然×子どもの非認知能力

　最後に子どもの自然体験と非認知能力の関係について述べていく。非認知能力とはなんであろうか。さまざまなところで議論されているが，小塩（2021）は非認知能力とは，「知力や学力など今までに重要だと考えられていた能力ではないものを重視する」（p.2）意味が含まれていると指摘している。本章では，非認知能力のあいまいさを理解したうえで，学力としての認知能力以外のものを非認知能力としてみていく。

1）乳幼児期

　保育や幼児教育では，非認知能力が重視されており，経済協力開発機構

（OECD）が打ち出した社会情動的スキル（Ikesako & Miyamoto, 2015）を用いて説明されることも多い。「目標達成（忍耐力・自己制御・目標への情熱）」,「他者との協働（社交性・敬意・思いやり）」,「情動制御（自尊心・楽観性・自信）」にかかわるスキルとし，幼児期の終わりまでに育ってほしい10の姿に組み込んでいる。幼児期の自然体験は，この非認知能力の育みに大きく寄与する。子どもにとって自然とは，変化に富み，固定されたものではなく，自由な発想を用いてかかわることができる。自然の素材を使って基地をつくるとき，そこには皆で目標に向かって，協力する姿がみえる。遠足で山登りに行くとき，疲れながらも「もう少し！」と子どもたち同士で協力して声をかけ合い，皆で到着したときの達成感や自信，山頂で食べるお弁当のおいしさなど，多くのものを子どもたちに与える。このように自然体験を通して非認知能力は育まれていく。

2）学童期以降

　日本の子どもたちの問題として孤独感の高さや自尊心の低さがあるが，興味深いことに自然体験は子どもの自尊心を高める。文部科学省（2021）が「21世紀出生縦断調査（平成13年出生児）」として，同一の保護者と子どもに年1回

図 3-4　自然体験と自尊心（文部科学省，2021）

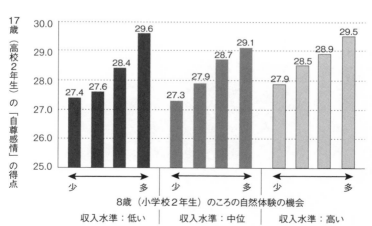

の調査を18年間追跡したデータが報告された。この結果によると，小学校6年生で自然体験の機会が多いほど，高校2年生時の自尊得点が高かった。また小学校1年生のころ，異年齢の子どもや家族以外の大人とよく遊んだ子どもほど，高校2年生の時点での自尊感情が高かったのである。この調査では，収入もふまえて分析したところ，収入水準が低い群，中位群，高い群ともに小学校2年生のころの自然体験が多いほど，高校2年生時の自尊感情が高いという結果となった。収入に関係なく，自然体験が豊かであるとその後の成長に肯定的な影響を与えるのである（図3-4）。

5. 子どもの自然体験を「まもる」ために 周囲の大人ができること

　前節までは，子どもたちにとっての自然の意味を考えてきた。ここからは子どもたちの自然体験を「まもる」ために大人はなにをすべきかを考えていく。

1）大人自身の自然への感受性を高め，共感する

　子どもの自然体験を「まもる」前に，まずは大人自身が，「自然」を堪能してほしい。大人にとっての自然の効用は，子どもと同様に（それ以上に），心身の健康に直結する。デジタルデトックスが注目されているように，一日少しの間でも，または数日間しっかりと自然の中に溶け込む機会をつくるとよい。大人の自然への感受性を高めることが，子どもの自然への感受性の高さにつながる。私たちは，以前海に囲まれた沖縄とフィジー，山に囲まれたネパールと山形の子どもたちを対象

図3-5　大人が裸足になって森に出かける
写真：筆者撮影

に自然への感受性に関する調査を実施した（藤後他，2013；2014）。その結果，生活に根差しているものに対する子どもの感受性や認知力は高く，とくに大人からの声かけで自然への興味関心が深まっていた。まずは私たち大人が一日に一度は空を見上げる，裸足になって（図3-5）芝生の上を歩く，道端の花や鳥に目や耳を傾けることを意識して「自然への感受性」を高め，それを言葉で子どもに伝えてみてほしい。そして，「今日，バッタ見つけたよ！」，「貝殻あったよ！」など子どもたちが話す内容にしっかり耳を傾けてほしい。

2）朝の日光と夜の暗闇の保障

　子どもの体内リズムは，自然の光と暗闇を通して整えられる。現代社会において，朝の光と夜の暗闇を保障するのは難しく，大人の努力なしには不可能である。家の中は，テレビ，スマホ，タブレット，外はコンビニや夜間営業のお店や夜遅くまでの塾などいつまでも明るい。夜の暗闇を確保するためには，親自身のライフスタイルの調整，夫婦間の同意など多くのものが求められる。先日，山梨県清里で実施された2日間のリトリートキャンプに参加した。夜の森を歩き，皆で寝転んだ。暗闇の中，見えるのは星と月のみ。聞こえるのは動物の鳴き声や風の音。圧倒的な暗闇。この暗闇があれば，子どもたちは簡単に寝られるだろうと思った。この暗闇を家庭のみで保障するのは難しく，家庭，学校，地域で協力して夜の静けさと朝の日光を保障したい。

3）乳幼児期の自然体験を「まもる」

　乳幼児期は子どもと一緒に散歩しながら，「鳥の声だね」，「雲の形おもしろね」，「虫がいるね」，「いい匂いだね」など，五感を意識するような言葉かけを行いながら，自然豊かな公園や里山などを散歩すると楽しい。たまにはちょっと遠出をして，ハイキングに行くのもおすすめである。また，家庭のみで自然体験を「まもる」ことが難しい場合は，地域の力を借りて，「森のようちえん」や「プレーパーク」などの活動に参加するとよいだろう。環境を与えれば，子どもたちは自分たちで遊びを見つけていく。

4）学童期以降の自然体験を「まもる」

　学童期以降の子どもたちは，自然に対して，より主体的にかかわることができる。家で植物や虫を育ててみたり，芋ほりや干し柿づくりなど季節を感じる体験を日常に取り入れてみるとよいだろう。家族で週末は釣りやキャンプ，登山に出かけるのも楽しい。地域の青少年育成委員会や体育協会，博物館や動物園のイベントに参加してもおもしろい。子どもの自然体験を「まもる」機会は見渡せば多くあるので，情報をキャッチして参加するとよいだろう。自然体験から子どもの興味が膨らんだら，図書館の「自然コーナー」に連れて行ったり，博物館に足を運んだりすると，自ら学びはじめるであろう。図3-6は建築家の安藤忠雄による「こども本の森　神戸」の「しぜんの森」コーナーである。圧巻たる光景。表紙を見るだけでもワクワクする。自然が大好きな子どもたちが飛びつき読みふける姿が想像できる。

　一方，小学校高学年ごろになると放課後や週末にはスポーツの試合や塾などがはじまる。中学生からは部活動も加わり，自然体験が激減する。だからこそ，この時期にあえて子どもたちの自然体験を「まもる」ことを意識してほしい。友人重視の年齢になるので，家族との時間は減ってくるが，幼少期から自然の豊かさを知っている子どもであれば，キャンプや釣りに誘うと，たまにはついてきてくれるだろう。また，幼少期から地域の中で役割を担い，地域の人たちからかわいがられて育っていたら，思春期になっても自然体験を含む地域の行

図3-6　壁一面に並べられた自然に関する図書
写真：junpei iwamoto（DOR）

事などに参加して力を発揮してくれるかもしれない。

　最後になるが，思春期以降は，他者評価に敏感になり少しの失敗でも過度に傷つき，孤独感が高まる時期となる。失敗が気になると余計に失敗が気になり不安が高まっていく。心理療法のひとつである森田療法では，このような時期にこそ，あえて自然の変化などに目を向けさせることで，自己に向きすぎる関心を外に広げ，柔軟な思考を促すようにする。ドイツでは自然の中の散歩が慣習化されており，人が集えば公園や森に散歩に行くそうだ。日本でも思春期こそ，子どもたちと一緒に，自然の中を散歩してみることをおすすめする。

　以上，子どもと自然についてみてきたが，自然体験は子どもたちに豊かな経験を与えてくれる。その自然体験をぜひ大人の努力でまもってほしいと願う。

▶引用文献

Ikesako, H., & Miyamoto, K. (2015). Fostering social and emotional skills through families, schools and communities OECD Education Working Papers, *121*, 3-75. https://dge.mec.pt/sites/default/files/EPIPSE/fostering_social_and_emotional_skills_through_families_schools_and_comm.pdf（2023 年 11 月 2 日アクセス）

神山　潤（2003）．子どもの睡眠——眠りは脳と心の栄養　芽ばえ社

神山　潤（2009）．ランチョンセミナー　日本の乳幼児の睡眠状況——国際比較調査の結果から　小児保健研究, *68*（2），219-223.

子どものからだと心・連絡会議（2019）．子どものからだ調査 2015 子どものからだと心白書 2019（pp.58-59）ブックハウス・エイチディ

国立青少年教育振興機構（2021）．青少年の体験活動等に関する意識調査（令和元年度調査）——心身の諸側面，社会経済的背景との関係　https://www.niye.go.jp/pdf/210719.pdf（2023 年 10 月 15 日アクセス）

Louv, R.　春日井晶子（訳）（2006）．あなたの子どもには自然が足りない　早川書房

丸山美和子（1999）．教科学習のレディネスと就学期の発達課題に関する一考察　社会学部論集, *32*, 195-208.

文部科学省（2021）．令和 2 年度青少年の体験活動に関する調査研究結果報告——21 世紀出生時縦断調査を活用した体験活動の効果分析結果について　https://www.mext.go.jp/b_menu/houdou/mext_00738.html（2023 年 10 月 15 日アクセス）

文部科学省（2022）．令和 3 年度学校保健統計調査　https://www.mext.go.jp/b_menu/

toukei/chousa05/hoken/kekka/k_detail/1411711_00006.htm（2023年10月15日アクセス）

文部科学省（2023）．「目をまもるためにはどうすればいいの？」 https://www.gankaikai.or.jp/school-health/detail2/__icsFiles/afieldfile/2023/09/12/20230912_jimurenraku.pdf（2023年10月15日アクセス）

NHK健康チャンネル（2021）．近視が失明を招く⁉「日光」を利用した意外な予防方法とは？ https://www.nhk.or.jp/kenko/atc_1090.html（2023年10月15日アクセス）

日本農芸化学会（2023）．ジュニア農芸化学会2023「高校生による研究発表会」 https://www.jsbba.or.jp/2023/program_junior.html（2023年10月15日アクセス）

小塩真司（2021）．非認知能力とは 小塩真司（編著）非認知能力（pp.1-10）北大路書房

鈴木みゆき（2007）．生活リズムの確立と睡眠 明石要一・浅野祥三・川野浩章・鈴木みゆき・平山正則・三角幸三（編）みんなで早寝早起き朝ごはん──子どもの生活リズム向上ハンドブック https://www.mext.go.jp/a_menu/shougai/katei/08060902/003.pdf（2023年10月15日アクセス）

藤後悦子・磯友輝子・坪井寿子（2014）．海に囲まれて育った子どもたちの「自然への感受性」 東京未来大学研究紀要，7，219-228.

藤後悦子・井梅由美子・大橋 恵（2019）．スポーツで生き生き子育て＆親育ち──子どもの豊かな未来をつくる親子関係 福村出版

藤後悦子・坪井寿子・田中真奈美・鈴木光男・磯友輝子（2013）．子どもの自然への感受性 東京未来大学研究紀要，6，109-120.

東京都教育委員会（2021）．平成23年度東京都児童・生徒の日常生活活動に関する調査報告書 https://www.kyoiku.metro.tokyo.lg.jp/administration/statistics_and_research/daily_liife_survey_2011.html（2023年10月15日アクセス）

Webザテレビジョン（2022）．さかなクン，活動の原点は小学生時代「担任の先生から『あなたのお魚の絵は職員室でも話題になっている』と…」 https://mdpr.jp/news/detail/3080854（2023年10月15日アクセス）

山本竜隆（2014）．自然欠乏症候群──体と心のその「つらさ」自然不足が原因です ワニ・プラス

コラム 3-❶　発達障害と野外活動

藤後悦子

　発達障害のある子どもたちに野外活動は効果があることが知られている。野外活動といってもさまざまな種類があり，日常的に公園や川や草原で遊ばせるような活動から，数日間のキャンプ活動など幅広い。また野外活動を家族で行うのか，いつも一緒に過ごしている友だちと行うのか，または募集型のキャンプなどのように知らない人と体験するのかでも状況は異なるであろう。

　はじめに，家庭や保育園の活動など日常的な生活の延長としての野外活動を考えてみよう。発達障害の子どもを自然の中に連れていくと，とても落ち着くことが多い。たとえば，部屋の中の活動だとよくパニックになる子が，広い里山の中だと葉っぱの揺れるようすを穏やかにじっと見て過ごしている。いつもはケンカばかりしている子が，木や草でできた秘密基地の中で，楽しそうになにかつくっている。いつもは走り回って集団活動に入りづらい子が，森の中のハンモックで，気持ちよさそうに過ごしている。虫や魚が大好きな子は，虫や魚を見つけては，ずっと眺めたり，つかまえようとしたり夢中になっている（図 3-7，図 3-8）。子どもたちは好きなことをゆったりした時間の中で自分のペースで主体的に環境にかかわっている。あるときはなにかに没頭したり，あるときは自分の中のイメージを楽しんだりと心穏やかに楽しく過ごしている姿を目の当たりにする。

　少し非日常的になるが，集合型の野外キャンプもさまざまな効果が示されている。たとえば，小笠原他（2015）は，野外保育において気になる子どもたちの育ちの流れをモデル化しており，外界を感じることで，考える力が向上し，興味関心が膨らみ，自分で判断して行動する場面も増加したと報告している。それと同時に身体感覚の検査結果では，姿勢

図 3-7　子どもたちは虫に夢中　　　図 3-8　子どもたちは海の中の魚に夢中

や動作の基礎となる前庭感覚や固有受容覚，外界の情報を取り入れる触覚や視覚の偏りが減少していた。

　このように，発達障害と野外活動との関係は大変興味深い分野である。

▶引用文献

小笠原明子・立元　真・前田泰弘（2015）．野外保育における発達の気になる幼児の行動拡大への保育士のかかわりの効果　宮崎大学教育文化学部紀要, *32*, 81-90.

　本コラムの内容の一部は，JSPS18K03119 の助成を受けたものである。

第 **4** 章

● 鈴木公啓

子どもと装い

　いつの間にか，子どもたちはおしゃれになってきたように思われます。おしゃれに関する情報が溢れている現在において，子どもは親，友だち，そしてメディアの影響を受け，自分の身体の見た目を変化させる試み，つまり装いを行っています。それは社会への適応でもあり，なによりも当人にとって楽しい営みです。しかし，そこには落とし穴もあります。どのような点に気をつければ，子どもの身体を守り，健全なボディイメージ（身体像）の発達を（見）守ることができるでしょうか。

I. 装いとは

　われわれは，身体の外観を工夫し変化させることによって，他者とのインタラクションを行い，また，社会の中に自己を位置づけている。この，身体の外観を整えたり飾ったりして変化させることは「装い」という。装いは，広義には「さまざまな道具や手段を用いて自他の身体もしくは自他の所有物を整え飾り外観を変化させること，およびその結果としての状態」と定義され，外観変化のあらゆることが含まれる（例：鈴木，2020）。たとえば，化粧品の塗布による（狭義の）化粧，衣服（被服）を身につけることによる服装（着装／衣装），アクセサリー（装身具）を身につけることによる着装などがある。整髪・染髪，爪の加工（手入れ），日光浴などによる日焼け，ピアッシング，瘢痕文身，刺

図 4-1　装いの種類と分類（鈴木，2020）

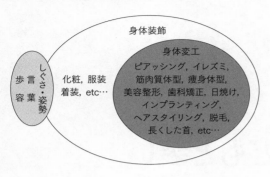

痕文身（イレズミ），美容外科手術（通称，美容整形手術）による変化，歯科矯正による変化，痩身希求行動（ダイエッティングなど）やエクササイジング，そして，ボディビルディングによる体型変化もある。さらに，しぐさや言葉といったものも，装いに含まれる（鈴木，2020）。装いの種類を概観すると図 4-1 のようになる。どのような時代であっても，どのような文化であっても，人はなにかしらの装いを行っているのである。

　装いには，身体管理機能や社会的機能，そして心理的機能などが存在する（鈴木，2020）。身体管理機能は，外界からの刺激により身体に問題が生じないようにする，もしくは快適さを維持する働きである。社会的機能は，装いによって，所属する集団を自他に認識させたり，身分や立場を表したりする働きである。そして，心理的機能は，自他の心理面への影響を生じさせる機能である。心理的機能には，主に「対他的機能」と「対自的機能」という 2 つの働きがあり，前者によって，他者が魅力的と評価したり個性的と評価したりする効用が生じ，後者によって，気分が高揚したり自信が向上したり，もしくは不安が低減したりといった効用が生じる（鈴木，2022）。この 2 つのルートによって，アイデンティティの確認などもなされることになる。

2.　子どもの装いの現状──化粧や脱毛や体型など

　まず，子どもの装いの現状を確認してみたい。従来，子どもが化粧に興味をもつことは否定的に見られていた。しかし，1990 年代の「女子高校生ブーム」において，女子高校生がアイメイクなどの化粧を行うようになり，それが，次

第に下の年齢層にまで広がっていったとされる（石田，2006）。そして現在は，小学生や未就学児にまで化粧が浸透してきている。この現象は化粧に限らず，被服や着装などの他の装いについても同様である。大人だけでなく子どもにとっても外見のよさは非常に重要なものであり，外見に対する満足感が，学業能力や友人関係についての満足感よりも自己受容感と強く関連していることも示されている（眞榮城，2000）。そのため，外見をよくしようとする試みが子どもにおいても行われることに不思議はない。なお，近年の子どものおしゃれは，大人のおしゃれを相似的に取り込んでいるものが散見され，過剰とみなされるようなものも多い。

　ところで，装いへの興味や関心には子どもの時点で性差が確認される。ベネッセ教育総合研究所の 2001 年の調査データの 2 次分析の結果からは，服や髪型について気をつかっている（「そう思う」，「わりとそう」，「少しそう」）のは男子で 24.3% であるのに対し，女子は 67.1% であり，3 分の 2 の女子が装いを意識していることが確認できる。なお，男子は学年で違いはないが，女子は学年が上がると少しずつ該当する割合が大きくなっており，6 年生では 72.9% になる。女子のほうが，男子よりも外見についての興味や関心を有していることは，他の比較的最近の研究でも示されている（向川，2006；大久保・斉藤，2014）。

　それでは，実際にどのくらいの子どもが装いを経験しているのであろうか。2018 年に 3 歳以上の未就学児，小学生（低学年・高学年），中学生，高校生の娘がいる母親 1,184 名を対象とした調査結果からは，多様な装いの実施状況が確認されている（鈴木，2018）。全体としては，年齢層が高くなるほど，経験割合が大きい。スキンケア，メイクアップ（図4-2 ①），ネイル，そしてアクセサリーについては，未就学児であっても 3 割から 4 割が，頻度はともかく経験をしている。また，脱毛・除毛（図4-2 ②）は，未就学児では経験者が 2 割を切っているが，年齢層が上がるに従って経験頻度は増加し，高校生では最終的に経験者が 6 割を超えている。このように，子どもにおける多種の装いの経験は決してまれなものではない。

　それでは，装いのひとつである体型についてはどうであろうか。これまで，

図 4-2 メイクアップと脱毛・除毛の経験割合（鈴木，2018）

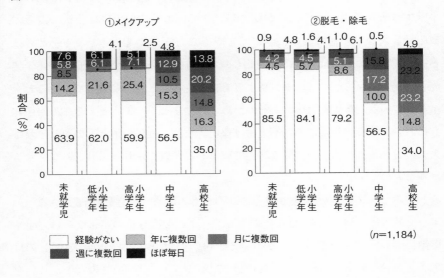

①メイクアップ　　②脱毛・除毛

　□ 経験がない　■ 年に複数回　■ 月に複数回
　■ 週に複数回　■ ほぼ毎日

（n＝1,184）

とくに女子において，痩身体型を求め，そしてダイエットを行っていることが確認されている。たとえば，ベネッセ教育総合研究所の調査データからは，2001年の時点で，小学生女子4年生から6年生の69.1%は今より痩せたい（「うんと痩せたい」，「少し痩せたい」）と回答している（男子は44.4%）ことが確認できる。一方，男子は学年が上がるほどその割合は小さくなるが，女子は逆に大きくなっている。

　また，女子の場合，未就学児のダイエット経験は18.2%であり，小学生低学年で30.6%，小学生高学年で39.4%，そして中学生で43.8%であることが示されている（Suzuki, 2023）。これは，母親が把握している範囲の回答なので，実体としては数がより大きい可能性は

表 4-1 痩身志向とおしゃれの頻度との関連（鈴木，2020）

	痩せたがっている
スキンケア	.298 ***
メイクアップ	.300 ***
ネイル	.247 ***
アクセサリーによる装飾	.213 ***
ピアス	.178 ***
毛染め	.178 ***
体毛の脱毛・除毛	.346 ***

注：おしゃれの頻度は「経験がない」，「年に1，2程度」，「数か月に1回程度」，「月に1回程度」，「月に数回程度」，「週に2，3回程度」，「週に4，5回程度」，「ほぼ毎日」から当てはまるところの回答を求めた。*** $p < .001$。

ある。

　なお，体型は装いのひとつであることから，他の装いとの間に関連があることも確認できる。2001 年のベネッセ教育総合研究所の調査データからは，女子において，痩せたいと思うほど服や髪型について気をつかう傾向があることが確認されている（クラメールの $V = .19$, $p < .001$）。なお，男子においてはその傾向は確認されていない（クラメールの $V = .12$, $p = .061$）。また，2018 年に母親 1,184 名を対象とした調査において，子どもが痩せたがっているほどおしゃれを行う傾向があることが確認されている（表 4-1）。

3.　子どもの装いはなにの影響を受けているのか

　現代社会においては，魅力的なほど，また，おしゃれであるほどよいという考えが，子どものころから刷り込まれている。それは，親や友人，そしてメディアによる影響によるものが大きいと言える。

1 ）親

　親が自身の外見にこだわったり，おしゃれ（飾る装い）に力を入れている場合は，子どももおしゃれにこだわるようになるのは当然のことと言える。また，そのような親は，子どものおしゃれに許容的であったり，場合によっては，子どもの意向を無視してまでおしゃれのこだわりに巻き込むこともある。また，親自身がそれほどこだわっていなくとも，子どもに対してふと口にした一言により，子どもが外見にこだわるようになってしまうこともありうる。

　母親の装いについての態度や行動の影響力は無視できない。子どもの化粧を「かわいらしい」や「遊びのひとつと思う」と回答した母親はそれぞれ 40.0％,38.3％（鈴木，2019）であり，そのような環境では子どももおしゃれに取り組みやすい可能性はある。また，たとえば，年に 1 回以上スキンケアをする小学生女子がスキンケア情報を教わった相手は，「お母さん」（97.3％）が圧倒的に多く（株式会社ジェイ・エム・アール生活総合研究所，2013），男女ともに年齢が

低いほど衣服購入時に母親の意見が取り入れられること，そして，小学生の女子はおしゃれについて親の意見を主に参考にしていることも知られている（向川，2006）。母娘間での会話を通したおしゃれに関する情報のやりとりが，子どもの多種のおしゃれの経験に関連していることも示されている（鈴木，2018）。話をするということは，母親側に子どものおしゃれへの興味があったり，また，そこに積極的に関与する姿勢が存在していると想定される。コミュニケーションを通して情報が伝わるのみならず母親のその態度も伝わり，その結果，子どものおしゃれが促進されている可能性がある。

　痩身においても親の影響が確認できる。2001年のベネッセ教育総合研究所の調査データを再分析してみると，親からもっと痩せたほうがよいと言われるほど，子どもは今より痩せたいと考えていることが確認できる（女子はクラメールの $V = .36$，男子はクラメールの $V = .43$）。さらに，それは子どもの体型（太り具合）にかかわらず生じており，たとえば女子において BMI（Body Mass Index）が18未満であっても，親からもっと痩せたほうがよいと言われる場合には痩せたいと回答していることが確認できる（図4-3）。2019年の調査においても，母親のダイエット行動が娘のダイエット行動に影響していること，さらに，母親の娘に対する痩身の圧力（娘に痩せたほうがよいと言うことなど）が娘のダイエット行動に影響していることが示唆されている（Suzuki，2023）。そ

図4-3　親からもっと痩せたほうがよいと言われることと子どもの痩身願望（女子，BMI = 18 未満）

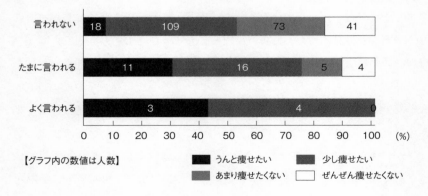

して，未就学児から中学生まで同様に，母親の娘に対する痩身の圧力のほうが
影響力が大きいこと，そもそも娘の BMI は影響していないことが確認されて
いる。子どもの体型ではなく，親から子への一種の期待や願望が，子どもの有
する体型の志向性にとくに影響を及ぼしていることが示唆されたと言える。な
お，母親のダイエット行動から娘のダイエット行動への影響は，小学生高学年
でピークとなり中学生では影響していないことが確認されている。これは，中
学生になると母親の影響のウエイトが小さくなり，他の要因（友人など）のウ
エイトが大きくなっている可能性を示唆していると言えよう。

２）友人

　子どもにおいても成人と同様に，
装い行動が友人などの周囲の人間
の影響を受けていることが知られ
ている。先述の 2018 年の調査に
おいて，「友人とおしゃれについ
て情報交換している」という質問
に対して「やや当てはまる」，「と
ても当てはまる」が 43.4% と，約
4 割の子どもが友人と情報交換を
している傾向にあり，また，その

表 4-2　友人との情報交換とおしゃれの頻度と
の関連（鈴木, 2020）

	友人と情報交換している
スキンケア	.292 ***
メイクアップ	.361 ***
ネイル	.279 ***
アクセサリーによる装飾	.293 ***
ピアス	.153 ***
毛染め	.164 ***
体毛の脱毛・除毛	.225 ***

注：おしゃれの頻度は表 4-1 と同様。*** $p < .001$。

傾向が強いほどおしゃれを実際に行っている（表 4-2）。また，大久保・斉藤
（2014）においては，おしゃれについて教わっている相手としてもっとも多い
のは「同じ年の友人」であり（53.1%），女子においては次に母親（36.1%）であ
ることが示されている。このように，友人の影響は大きいことが確認できる。
友人の影響についての研究はまだ数が少ないため，今後，さらなる検討が必要
と言える。

3）メディア

　子どもがおしゃれをする際に，メディアを参考にしていることも確認されている。たとえば，大久保・斉藤（2014）によると，中学生の情報の入手先としては雑誌がもっとも多く（67.6％。女子のみだと84.6％），また，女子小学生がなりたい・まねしたい人として「テレビや映画に出てくるタレントや有名人」がもっとも多く，中・高学年になると「雑誌のモデル」が次にくる（株式会社ジェイ・エム・アール生活総合研究所，2013）。ファッションの話題を中心とした子ども対象の雑誌は複数刊行されており，子どもたちがそれを目にする機会は多いと考えられる。このような雑誌が子どもに影響を与えている可能性，そして，雑誌に登場する読者モデルが影響を与えている可能性は十分に考えられる。実際，ベネッセ教育総合研究所の2001年のデータでは，女子において，モデルやテレビに出ている人のような格好をしてみたいという人は，服や髪型について気をつかう傾向があることが確認できる（クラメールの $V = .279$）。これは男子でも同様である（クラメールの $V = .217$）。

　多種の広告もマスメディアとソーシャルメディア両者ともに溢れ，それを紹介する有名人もメディアには登場する。そもそも，メディアには子どもが憧れるようなおしゃれな対象が登場する。そのような情報や刺激に接触する頻度が大きい環境では，子ども自身そして親が刺激を受けることになる。結果として，子どもがおしゃれに興味や関心をもち，そして経験するようになるのは，ある意味当たり前のこととも言える。

4．子どもにおける装いによる心身のトラブル

　おしゃれ自体は楽しいものであり，また自己を確認し強化していくためのツールでもあるため，悪いものではない。しかし，おしゃれによる問題が生じることもある。ひとつには，おしゃれのことばかり考えるようになったり，購入費用としての金銭的なトラブルが親や友人との間で生じたり，といったことがありうる。そしてもうひとつには，直接的な身体のトラブルがある。

　化粧品や衣服やアクセサリーなどによる身体のトラブル全般のことを，「お
しゃれ障害」（岡村，2003）や「装い起因障害」（鈴木・矢澤，2016）と言う。具
体的には，化粧品やアクセサリーによる皮膚のかぶれや，ダイエットのしすぎ
による体調不良などがあげられる。子どもにおける装い起因障害の経験割合を
表 4-3 に示す。対象者全員における装い起因障害の経験者は各装いで 10% を
切っていた。しかし，当該おしゃれの経験者に限定すると，装い起因障害の経
験者が 3 割を超えるものがあった。

　子どもの装い起因障害は，看過できる問題ではない。子どもは大人に比べ，
皮膚の構造や免疫システムが未熟であるために，皮膚のトラブルを生じやすい。
また，子どもは社会的にも未熟でおしゃれ用品の使い方に問題があることが多

表 4-3　子どもの装い起因障害の経験割合（鈴木，2018）

	未就学児 （N＝330）	小学生 低学年 （N＝245）	小学生 高学年 （N＝197）	中学生 （N＝209）	高校生 （N＝203）	合計 （N＝1,184）
スキンケア	21 (6.4) (18.3)	14 (5.7) (16.5)	9 (4.6) (10.6)	11 (5.3) (8.9)	29 (14.3) (17.5)	84 (7.1) (14.6)
メイクアップ	23 (7.0) (19.3)	11 (4.5) (11.8)	7 (3.6) (8.9)	6 (2.9) (6.6)	19 (9.4) (14.4)	66 (5.6) (12.8)
ネイル	21 (6.4) (16.7)	8 (3.3) (7.0)	8 (4.1) (8.3)	4 (1.9) (4.7)	7 (3.4) (5.7)	48 (4.1) (8.8)
アクセサリー	18 (5.5) (13.4)	12 (4.9) (9.4)	6 (3.0) (6.0)	7 (3.3) (6.4)	11 (5.4) (7.6)	54 (4.6) (8.8)
ピアス	17 (5.2) (36.2)	11 (4.5) (37.9)	5 (2.5) (23.8)	7 (3.3) (35.0)	11 (5.4) (42.3)	51 (4.3) (35.7)
毛染め	18 (5.5) (36.0)	9 (3.7) (26.5)	6 (3.0) (31.6)	5 (2.4) (22.7)	10 (4.9) (27.8)	48 (4.1) (29.8)
体毛の脱毛・ 除毛	15 (4.5) (31.3)	6 (2.4) (15.4)	11 (5.6) (26.8)	12 (5.7) (13.2)	26 (12.8) (19.4)	70 (5.9) (19.8)

注：中段括弧内は全体における割合。下段括弧内は，当該のおしゃれ経験者の中での割合。

いため，トラブルを生じやすい（岡村，2011）。そして，安全性が十分に確認されているとは限らない商品が，値段の安さから子どもが購入しやすいため，トラブルが生じやすいということもある。子どものときに生じたトラブルが，成長してからも影響が残る場合もあるため注意が必要である。

5. 守るためにはなにが必要か

　見た目にこだわったりおしゃれに力を入れる子どもは，決して少なくない。そして，人数のみならずその程度も今後大きくなっていく可能性はある。装いにはさまざまな心理的・社会的効用が存在し，たとえば，他者から肯定的な評価を得られるといった効用があるが，これはおしゃれにのめり込んでいく動機となるに十分である。とくに，子どもは露骨に他者の見た目を評価するため，おしゃれの効用への期待は大人に比べて大きなものとなっているのかもしれない。おしゃれで魅力的になり，そしてその効用を体験するほど，おしゃれへの傾倒は強固になっていくと考えられる。そして，周囲の子どもも，おしゃれをしている人が効用を得ている状況を身近で見ることにより，おしゃれをより行うようになる可能性は十分にある。

　このような状況において，子どもにおけるおしゃれを制限したり禁止したりするのは難しいと言える。対処や指導を行うには，一定の判断基準が必要であるが，それがないために保護者や学校，そして社会は対処や指導を積極的に行っていないとされている（石田，2006）。小中学生の教師で，装い起因障害についての指導に関してもっとも多いのが「家庭での指導をお願い」で22.0%，次が「とくに指導しようと思わない」で20.0%であり，積極的な指導は行われていないことも示されている（大久保・斉藤，2014）。

　しかし，おしゃれは身体トラブルを引き起こすこともあるため，なにかしらの対応をする必要はある。そのひとつとして，適切なおしゃれの方法を啓蒙するということがあげられる。小学生で化粧を教わったことがあるのは38.8%にとどまるため（株式会社ジェイ・エム・アール生活総合研究所，2013），身近な親

などが適切な方法を教えるということがひとつの方法として考えられる。しかし，先述のように，スキンケア情報を教わった相手は，「お母さん」も多い（株式会社ジェイ・エム・アール生活総合研究所，2013）ものの，子どもの化粧情報を正しく知りたいという母親は半数（51.0%）にとどまる。ここからは，身だしなみとしてのスキンケアに対してメイクアップとしての化粧には相対的に関心が少ないというズレのようなものがうかがえる。このことが，子どもの化粧を野放しにしてしまう可能性もある。親が，必要に応じて適切に肌の手入れや化粧の方法など，おしゃれのやり方について教育することも重要であろう。

　そして，親は，子どもにとって適切な化粧方法を知り，伝えるだけでなく，そもそも子どもがなぜおしゃれをしようとするのか，その背景にあるものについてもできるだけ理解したうえで，従来の社会規範の枠にとらわれずに，子どものおしゃれに向き合っていくことが重要と考えられる。鈴木（2022）では，母親を対象としたインタビューにおいて，華美な装いを行いはじめた子どもに対して，頭ごなしに叱ったり問い詰めたりするのではなく，話を聞きそして装いについて説明するという対応が重要であることが示されている。そしてそれは，装いに限らない普段の親子関係がベースになっていることも示唆されている。子どもの装いへのかかわりには，親子関係が重要であり，その際には発達段階も考慮する必要があると言える。

　また，親だけでなく，化粧業界による啓蒙も大事であろう。株式会社資生堂は，子どもが肌などについて適切に学ぶことを目的とした「キッズのためのキレイクラブ」というwebサイトを立ち上げ，啓蒙を行っている。このような取組みにより，子どもがもし化粧品を使うとした場合に，できるだけ適切な方法で使用できるように教育を行っていくことも大事と考えられる。

6. 子どもにとっての装いの意義

　子どもにおける装いは，決して問題を引き起こすだけのものではない。そして安易に禁止すべきものでもないと考えられる。風戸（2017）は，学校制度に

枠づけられた仲間集団の中で，化粧という表現手段により同調や差異化，そしてコミュニケーションなどが生じたり，また，自分のコンプレックスに向き合うといったことが生じているとしている。装いを模索していくのは，子どもの発達にとって大事なプロセスなのである。

　装いは所属する社会の中での対人関係の構築など，社会生活を行ううえで重要なツールのひとつであり，また，自己と向き合うツールのひとつでもある。そのため，子どものおしゃれを完全によくないものとして禁止してしまうことは，ある意味では乱暴な対応と言える。そもそも，禁止することは簡単ではないことに加え，禁止により別種の問題が生じる可能性もある。安易に禁止したり制限したりするのではなく，適切な装いについての家庭と学校保健での教育が今後は重要になってくると考えられる。その際には，大人からみた子どもの健全で正しい発達という観点だけでなく，子ども主体の観点からも考えていく必要があろう。

　最後であるが，注意しなければいけないことをひとつあげておくこととする。それは，子どもの場合は，どこまでが当人の考えなのかが判別しにくいということである。たとえ親が明示的に求めなくとも，親からの暗黙の圧力により，おしゃれや痩せがよいことであるという考えを子どもが内在化してしまう可能性もある。ただし，子ども本人も周りも，どこまでが子ども自身の考えなのか判別することは難しい。だからこそ，親をはじめ，周囲の人びとは，子どもが過剰に外見を気にしてしまうような発言を子どもに対して安易に行わないようにし，また，自身の行動に巻き込まないように気をつける必要がある。

謝辞

　本章の二次分析のデータは，東京大学社会科学研究所附属社会調査・データアーカイブ研究センター SSJ データアーカイブの「モノグラフ小学生ナウ　子どものやせ願望──見た目を気にする子どもたち──，2001」（ベネッセ教育総合研究所）の個票データの提供を受けたものである。記して感謝申し上げる。

▶引用文献

石田かおり（2006）．児童・生徒の化粧実態とその問題点――化粧教育提案のための実態分析　駒澤女子大学研究紀要, *13*, 27-41.

株式会社ジェイ・エム・アール生活総合研究所（2013）．女子小学生の化粧意識と実態調査　https://cdn.kyodonewsprwire.jp/prwfile/release/M102217/201309104486/_prw_PR1fl_SkMUyyHe.pdf（2023年10月31日アクセス）

風戸真理（2017）．身体装飾をめぐる子ども・大人・社会の交渉　コンタクト・ゾーン, *9*, 347-366.

眞榮城和美（2000）．児童・思春期における自己評価の構造　応用社会学研究（東京国際大学大学院社会学研究科）, *10*, 63-82.

向川祥子（2006）．被服に対する意識及び行動とそれに影響する要因　神戸大学博士論文（未公刊）

岡村理栄子（2003）．おしゃれ障害――健康を害する誤った"おしゃれ"に警告（写真を見ながら学べるビジュアル版　新 体と健康シリーズ）少年写真新聞社

岡村理栄子（2011）．子どもたちのおしゃれ障害　日本香粧品学会誌, *35*, 113-117.

大久保香梨・斉藤ふくみ（2014）．小中学生のおしゃれに関する研究――主におしゃれ障害に関して　茨城大学教育学部紀要 教育科学, *63*, 219-230.

鈴木公啓（2018）．子どものおしゃれの低年齢化――未就学児から高校生におけるおしゃれの実態　慶應義塾大学日吉紀要 言語・文化・コミュニケーション, *50*, 53-69.

鈴木公啓（2019）．大人における子どものおしゃれに対する態度　社会と調査, *23*, 52-65.

鈴木公啓（編著）（2020）．装いの心理学――整え飾るこころと行動　北大路書房

鈴木公啓（2022）．子どもの装いについての親の悩み――内容と対応と現状についての質的調査とインタビューからみえてくるもの　未来の保育と教育　東京未来大学保育・教育センター紀要, *9*, 59-68.

Suzuki, T. (2023). Mothers' Influence on the Body Dissatisfaction and Weight Loss Behaviors of their Preschool- to Junior-High-School-Level Daughters: The Case of Japan. *Japanese Psychological Research, 65*, 262-270.

鈴木公啓・矢澤美香子（2016）．成人日本人女性における装い起因障害の実態　フレグランスジャーナル, *44*, 72-79.

コラム 4-❶　容姿とメンタルヘルス ── ルッキズムの観点から

大村美菜子

　容姿を気にする人たちは年々増えてきている。その背景には外見至上主義であるルッキズムの影響もある。ルッキズムをつくり出しているのは，マスメディアの影響が大きいとされてきたが，近年の SNS の影響も大きいだろう。インスタグラムや X（Twitter）などで，人の見た目を揶揄する場面をよく見かける。たとえば，アップされた写真に対して体型や顔について批判したり，数名で写っている写真に「公開処刑」という言葉で辛辣なコメントを残していたりするのを目にする。自分の容姿への批判的なコメントを目にしてよい気分がするはずもなく，それを回避するために写真加工を助長させているように感じる。加工すること自体は悪いことではないが，理想の自分と現実の自分のギャップを突きつけられることになり，そのことが容姿へのこだわりを加速させる可能性もある。

　容姿にこだわる概念として，醜形恐怖心性がある。醜形恐怖心性とは，健常者における容姿に対するこだわりである。病理である身体醜形障害とは地続きであり，どこからが病理でどこからが健常という明確な線引きはない。容姿にこだわること自体は不健康なことではないが，日常生活に支障をきたすほどこだわってしまう場合には病理が疑われる。

　社会が容姿に対して寛容でない状態は，身体醜形障害には該当せずとも他のメンタルヘルスの問題を引き起こす可能性もある。一方，最近は多様性を重んじる時代を象徴するように「ボディポジティブ」という言葉に注目が集まっている。それは，「自分の体をありのままに愛そう」という欧米を中心にはじまったムーブメントである。SNS に溢れる容姿への批判はこの流れに逆行する形になり，今が過渡期であることは間違いないが，容姿においても多様性が許容される社会になることを切に願う。

コラム 4-❷　子どもと食事

鈴木公啓

　衣食住という言葉があるが，衣（装い），食（食事や食生活），住（家や住環境）のいずれも，子どもの心身の健康的な発達には欠かせない要因と言える。その中でも近年多くの人が積極的に意義を見いだそうとしているのが食かもしれない。最近は，食育という言葉もかなり広まってきており，食を通した子どもの心身の健全な発達のための試みも，さまざまなところで行われている。

　それでは，心身の健康に関連するような食への意識はどのようにして育まれるのであろうか。農林水産省による「食育に関する意識調査，2019」のデータの二次分析結果（鈴木，印刷中）からは，以下のことが明らかになっている。まず，健全な食生活への心がけや食育への関心などについては，子どものころに，楽しい雰囲気で食についての話をしながら食事をとることや，食事の前後に手伝いをしたり，いただきますやごちそうさまの挨拶をしたりといったことが影響していることが示された。一方，家族揃って食事をとることや，決まった時間に食事をとるといったことは影響していないことが示された。つまり，必ずしも常に共食や規則正しい食生活を行わなくとも，親が食事の環境をよいものとしようとし，食事の話をしたり一緒に食事をとり，子どももそこにかかわっていくということなどが，成人になってからの食への態度に影響しているということがうかがえるのである。

　現実問題として，ゆっくりと余裕がある生活をし，食事をとることは難しいかもしれない。食事の準備をするだけで精一杯のこともあろう。しかし，どうやら，忙しくて食事の時間に家族が揃わない，仕事の終わる時間によって食事の時間がバラバラになっているといったことを，必要以上に気に病まなくてもよさそうである。一番はやはり，食事を大切

にしてそこに家族皆でかかわるということなのであろう。もちろん，楽しい雰囲気であることは言うまでもなく。

▶引用文献

鈴木公啓（印刷中）．子どものころの食に関する経験が成人後の健康的な食や食育への態度に及ぼす影響——二次データの分析による検討　東洋大学大学院紀要, *60.*

● 須田　誠

第 **5** 章

物語に描かれる
子どもの心

"すべてを経験せよ　美も恐怖も　生き続けよ　絶望が最後ではない"

（Rilke 富士川訳, 1963）

　ユダヤ系のドイツの詩人リルケは，子どものころに軍事教育や商業教育になじめず苦悩しました。青年となり大学進学を決意し，文学・哲学・美術などを学び，それが彼の人生の希望となりました。この詩はリルケが 20 歳で発表したものですが，堂々と人生のすべてを肯定していることがわかります。

　人生は夢や物語などと，なにかに喩えられることがあります。心理学では，ユング（Jung, C. G.）が太陽の動き，レビンソン（Levinson, D. J.）が四季に喩えました。希望に満ちた朝や春が子ども時代です。しかし，陽のない雨の朝も花散る嵐の春もあるように，子ども時代にも心の危機が生じます。それは厳しい通過儀礼です。英語の危機（Crisis：クライシス）の語源は，ギリシア語の転換期（Kairos：カイロス）です。どのように危機が成長に転換するのでしょうか。

　本章では，物語に描かれる子どもの心──心の危機──を解説します。なお，各物語の結末を含めた詳細な内容に触れていることをご承知置きください。

I. 心の危機のもつ冒険性

　宮﨑駿監督の映画『千と千尋の神隠し』。10 歳の少女：千（千尋）は魔女や神の世界に迷い込む。湯婆婆が「グズで！　甘ったれで！　泣き虫で！」と罵

るとおりの少女だったが，暴走したカオナシを鎮め，ハクと両親を救うほどに成長する。

　細田守監督の映画『バケモノの子』。9歳の少年：九太（蓮）はバケモノの世界に迷い込む。母を亡くし，父とも音信不通で自暴自棄な少年だったが，熊徹の厳しい修行を受け，暴走した一郎彦を鎮め，渋谷の街を救うほどに成長する。

　こうした構造をもつ物語のことを貴種流離譚とよび，古今東西に存在する。未熟な王子（姫）が異世界に迷い込み，そこでの冒険を経て成長し，現実世界に帰還するという物語だ。ヒーローズ（ヒロインズ）・ジャーニーともよぶ。異世界でなくとも旅は子どもを成長させる。旅は「場」と「人」と「時」が複合的に交わる。ひとつの試合，ひとつの恋，ひと夏などということもありうる。

　旅はしんどい。なによりも体力が要るし，他者の心を察する力，状況の把握，判断，時間管理などの認知能力も必要だ。こうした力が身につくかどうかの節目が10歳である。この節目を学校現場では「10歳の壁」とよぶ。だから，子どもの物語は8歳から14歳ごろが多い。この壁を乗り越えるための旅は冒険だ。

2．心の危機をともにする仲間

　滝田洋二郎監督の映画『バッテリー』。13歳の少年：巧は天才肌の野球少年だ。巧が本気で放つ剛速球を誰も受け止められなくなるが，やっとそれができる豪と出会う。お互い信頼し合い，巧と豪はよいバッテリー（相棒）となる。

　巧はいつも不機嫌で尊大なため周囲からは「何様？」と言われてしまう。その態度の背景に母からの干渉がある。母は巧に「野球を辞めなさい」と迫る。病弱な弟が巧に憧れ，野球をやりたがるからだ。巧の剛速球は怒りの象徴だ。巧は「うるさい！」と母を怒鳴りつけたいだろう。しかし，そうはしないかわりに黙り込んで，ひたすらボールを投げ続ける。これを昇華とよぶ。反社会的な葛藤や欲求を社会に認められる形で発散し，危機から自分を守るという心の働きである。

　巧が投げても投げても誰も巧の気持ちを受け止められなかった。巧のコミュニケーションの比喩だろう。今は豪がいる。豪と野球をし，巧は仲間となにかを成し遂げることを学ぶ。しかし，巧と母のすれ違いは巧にスランプをもたらす。投球のコントロールができなくなってしまったのだ。これは，心理的な要因でスポーツ選手などのパフォーマンスが乱れてしまうイップスという現象である。

　母は巧を愛している。巧に笑顔で語りかける。それでも，野球を巡って巧とギクシャクしてしまう。実は母の態度にも背景がある。母の父（巧の祖父）も野球一筋で，名監督と周囲から賞賛されたが，まったく家庭を顧みず，母の結婚式にすら試合を理由に欠席した。母は父（巧の祖父）への憎しみを巧に向けてしまったのである。これを転移とよぶ。過去の重要な他者に対する強い感情を，今，目の前にいる人に向けてしまうのだ。なお，転移はカウンセリングの治療場面の解釈で用いられることが多いが，日常生活において誰もが生じうる。

　子育ての失敗を認めることは親でも怖い。しかし，母は自分の態度が「ただのやつあたりだ」と気づく。はじめて巧の試合を観戦した母は，思い切って声援を送る。巧はマウンド上でははにかんで受け止める。巧と母のコミュニケーションが成立した瞬間だ。巧は母の守りを知る。それだけでなく，豪と仲間のおかげで巧は心の危機を乗り越えられた。子どもの冒険に仲間はつきものだ。

　ロブ・ライナー監督の映画『スタンド・バイ・ミー』。12歳の少年：ゴーディは，優秀な兄と比較され，両親から愛されていない。列車に轢かれた少年の遺体が森にあると聞きつけ，「発見すれば英雄になれる」と思い立ち，仲間とともに探しに行くというひと夏の冒険の物語だ。旅の道中，仲間たちも親から暴力を受けていたり，教師から差別されたりして，心の危機が生じていることが明らかになる。不良グループを打ち負かし，遺体を発見し，警察に匿名で通報して冒険から帰ったとき，ゴーディの心はすでに危機から成長に転換していた。

　なぜゴーディたちは遺体探しという冒険をしたのか。それは英雄になれるという理由だけではない。子どもは死を想うからだ。自分は死んだらどうなるの

か。親が死んだらどうしよう。生きる意味ってなんだろう。これを「死の不安」とよぶ。漠然としていた死の輪郭が少し見えてくるのが，10歳だ。10歳の壁を超えると抽象的思考ができるようになる。死は異世界（彼岸）だ。異世界が少し見えてくると，現実世界（此岸）が明確に見えはじめる。子どもは死から生を学ぶ。同様に，親や仲間という相手（客体）が見えてくると，私（主体）の輪郭がはっきりとしてくる。自分は何者なのか。なにをすべきか。どこにゆくのか。親や家と混然としていた私が，ひとりの私として立ち上がる。それが10歳である。

3.　死に近づく心の危機

　原恵一監督の映画『かがみの孤城』。13歳の少女：こころは，真田という少女から陰湿ないじめを受け，不登校になった。真田はこころを孤立させ，陰では馬鹿にしている担任を「イケメン先生」などともち上げ，担任をも懐柔する。関係性を破壊したり操作したりするいじめを関係性攻撃とよぶ。

　自室の鏡に導かれ，こころは孤城で仲間と「願いを叶える鍵」を探す冒険をする。仲間は皆が不登校で，孤城はフリースクールのような居場所となる。物語の終盤，親の虐待から逃れるために城のルールを破った仲間が，狼に喰われてしまう。こころは「仲間を助けてください」とお願いする。すると，不思議なことに，現実世界でその仲間にこころが助けられるという支援の循環が生じる。

　こころは元々は「真田さんが消えればいい」という願いをもっていた。それは真田の死という意味だ。こころの心を殺すほどのことを真田がしたからだ。冒険の物語は象徴的な死と再生が描かれる。『ドラえもん』や『となりのトトロ』などで，「のび太（メイとサツキ）は本当は死んでるんだよ」といううわさが子どもの間で流れるのはそのせいだ。

　実は，学校に行くことを願いながら病気で亡くなった13歳の少女により，孤城はつくり上げられていた。その少女の病室のドールハウスにオルゴールが置かれる。それは孤城にも共時（シンクロ）して存在する。奏でるのはシューマン

(Schumann, R. A.) のピアノ曲『子供の情景』内の『トロイメライ』。これは「夢」という意味だ。孤城はその少女の「夢」であり「希望」なのだ。こころは死の旅で，仲間からの「たかが学校」という言葉にハッとし，学校という呪縛から解放され，再生した。

　ルーカス・ドン監督の映画『CLOSE ／クロース』。幼なじみの13歳の少年：レオとレミは，いつもふたりで田舎の花畑を走り回り，子犬のようにじゃれ合い，同じベッドで眠りにつく。レミはオーボエの奏者で，レオは「僕がマネージャーになるから，演奏で世界を旅しよう」と夢を語る。サリヴァン (Sullivan, H. S.) はこれをチャム・シップとよんだ。子どもが親密さを体験する大切な関係である。

　中学入学後，少女のグループが質問してくる。「ふたりはつき合ってるの？」。レオは「親友だ」と答える。クスクスと「それ以上に見える」と言われると，レオは「手もつながないし，キスもしない。兄弟のようなものだ」と答える。学校でのからかいがきっかけで，レオはレミと距離をとる。ひとりでアイスホッケー部に入り，練習に励むようになる。レミは無邪気に応援にやってくるが，レオは周囲の目を気にして素っ気ない態度をとってしまう。子どもにとっては学校が社会で，そこでの規範がすべてだ。女の子同士が手をつないでいても咎められないが，男の子同士が肩を寄せ合うとおかしな目で見られる。ステレオタイプな規範が学校で量産され，それがいじめや排除を生むこともある。

　レオがよそよそしくなったことに気づいたレミは，朝に浴室に鍵をかけて，泣いて「お腹が痛い」と訴えるようになる。一緒に登校しなかったレオに「どうして置いてけぼりにした！」と食ってかかり，穏やかなレミがつかみ合いのけんかをする。これらは心の危機の兆候だ。身体化といって，心理的な要因で腹痛や頭痛が生じることがある。また，援助希求が怒りという形で現れる場合もある。

　ある日，レミの姿が見当たらず不安になるレオ。母から「レミはもういないのよ」と告げられる。急ぎレミの家に行くと，浴室のドアが壊されて開けられていた。学校での語り合い。レオはなにも語れない。「レミはハッピーなやつ

だった」との同級生の語りに，レオは「お前になにがわかる！」と怒る。「レミは死ぬとき苦しんだのかな？」と考え込む。夜中に目覚めたり，おねしょをしてしまう。アイスホッケーに集中できず，本来ならかわせるタックルを受けて転倒し，腕を骨折する。心の危機から，感情の起伏の激しさ，睡眠の悪化，集中力の低下が生じていたのだ。

　レオは決心して「僕がレミを突き放したせいだ」とレミの母に打ち明ける。レミの母も動揺するが，泣きじゃくるレオを抱きしめる。

　骨折のギプスがとれるほどの時が経ったころ，ふと訪うたレミの家にはもう誰もいない。冬に静まった花が満開になるほどの時が経ち，花畑をひとりで駆け抜けるレオ。振り返るが，やはり誰もいない。だが，レミのいない現実世界で生きる覚悟の顔になっていた。

　怪我が回復したり，枯れた花の種子から花が咲くように，時には循環性がある。太陽の動きも四季も循環する。喪失はとてつもない心の危機をもたらし，苛酷な旅がはじまる。時の循環性の加勢もあり，レオは帰還した。しかし，規範という社会の「まなざし」にレミは命を奪われた。『トロイメライ』が流れる子どもの情景だけではない。不条理なことに，社会や学校から子どもを守らなければならないこともある。不条理な理由で命は消えるが，この世は不条理で溢れている。

4.　心の危機の不条理

　新海誠監督の『すずめの戸締り』。17歳の少女：鈴芽は，子どものころに3.11（東日本大震災）で母を亡くす。天災は無慈悲な不条理の代表だ。幼い鈴芽は震災後，絵日記を黒く塗りつぶしてしまう。そして，そのころのことをよく覚えていない。これを抑圧とよぶ。つらい記憶を無意識に封じ込めてしまうのだ。今では叔母と幸せに暮らしているが，震災後の廃墟で幼い自分が不思議な女性と出会う夢をみる。これを固着とよぶ。自分でも気づかぬうちに過去のつらい体験に囚われてしまうのだ。

　鈴芽は地震を鎮める扉に鍵をかけて回る冒険に出る。旅の道中，夢に出た女性が自分だと気づき，幼い自分を守る。すると，亡き母への固着から解放される。心理的な時間は直線的ではない。『浦島太郎』や『邯鄲の夢』の物語のような時間の流れだ。そのため，旅から帰還すると，子どもは３歳，５歳，10歳もの心の成長をするのかもしれない。また，夢は無意識の代表で，子どもにとって夢は一大事だ。不思議なことに，夢で心理的世界の奥底に追いやっていた私――本当の私――と出会うことで，現実世界の私が確立することもある。

　スティーブン・ダルドリー監督の映画『ものすごくうるさくて，ありえないほど近い』。10歳の少年：オスカーは，論理的思考は優れているが，怖いものが多く，こだわりが強い。父がすすめるブランコも怖くて漕げない。思ったことをそのまま口にしてしまうため，人づき合いが苦手だ。医師から「アスペルガー症候群（自閉スペクトラム症）の疑いがある」と告げられている。

　ニューヨーク市は５区から成り立っているが，オスカーは父の主張する「幻の第６区」の調査に夢中だ。父はオスカーの知的好奇心を刺激し，外出して人とかかわる機会をつくっているのだ。また，父はオスカーと矛盾語法合戦をする。言葉の裏が読めないという語用論的問題を抱えるオスカーには，うってつけの言葉遊びだ。「今は昔」，「マジで笑える」などと言って大笑いする。矛盾語法はこの世の不条理や曖昧さの比喩（メタファー）だ。論理性を追求するオスカーは，理屈で人をやりこめることがあるが，父は論理や科学がすべてではないと教えているのだ。

　9.11（アメリカ同時多発テロ）で父は唐突に亡くなる。人災は残酷な不条理だ。父の部屋で謎の鍵と「ブラックさん」と書かれた封筒を発見したオスカーは，その鍵穴を探す調査――冒険――をはじめる。ニューヨーク市の電話帳に載っている472人のブラックさんに，母に内緒で会いに行く。感覚過敏のオスカーには，地下鉄や人混みはものすごくうるさい。人との距離がつかめないオスカーには，何人ものブラックさんとの対面はありえないほど近い。オスカーの心の危機は死に近づく。自分の体をつねり，服で隠れるところは痣（あざ）だらけだ。自傷行為はストレスへの鎮静効果や自罰，援助希求の現れであり，自殺関連行

動でもある。

オスカーの事情を聞いて，涙を流してくれたり，抱きしめてくれたりするブラックさんもいた。オスカーと同様に9.11の不条理に遭っていたり，人種やジェンダーでつらい境遇に置かれていたりするブラックさんもいた。論理的なオスカーは人を数字に見立て，1人のブラックさんと話す時間は10分と決めていた。しかし，ブラックさんたちは話し込むので長引く。そして，「人は数字というよりも文字だ。文字は物語になり，人は語りはじめる」と気づく。人は深く切実な体験であればあるほど他者と共有したくなる。しかし，迂闊（うかつ）に語ると傷が深まる。語れない，けれども語りたい。そんなとき，同じような立場や悩みをもつ人同士で語り合うことがある。これをピア・カウンセリングとよぶ。ピアとは「仲間」という意味だ。

結局，鍵は父とは関係がなかった。絶望するオスカーに母が寄り添う。実は母はオスカーの調査計画書を見つけ，ブラックさんに「少しだけ息子の話を聞いてもらえないか」と事前にお願いに回っていた。母はオスカーがレイプされたり攫（さら）われたりするのではないかと心が張り裂けそうだったが，オスカーが自分の旅を自分の足で歩まなければ意味がないともわかっていた。また，オスカーには父の死だが，母には夫の死である。「配偶者の死」が最高のストレスという研究もある。ブラックさんの事前訪問で母は力尽きていた。オスカーはかんしゃくを起こしたとき，「ママは寝てるか，起きててもぼうっとしてる。パパじゃなく，ママが死ねばよかったんだ」と暴言を吐く。母は「ママもママが死ねばよかったと思う」と返す。だが，オスカーは母の守りを知り，自分の振る舞いを内省する。

オスカーは，ブラックさんたちに手紙を書く。「あの鍵は僕よりもあの鍵を必要としていた人のものでした。なにも結果が出ないよりは，がっかりするほうがいい。幻の第6区と同じで，願ってもパパは戻ってきません。絶望したけど，なんとかやっていけそうです」。不思議なことに，がっかりして絶望したのにやっていけるようになったのだ。心理的なことは両義性をもつことがある。不条理は恐ろしくて優しい。このような矛盾をオスカーは受け入れられるよう

になる。

　父を偲んでブランコに座ると，ブランコの裏に父からの小さな手紙を発見する。「おめでとう，オスカー。君の勇気と知恵を讃える」。探していた幻の第6区は，そのブランコだった。市の行政区がブランコということは，オスカーの好む論理的で科学的な事実ではない。しかし，オスカーには父の言う心理的事実の意味が理解できた。論理や科学は，正しさを押しつけたり，誤りを糾弾したりなど，分断や排除を生むことがある。実際，オスカーのかつての人づき合いはそのようなものだった。しかし，この世は不条理や曖昧さばかりだ。そしてそれらが共感や寛容を生むこともある。心の危機も不条理で，理屈では解決できないことも多い。オスカーは，父が子どものころに遊んでいたブランコを漕げるようになった。心理的事実として，幻の第6区を父から引き継いだのだ。

5．心の危機から希望の継承へ

　タイカ・ワイティティ監督の映画『ジョジョ・ラビット』。10歳の少年：ジョジョは金髪で青い瞳のドイツ人だ。「僕は気高きアーリア人の末裔だ」と自負している。第二次世界大戦下，父は出征して行方不明で，大好きな姉も亡くなった。気丈で明るい母とふたりで暮らしている。そんなジョジョの親友がアドルフ・ヒトラーだ。「本物のアドルフ・ヒトラー」ではなく，空想上の友人である。これは子どものころに見られる現象で，不安を和らげたり発達を促したりする。実際，アドルフは「お前なら親衛隊に入れる」とジョジョを励ます。ジョジョは訓練で「うさぎを殺せ」と命じられるが，どうしてもできず，「ジョジョ・ラビット」とからかわれたあげく，手榴弾で顔に傷を負い，訓練から外される。

　街には反ナチスとみなされた市民が吊るされて晒しものになっている。怖がるジョジョに母は「よく見なさい。この人たちはすべきことをしたのよ」と告げる。母は人間に対する尊厳を忘れていない。しかし，国から優生思想の教育を受けているジョジョは，戦争を賛美し，ユダヤ人を貶める。教育は子どもを守

るはずのものだが，強すぎるその力に子どもが毒されてしまうこともあるのだ。

　母は仕事に出ることが多い。ひとりのはずのジョジョは屋根裏の音に気づく。そこにはユダヤ人の17歳の少女エルサがいた。エルサは「私を匿っていることがバレれば，あんたも殺される。黙ってなさい」とジョジョを脅す。アドルフは腹を立てるが，ジョジョは怖くて誰にも言えない。エルサはジョジョの亡くなった姉の同級生で，実は母はレジスタンスとしてユダヤ人を助けていた。

　ジョジョはエルサの調査をはじめる。「ユダヤ人にはウロコがある」などとデタラメを言うジョジョを最初は相手にしないエルサだったが，対話をするうちに少しだけ打ち解け，恋人の存在をジョジョに打ち明ける。そして，「あなたもいつか出会う。夢中になれる相手と。毎日のように彼女を抱きしめる瞬間を夢に見る。それが愛よ」と教える。ジョジョは「ばかばかしい」とそっぽを向く。アドルフにそそのかされ，ジョジョはエルサの恋人から手紙が届いたと嘘をつく。「もう君とは結婚したくない。新しい女性と出会った。追伸：レジスタンスの活動はやっていない。僕は失業してデブになった」。気の強いエルサも涙を流す。なぜなら恋人はとうに死んでいたからだ。しかし，エルサは「また彼から手紙が来たら知らせて」とジョジョにお願いする。ジョジョのエルサへの意地悪を反動形成とよぶ。受け入れがたい感情とは反対の行動をとってしまうのだ。

　散歩中，「ここは恋人たちの場所だったの」と言う母に，ジョジョは「今は戦争だ。そんなのばかげてる」と口答えする。母は「10歳の子どもが戦争や政治に夢中になってはいけないの。人はどんなときでも恋に落ちる。あなたもいつかは出会うわ。愛はこの世で一番強いの」と教える。しかし，ジョジョは「ミサイルが一番強くて，ダイナマイトと筋肉も強い」と言い返す。そんなジョジョに母は「恋をすると，お腹に蝶々が飛び回る感じ」と笑顔で教える。ジョジョは「おえっ！」と言うが，母は「ナチスは戦争に負ける。命は贈り物なの。目いっぱい楽しまないと。ダンスで表現するの。生きる喜びや感謝を」と諭す。母の言うとおりだった。エルサといると，ジョジョのお腹に蝶々が飛び回るのだ。

　母の不在時に，ナチスの秘密警察ゲシュタポが訪ねてくる。厳しい追及の中，エルサは堂々とジョジョの姉を演じ切る。ゲシュタポはジョジョが書いたユダヤ人の秘密を暴く本を見つけ，大笑いする。こうして難を切り抜ける。

　母が帰らない。ジョジョが街を探すと，青い蝶が舞っていた。蝶を追いかけた先で，母は吊るされていた。絶望するジョジョに，エルサは自分の家族ももういないと打ち明ける。戦争が終わった。ジョジョはエルサを街に出そうとするが，アドルフは激怒し大反対する。ジョジョは「くたばれ！」とアドルフを蹴り飛ばす。己の内の偏見に打ち克ち，自分のすべきことがわかったのだ。

　本章の冒頭のリルケの詩は，エルサがジョジョに教えたものだ。この詩が大きく映し出される。デヴィッド・ボウイの『ヒーローズ（英雄たち）』が流れ，ふたりは踊る。ふたりは英雄となって帰還した。希望は継承される。ジョジョが母から引き継いだように。絶望が最後ではない。ジョジョがエルサと笑顔で踊るように。

　不条理や死や時をも超えて，子どもは旅から帰還する。それが大人になるということだ。ところが，大人になると自分自身の旅を抑圧して忘れてしまう。心の危機はあまりにも過酷でつらいからだ。そのうえ，大人になると直線的で一義的に生きてしまい，社会の規範だけで子どもを見てしまいがちだ。それでも，大人は子どもの旅を目の当たりにすると，自分自身の旅の記憶が賦活される。子どもの心の危機と大人のかつての心の危機が共時（シンクロ）する。そのときがチャンスだ。大人は旅を乗り越えたことを思い出し，説教をするのではなく，絶望が最後ではないと子どもに伝えるのだ。希望の継承が子どもを守る。

▶引用文献

Rilke, R. R.　富士川英郎（訳）(1963)．リルケ詩集　新潮文庫

▶参考文献

河合隼雄（1992）．心理療法序説　岩波書店

河合隼雄（1996）．物語とふしぎ　岩波書店
中井久夫（2011）．「つながり」の精神病理　ちくま学芸文庫
須田　誠（2013）．セラピストが物語を大切にする意味．哲学，*131*，205-234.
やまだようこ（2000）．人生を物語る——生成のライフストーリー　ミネルヴァ書房

▶紹介した物語

タイトル	年	国	監督	出演	その他
千と千尋の神隠し	2001	日	宮﨑　駿	柊　瑠美，入野自由，夏木マリ，内藤剛志，沢口靖子，上條恒彦，菅原文太	第25回日本アカデミー賞最優秀作品賞 第75回アカデミー賞長編アニメ映画賞 第52回ベルリン国際映画祭金熊賞（最優秀作品賞） 舞台化
バケモノの子	2015	日	細田　守	宮崎あおい，染谷将太，役所広司，広瀬すず，麻生久美子，黒木　華	第39回日本アカデミー賞最優秀アニメーション作品賞 第25回日本映画批評家大賞・アニメ部門作品賞 舞台（ミュージカル）化
バッテリー	2007	日	滝田洋二郎	林　遣都，天海祐希，菅原文太，萩原聖人	第35回野間児童文芸賞（あさのあつこ原作） ドラマ化，アニメ化
スタンド・バイ・ミー	1986	米	ロブ・ライナー	ウィル・ウィートン，リヴァー・フェニックス，コリー・フェルドマン，ジェリー・オコンネル，キーファー・サザーランド	スティーヴン・キング原作
かがみの孤城	2022	日	原　恵一	當真あみ，吉柳咲良，宮﨑あおい，板垣李光人，高山みなみ，横溝菜帆，北村匠海，梶　裕貴，芦田愛菜，麻生久美子	第15回本屋大賞（辻村深月原作） このミステリーがすごい！2018年版国内編第8位（辻村深月原作）
CLOSE／クロース	2022	白蘭仏	ルーカス・ドン	エデン・ダンブリン，グスタフ・ドゥ・ワエル，エミリー・ドゥケンヌ	第75回カンヌ国際映画祭グランプリ
すずめの戸締り	2022	日	新海　誠	原菜乃華，松村北斗，深津絵里，染谷将太，伊藤沙莉，神木隆之介，松本白鸚	第46回日本アカデミー賞優秀アニメーション作品賞 VFX-JAPANアワード2023劇場公開アニメーション映画部門最優秀賞
ものすごくうるさくて，ありえないほど近い	2011	米	スティーブン・ダルドリー	トーマス・ホーン，トム・ハンクス，サンドラ・ブロック，マックス・フォン・シドー	ジョナサン・サフラン・フォア原作
ジョジョ・ラビット	2019	米	タイカ・ワイティティ	ローマン・グリフィン・デイヴィス，トーマシン・マッケンジー，スカーレット・ヨハンソン	第44回トロント国際映画祭観客賞 第92回アカデミー賞脚色賞

コラム 5-❶　子どもの自殺

須田　誠

　2022 年度の日本の小中高校生の自殺は 514 人で，過去最多となった（厚生労働省，2023）。

　わが国では，1990 年代のバブル崩壊後，長く社会経済の低迷が続いている。不況は，社会的弱者に即座に直接的で悪い影響を与える。社会的弱者の代表は，障害や疾患のある人，女性，そして子どもだ。子どもの貧困も叫ばれている。貧困を理由に，万引きや置き引きなどの非行に走る子どももいる。マートン（Merton, R. K.）のいうアノミーの状態に日本社会は陥っているのかもしれない。アノミーとは無規範・無秩序な社会のことで，マートンはこうした社会では犯罪や自殺が増えるとしている。

　わが国には，その善し悪しは別として，自殺を罪としたり戒めたりするような宗教観があまりない。これは死生観が曖昧ということにつながる。また，ゲームやアニメなどのサブカルチャー大国である。やはりその善し悪しは別として，ゲームやアニメの世界では，人がすぐに死んでしまう。皮肉なことに「命の儚さ」や「子ども時代の刹那」を描くために，自殺がサブカルチャーのテーマのひとつになりうる。こうした背景もあるのか，昨今では電車内で子どもたちがゲームをしながら，「死ね」，「殺す」などとワイワイしている風景は珍しくもない。カジュアルに死が消費される一方で，死を思いつめている子どもが多くいる。

　経済の状況や普及したモノの動向について，ひとりの大人がすぐにどうこうすることはできない。しかし，ひとりの大人でもただちに子どもの命を守ることはできる。目の前の子どもに関心をもつのだ。自殺予防の原則に「TALK」がある。心配していることを伝える（Tell）。自殺を考えているのかどうかを率直に訊く（Ask）。死にたいほどつらい気持ち

をしっかり聴く（Listen）。安全を確保する（Keep safe）。これは特別な技術を必要としない。素朴に子どもと向き合えばよい。あるいは「自殺予防の原則」などと難しいことではなく，目の前の子どもと，ふだんから「命」や「心」について話をしてみることだ。大人のこの姿勢が，アノミーを改善し，閉塞した社会をも変え，子どもを守るはずだ。

▶引用文献

厚生労働省（2023）．令和4年度中における自殺の状況　https://www.mhlw.go.jp/content/R4kakutei01.pdf（2023年10月8日アクセス）

● 横地早和子

第 **6** 章

子どもと大人の創造性

「創造性」と聞いたとき，あなたはどのようなことを思い浮かべるでしょうか？　レオ
ナルド・ダ・ヴィンチやピカソ，ニュートン，アインシュタインなどの歴史に名を残す芸
術家や科学者，あるいは彼ら彼女らの偉業や逸話など，さまざまなイメージを思い浮か
べる人が多いかもしれません。では，「あなたは創造的な人ですか？」と尋ねられるとど
うでしょう？　「音楽も芸術も疎いので，創造的ではない」や，「子どものときは絵を描
いたり工作したりすることが好きだったけれども，今はそういうことはしていない」と
いったように，自分自身のことを創造的だと感じている人はあまり多くないかもしれませ
ん。なぜそのように思うのでしょうか？　創造性は人間ならではのものだと言われてい
ますが，特別な人でなければ創造的な活躍はできないのでしょうか？　本章ではこれら
のことについて，発達や認知の側面から考えていきます。

I. 創造性は人間だけの専売特許でなくなるのか？

　海外では，日本は創造的でユニークな文化を有する国だと思われている。と
ころがある調査結果から，日本人自身はそう感じていない実態が明らかになっ
ている。さまざまなクリエーターたちの仕事を支えるソフトウェアなどを開発
販売する Adobe（アドビ）社が，日本を含む世界の Z 世代（1990 年代後半から
2000 年代前半に生まれた世代）は「自分自身をどの程度創造的だと感じている

か」などを調査した結果が，同社のウェブサイトで公開されている（Adobe Education Creativity Study, 2017）。Z世代とは，生まれたときからインターネットなどが普及していた人類史上最初の世代で，デジタルネイティブとも言われている。そのため，他の世代と比べて情報発信力や創造的な発想に長けている世代だと考えられており，この世代から数多くのインフルエンサーが登場していると言われている。

　この調査は2016年から2017年に実施されたもので，回答したのは当時12歳から18歳の中高生である。集計結果から，日本以外のZ世代は約40％が「自分たちは創造的」だととらえているが，日本のZ世代は8％にとどまった。また，創造性が求められる仕事に対する認識では，日本のZ世代の69％が「ほんの一握り」と考えているのに対して，日本以外のZ世代は約80％が「たくさんある」と回答しており，ここでも対照的な結果となった。

　世界のZ世代が，自らを創造的だと考えており，また将来も創造性を求められる仕事や職業に就くことを期待して，わくわくしているのに対し，日本のZ世代が自らをそのようにとらえることができないのは何故なのだろう。この調査時点からさらにデジタル化が加速し，今や生成AIの飛躍的な進化によって，私たちの学びのあり方，仕事の仕方，そして社会のあり方にある種の転換が起きつつある。今まで人間にしかできないと考えられてきた創造的な分野への影響は著しいものがあり，たとえば，機械学習にもとづくAI（人工知能）技術でジョン・レノンの声を蘇らせ，ビートルズ「最後の曲」として45年の時を経て2023年11月に『Now And Then』が発表された（Savage, 2023）。こうしたポジティブな例だけではなく，人気ミュージシャンの声をAIに学習させ，本人の許可を得ることなく「新曲」として販売したりするなど，問題になっているケースもある。2023年春ごろからはじまったハリウッドで働く脚本家や役者らによるストライキも，生成AIの用い方が一番の焦点になっている。このような例に限らず，アート，デザイン，イラスト，漫画，写真などのアート作品，小説，脚本，エッセイ，詩などの文芸作品，映画やアニメ，プロモーションビデオなどの映像作品に至るまで，さまざまな分野で生成AIが人間の

創造活動を肩がわりできるレベルに達している。人間にしかできないと考えられていた創造的な仕事が生成 AI に脅かされ奪われるのではないかという意見がある一方で，生成 AI がつくり出したものの質や創造性，倫理性などを判断し，適切に使用していく目と基準を人間が鍛えていく方向にシフトすることが大切だという意見もある。筆者自身は後者の考え方に近く，これからますます，人間の経験と英知，これらを柔軟に使いこなす創造性が大切になると考えている。

　だからこそ，世界では Z 世代を中心に「創造的な社会とそこで活躍する私」のイメージが共有されているのに対して，日本では「将来に対する不安」のほうが高く，自分を創造的だと思えない，あるいは創造的な仕事ができるのは一握りの人だけであるという考え方になってしまう傾向が気にかかる。そうした考え方や視点を変えて，「自らの人生を創造的に楽しく生きていく」ためにどのようなことが必要なのだろうか？

2.　創造性は天賦の才か，経験によって変わるものか？

　ところで，創造的な大人に対して，「子ども心がある」，「遊び心がある」などの言葉で評されることがある。それは，子どもは（誰もが）創造的だが，大人になると創造性が低下する，と思われていることが関係しているかもしれない。私たちは生まれたときは誰でも（生得的に）創造的だが，成長とともに創造性は「失われる」と信じられているのではないだろうか。実はこうした考え方は，「創造性神話」の典型例と言われている。

　では心理学は，創造性の生涯を通じた変化をどのようにとらえているのだろうか。創造性の生涯にわたる変化については，サイモントン（Simonton, 1997）が歴史計量学の手法を用いて興味深い結果を示している。それは歴史的に重要な仕事をした人びとの生涯にわたる創造的生産性（仕事の量）を集計したもので，逆 U 字曲線を描くことを見いだした。仕事をしはじめてから徐々に生産性が上がり，ある程度の年齢になるとピークに達し，しばらくそのピークが続

いたのちは徐々に低下しはじめる。しかし，生産性が低下しても仕事を開始したころよりも高い水準を維持しており，いわゆる老年期になっても生産性が著しく低下することはない。つまり，仕事の経験を積むごとに創造性は高まり，認知や体力などの年齢的な衰えとともに創造性は低下するものの，若いときよりも高い水準を維持することから，創造性は生得的なものではなく，経験を通じて後天的に変えることができることを示すものととらえられている。同様に心理学では，創造性は，特定の人だけがもつ特殊な能力ではなく，基本的な認知活動によって営まれるものであり，誰もが創造性を発揮できるとみなしている。

　もちろん，子どものころの創造性と，大人になってからのそれとは内容も質も異なる。当然ながら，創造的だと世間が認めるような仕事を成すためには，創造的な仕事に必要な知識や技術，発想法や実現力を身につけ，それらを遺憾なく発揮することが不可欠である。対して，子どもの創造性は，創造のための知識や技術とは異なるところから生じるユニークさだと考えられるが，それは子どものどのような特徴から生まれてくるのだろうか。そのひとつの例として，子どもの絵に見られる発達的変化を見てみよう。

3.　子どもの描画の発達過程

　子どもがはじめて絵を描くのは，およそ1歳半から2歳ごろからと考えられているが，それは紙にペンなどで線をグルグルとなぐり描きしたもの（スクリブル）である。これは，チンパンジーが描く絵とよく似た特徴をもっている。齋藤（2014）は，チンパンジーの大人や子どもに紙とペンを与え，彼ら彼女らが自発的にどのような絵を描くかを調べた。すると，どのチンパンジーも具体的な図像を描くことはなかったが，グルグルと渦を巻くように線をつなげて描く個体もいれば，ハッチング（ペン先で紙を引っ掻いて描く方法）で紙面を埋め尽くすように描いたり，ペンの色を変えて線を描き分けたりするなど，個体ごとに多様なスクリブルをつくり出すことを見いだした。チンパンジーが描く絵

には年齢による発達的な変化は表れないようであるが，ヒトの子どもは成長するにつれて少しずつ絵が変化することが知られている。

　子どもの描画の発達的変化については，ピアジェ（Piaget, J.）の認知発達段階説にもとづいて，実際に子どもたちが描く絵が年齢ごとにどのように推移していくのかを分類した研究が有名である（例：東山・東山，1999；辻，2003）。ピアジェは子どもの認知発達を，①感覚運動期，②前操作期，③具体的操作期，④形式的操作期の4つの段階に区分し，発達心理学における古典的な代表的理論として知られている。ピアジェも子どもに絵を描いてもらうことで，子どもがどのように世界を認識しているのかを調べた。よく知られているのは，ビンを傾けると中の水がどのようになるかを子どもたちに描いてもらうことで，垂直・水平の概念が発達的に変化することを示した研究である。こうした研究の流れを受けて，子どもの絵画もピアジェの認知発達段階におおむね沿うように発達するとみなされ，その絵の特徴から，①なぐり描き期，②前図式期（象徴期），③図式期，④視覚期の4段階に区分されている。

　はじめは，感覚運動期のスクリブルから描画行為がスタートし（なぐり描き期），前操作期に入ると徐々に形のようなものを描くようになり，3歳半ごろになると「頭足人」とよばれる絵を描くようになる。幼い子どもが描く特徴的な人物画であるため見覚えがあると思うが，目，鼻，口が描かれた丸い顔から，直接手足が生えているような絵である。胴体がないように（大人には）見えるため，頭足人というよび名がついた。この絵画的発達段階は「前図式期（あるいは象徴期）」とよばれ，前操作期に相当すると考えられている。

　次の具体的操作期になると，子どもたちは独特の方法で絵を描くようになる。この段階は「図式期」とよばれ，描き方の例としては，展開図法といって運動会のようすなどを上から鳥瞰図のように描く際，運動場に対して人物も建物も旗もすべて横倒しになったように平たく展開した描き方をしたりする。ほかにも，レントゲン画といって，自分の母親のお腹にいるこれから生まれてくる「きょうだい」を透視するような描き方をしたり，バスに乗って遠足に行くようすを，バスを横向きに，乗車している人物を正面向きに描くなど視点を混在

させた描き方をしたりする。これらは現実をありのままに描く写実画や遠近法などの描画方法とは異なるが，子どもなりに事実をまるごと表現しようと工夫したうえでの方法だと考えられる。

　目に映る世界を写実的に描くようになるのは形式的操作期に入る少し前の10歳ごろからのようで，この段階は「視覚期」とよばれている。視覚期の絵画は視覚的リアリズムに即した表現となり，いわゆる「絵の上手下手」など技巧性の違いが表れてくる。ただし，正確なデッサン技法や遠近法による描画や，色のつくり方などは知識や技術，経験を要するため，視覚期に到達すれば誰でも写実的な絵が巧みに描けるわけではない。写実的に描くことは大人であっても難しく，写実的描画法の習得のハードルの高さゆえに，「自分は絵が描けない。だから創造的ではない」，「美術は特別な才能をもった人だけのもの」と感じさせる要素になっていると考えられる。しかしながら，写実的に描く技術を身につけたアーティストたちは，それをかなぐり捨てて型破りな線や構図の絵を描いたり（例：丸木俊），コラージュでユーモラスな造形表現をしたり（例：桂ゆき），糸や布，窓といった多様な素材で空間を埋め尽くす表現をしたり（例：塩田千春）する。つまり，視覚的・写実的リアリティだけが描画発達の到達点ではなく，大人になってからもアーティストとして創作活動を続ける中で，芸術表現をさまざまに展開させていく（横地，2020）。したがって，形式的操作期に到達しても，描画の変化，すなわち創造性の発達は終わらないのである。

4. 子どもと大人，どちらが創造的？

　とはいえ，ピカソやクレーなどの多くのアーティストたちが認めてきたように，大人には子どものように描くことはできない。以前，アーティストの北山善夫氏にインタビューした際，「子どものまねして描くと，絵が弱くなる」，「子どもの絵のような生きた絵にならない」と語っていたことを思い出す。では，子どもが描く特有の絵は，彼ら彼女らのどのような認知的な特徴から生まれてくるのだろうか。

　よく知られているように，子どもが描く人物画はドラえもんのような二頭身や三頭身といった特徴を示す。何故そのような絵になるのだろう。このことを調べた研究で，子どもたちに人物画を描いてもらう際，頭から描きはじめるようお願いする場合と，胴体から描くようにお願いする場合とで，頭と胴体の比率が変わることが見いだされた（Thomas & Tsalimi, 1988）。具体的には5歳から6歳の子どもたちの場合，頭から描くと頭と胴体の比率がほぼ1：1の二頭身になってしまうが，胴体から描くと胴体が頭の6倍の大きさになった。また，7歳から8歳の子どもたちは，頭から描くと胴体は頭の約2倍の大きさに，胴体から描くと胴体は頭の約5倍の大きさになった。このことから，子どもは最初に描くものが大きくなる傾向にあることがわかる。この研究では，ふだんは頭でっかちの絵を描く子どもでも，胴体から描けば人体の実際の比率に近い絵を描くことができると述べている。しかし，ふつうは顔や頭から描きはじめるのではないだろうか。幼いうちはプランニングや注意の配分の未発達さなどの認知的特徴が起因して，二頭身や三頭身の絵になってしまうとしても，描きはじめるパーツに気持ちが入りすぎて大きくなってしまうという子どもならではの傾向を，描く順序を変えることで「矯正する」必要はないように思う。

　もうひとつ，子どもの絵の特徴について考えるうえで参考になる興味深い研究がある。カミロフ・スミス（Karmiloff-Smith, 1990）は，4歳から11歳の子どもたちに，「ありえない家を描いてほしい」とお願いした。すると，4歳半ではふつうの家になってしまい，屋根がないとか，玄関がないといったなにかの要素が欠けた家を描くことはなかった。一方，5歳児の場合は，家のパーツが欠けた絵を描くものの，9歳ごろにならないとパーツを増やしたり異質なパーツ（例：翼）をつけ加えたりした絵を描かないことがわかった。子どもたちには家以外にも人物などさまざまなものを描いてもらったが，どの絵にも同様の傾向が現れ，ある程度の年齢に達するまでは柔軟に形を変えたり，描く順番や描き方を変えたりすることが難しいことがわかった。つまり，子どもだからなにものにもとらわれることなく，自由に伸び伸びとイマジネーションを広げ，創造的に発想することができるわけではなく，その年齢を特徴づけるような認

知的基盤の制約の中で，大人が見て魅力を感じる作品を生み出していると考えられる。

　では，大人はどうだろうか。大人こそさまざまな制約に束縛されて，自由で奔放な発想をすることが難しいのではないだろうか。実際に，創造的な発想において既有知識が制約となっていることを示した研究がある（フィンケ他　小橋訳，1999）。心理実験で大学生に地球外生物の絵を描いてもらったところ，そのほとんどが地球上の生物の特徴を使った絵になることがわかった。どういうことかというと，半魚人のような姿の異星人や，霊長類と有蹄類が融合した姿の異星人を描くのだが，それらは依然として地球上の生物の姿形をベースにしていたのである。子どもの「ありえないものを描く」場合でも見られたように，幼い子どもほど描く順序や形態にとらわれる傾向にあり，ある程度の年齢に達すると変形したり異質なものを組み合わせたりできるようになるが，基本的には自らの既有知識を駆使して絵を描くのであり，大人になってもその傾向は変わらない。このように既存のものを組み合わせることは創造的発想法のひとつであるが，一定の年齢に達すれば子どもも大人も自然にこうした創造的思考を駆使して新しいなにかをつくり出している。つまり，誰もが行うふつうの認知活動のどこかに，創造のポテンシャルが潜んでいるわけである。

5.　創造に対する私たちの信念

　心理学においては，「創造性」は新しさ（新規性）や有用性，ある種の価値を有したものと定義されており，創造活動とはそういったものを生み出す行為とみなしている。また，創造性を測定するために，拡散的思考（ある課題に対してできるだけ多様な回答を思い浮かべること）にもとづく各種テストが開発され，創造性の高さを流暢性，柔軟性，独創性などの側面から評定する方法が用いられている。長らく創造性はこの拡散的思考によって行われると考えられてきたが，現在は創造のポテンシャルとなる要素のひとつであるが，すべてではないということが示されている（例：Beghetto & Corazza, 2019）。また，思考の

スタイルなどに着目するだけではなく，創造活動一般に対する動機づけや創造活動に対する自信や効力感も重要な構成要素であることや（Karwowski & Kaufman, 2017），とくに学校場面などでの子どもたちの創造活動を大切にするために，創造性のとらえ方を4種類（たとえば，Historical/Big-C, Pro-C, little-c, mini-c）に区分することも提案されている。

　おそらく教育などの場面で大切になってくるのは，子どもたちや大人の「創造性に対する心構え（創造的構え：クリエイティブ・マインドセット）」であろう。それは，創造性を「固定的で変化しないもの」とみなすか，「可変的で増大するもの」とみなすかによって創造活動へのかかわり方が変わってくることが示されるようになってきたからである。創造性を固定的だと考えている人たちは創造活動に携わる機会も少なく，またそのような活動に積極的に取り組む意欲も低い。反対に，創造性を可変的だと考えている人たちは，日ごろからちょっとした創造活動（文章を書く，音楽や美術を嗜むなど）を行っており，そういったことをすることで自らの創造性も高まっていくと考えている。実際にポーランドで行われた研究でも，約2週間毎日，大学生たちに軽いアクティビティ（身の回りにある不思議なものを見つけたり，創造性についての他者の意見を聞いたりするなど）に取り組んでもらうと，自らの創造的な評価が高まり，日常的な創造活動（料理をしたり写真を撮るなど）に携わる機会が増えることを示している（Zielińska et al., 2022）。しかもその際，「ユニークなものの見方や，創造的な考え方や活動を促すような他者からの問いかけ」が，参加者の創造的信念や創造活動にプラスの効果をもたらすとの示唆を得ている。

　創造性は，性格特性のひとつである「経験への開放性」や，「不確実性への耐性」と正の相関があることが知られている。なじみのない事柄であってもおもしろがって受け止めることや，答えがすぐにわからず結論が明確に出せないような物事であっても忍耐強く向き合えることが，創造性や創造的な活動に貢献すると考えられている。ポーランドの大学生を対象とした研究結果が興味深いのは，創造に対する個人の構えを変え，創造的な活動に対する効力感・有能感を高めるために，日常生活の中に自分にとって発見と驚きの感覚をもたらし

てくれるものに目を向けるようにと，他者から何気なく促されることが効くという点である。創造的な偉業を成した芸術家や科学者らにインタビューを行った研究では，成功する保証がなかったとしても彼ら彼女らが困難な課題に果敢に取り組むことができたのは何故かが検討されているが，そこでも他者（家族，仲間，同僚，メンターなど）や，関連領域・業界・社会のあり方が重要な役割を担っていることを見いだしている（詳細はチクセントミハイ　浅川監訳，2016参照）。個人が有する創造的な資質や能力だけが偉業を成しうるのではなく，他者や社会が個人の活動を支え，見守ることが不可欠なのであり，社会に蓄えられた無数の文化的資源を有効に活用できるような環境やシステムが整備されてはじめて，人びとの創造的な営みが可能になるのである。

6.　創造性をまもり育てるために

　私たち大人は利便性や対応の素早さ，答えの正確さを求めがちである。今まさに，自分で調べたりまとめたりせずとも，生成AIによっていとも簡単にわかりやすい回答を手に入れられるようになった。ビッグデータを駆使することで，AIが未来の予想までしてくれる。しかし，世界にはさまざまな人びとがおり，多様な文化と経験，それらにもとづく価値観があり，唯一の正しい答えは存在しない。過去のデータにもとづいた予想からは，データにない想定外の事柄を予見することはできない。これからさらに多元化・多様化が進む現代社会では，創造のタネは常にどこかに隠れているものの，それを見つけ出すことは簡単ではないだろう。だからこそ，人びとの創造性が十分に発揮されるために，価値の定まらないものや時間のかかるものの存在と，それらが有するポテンシャル（潜在的価値）を認め，社会全体で受け止める包容力がますます重要になるだろう。創造性は特別なことではなく，日常の中で当たり前に行っていることの一つひとつが創造となりうるのである。さてみなさん，明日から「ちょっと新しいこと」をしてみる心の準備は，できましたか？

▶引用文献

Adobe Education Creativity Study（2017）. Japan study result（GEN Z in the classroom: Creating the future）. http://www.adobeeducate.com/genz/creating-the-future-JAPAN（2023 年 9 月 10 日アクセス）

Beghetto, R. A., & Corazza, G. E.（2019）. *Dynamic perspectives on creativity: New directions for theory, research, and practice in education.* Springer Cham.

チクセントミハイ，M.　浅川希洋志（監訳）　須藤祐二・石村郁夫（訳）（2016）. クリエイティヴィティ——フロー体験と創造性の心理学　世界思想社

フィンケ，R. A.　ワード，T. B.　スミス，S. M.　小橋康章（訳）（1999）. 創造的認知——実験で探るクリエイティブな発想のメカニズム　森北出版

東山　明・東山直美（1999）. 子どもの絵は何を語るか——発達科学の視点から NHK ブックス

Karmiloff-Smith, A.（1990）. Constraints on representational change: Evidence from children's drawing. *Cognition, 34*, 57-83.

Karwowski, M., & Kaufman, J. C.（2017）. *The creative self: Effect of beliefs, self-efficacy, mindset, and identity.* Elsevier Science.

齋藤亜矢（2014）. ヒトはなぜ絵を描くのか——芸術認知科学への招待　岩波科学ライブラリー

Savage, M.（2023）. ビートルズ「最後の曲」発表——レノンさん録音の音源から全員参加で完成　BBC　https://www.bbc.com/japanese/67306007（2023 年 11 月 4 日アクセス）

Simonton, D. K.（1997）. Creative productivity: A predictive and explanatory model of career trajectories and landmarks. *Psychological Review, 104*, 66-89.

Thomas, G. V., & Tsalimi, A.（1988）. Effects of order of drawing head and trunk on their relative sizes in children's human figure drawings. *British Journal of Developmental Psychology, 6*(2), 191-203.

辻　政博（2003）. 子どもの絵の発達過程——漸進的活動から視覚的統合へ　日本文教出版

横地早和子（2020）. 創造するエキスパートたち——アーティストと創作ビジョン 共立出版

Zielińska, A., Lebuda, I., & Karwowski, M.（2022）. Simple yet wise? Students' creative engagement benefits from a daily intervention. *Translational Issues in Psychological Science, 8*(1), 6-23.

▶参考文献

加藤義信（編）（2008）．資料でわかる認知発達心理学入門　ひとなる書房

コラム 6-❶　乳幼児と美術館

横地早和子

　みなさんが美術館や博物館などにはじめて行ったのはいつごろだろうか？　筆者の場合は小学校低学年ではないかと思う。今はもうない施設だが，夏休みに旧愛知青少年公園（現ジブリパーク）のプールで遊んだあと，園内にあった「ロボット館」を見たのがはじめてのミュージアム体験だったと思う。古めかしい感じのロボットや，近未来を意識した不思議な装置が並んだ一風変わった施設だったため格好の遊び場だと思っていたが，あらためて考えてみると「科学と未来の博物館」だったように思う。子ども時代の楽しい体験として記憶されている。

　こうしたミュージアムとの出会いを，赤ちゃんのときから提供しようという鑑賞プログラム「赤ちゃんとびじゅつかん」がある。これは，武蔵野美術大学の杉浦幸子らが継続的に取り組んでいるもので，人生のスタート時点である赤ちゃんのときからアートに触れることで，さまざまな学びの可能性をもたらすきっかけになることが期待されている。近年は美術館や博物館のバリアフリー化が進み，子どもとその同伴者にとってもフレンドリーな設備が整えられてきたが，それでもまだ赤ちゃんやよちよち歩きの小さな子どもを連れて鑑賞する家族を見かけることはあまりない。杉浦らが実施した調査でも，多くの保護者が幼い子どもと一緒に美術館に行きたいと思っているが，「迷惑がかかるのではないか」といった懸念から訪問を控えている実情を報告している。

　しかし美術館は，赤ちゃんの日常の空間にはない色や形，音，雰囲気

など多様な刺激に溢れる場である。赤ちゃんは五感をフルに活用して自分を取り巻く世界から多くの情報を受け取っており，自らも積極的に環境に働きかけて人生ではじめての発見を積み重ねながら成長していく。そのひとつの場として，美術館が乳幼児の成長発達に果たす役割はとても大きいと考えられる。同時にこのプログラムは，大人の鑑賞のあり方も問い直すきっかけにもなっている（杉浦，2023）。近年，学校では美術や音楽の授業削減が著しいが，「学校の外での学びの場」でもある美術館や博物館が，そこでしか得られない体験と学びを誰にでも提供できるような仕組みがますます大切になるだろう。

▶引用文献

杉浦幸子（2023）．赤ちゃんとびじゅつかんプロジェクト──乳児のアート鑑賞をデザインする　石黒千晶・横地早和子・岡田　猛（共編著）　触発するアート・コミュニケーション　あいり出版

II

子どもと身近な大人との
Well-being をまもる

第 **7** 章

● 日向野智子

子どもの仲間関係を
みまもる

　子どものころ，あなたは友だちづき合いが上手でしたか？　仲のよい気軽に遊べる友だちはいたでしょうか。子どもは，子ども同士の対等な仲間関係の中で，思いやりや人間関係のルールを学び，親から心理的に自立していきます。仲間関係の中から，やがて相互にかかわり合う親密な友人との関係を築いていきます。子どもが仲間や友人をもつことは，子どもの社会性を育むだけでなく，孤独感を低下させ，心理的安定を高めるという重要な意味をもっています。また，子ども時代の仲間や友人との関係は，思春期，青年期だけでなく生涯にわたる人間関係の基盤になるとても大切なものです。この章では，子どもの仲間関係・友人関係における排他性の影響や，仲間との関係をうまく築けない子が抱える困難さなどを取り上げるとともに，子ども自身が豊かな仲間関係や友人関係を育むための大人の役割についても考えていきます。

Ⅰ. 仲間・友人関係の発達

　子どもは，生後半年ごろにはほかの子どもを見つめたり，ほかの子の声に反応したり，他児への関心をもちはじめる。2歳前後には，互いに働きかけながらほかの子と一緒に遊ぶ姿がみられるようになる。その後の幼児期から青年期にかけて，子どもの仲間関係にはどのような特徴がみられるのだろうか。

1）幼児期の仲間関係

　幼児期の仲間関係は，ヨコの関係であり，主に遊びを通じて形成される。仲間は，大人や年齢だけでなく体格や能力に差のあるきょうだいのように，わがままを許し自分を優先してはくれない。そのような子ども同士が集まると，おままごとのような役割があり他者になりきる遊びや，鬼ごっこのようなルールに則った遊び，一緒になにかをつくり上げたり即興で次々と設定が変わったりする遊びなど，さまざまな遊びが展開される。岡野（1996）は，幼児の仲間関係において育まれるものとして，①自己制御・自己主張を通じた自己のコントロールとそれによる自己意識の形成，②思いやり・共感，③仲間関係における社会的ルールの理解，④イメージの共有による楽しさの発見，⑤さまざまな役割の設定による楽しさの発見，⑥コミュニケーション能力，⑦衝突やいざこざの発生に伴う説得的な問題解決能力の7つをあげている。このように，同年齢の対等な仲間との遊びを通じて，幼児は社会性や他者とかかわるための能力である社会的コンピタンスを発達させていく。

2）児童期の友人関係

　松井（1990）は，児童期の友人関係の発達を3段階に分けている。第1段階は小学校低学年である。幼児期と同じく自己中心性の高い段階であり，物の取り合いや欲求のぶつかり合いなどからいざこざが多い時期である。友人選択には家や席の近さのような偶然の要因が影響するため，相手が変わりやすい。第2段階は小学校中学年である。友人と協力して活動を行えるようになり，親密な友人関係が形成される時期である。自己主張が増え，共同作業における妨害や面目を傷つけられたことなどにより，いざこざが生じやすくなる。女子は男子に比べ自分のことを多く話すようになり，友人と一緒にいようとする傾向が高くなるという。第3段階は小学校高学年である。尊敬できる相手や共感できる相手を友人として選ぶようになるため，特定の相手との友人関係が長続きするようになる。性差も大きくなり，女子は親密で自分の友人以外を排除するような排他的な関係性がみられるようになるという。

3）青年期の友人関係

　親密な友人を得ることは，エリクソン（Erikson, E. H.）が唱えた青年期の発達課題である自我同一性の発達における重要な側面として考えられてきた。青年にとって友人関係は，精神的な健康を維持し，自我を支え，対人的スキルを学習させ，生き方の指針を与えるモデルになるという（松井，1990）。また，青年期の友人関係とは，個人の精神的健康を促進し（丹野，2007），情緒的な拠り所となる関係であり（柴橋，2004），友人と親密で深い関係を築くことが望ましいと考えられている（本田，2009）。

　大学生648人に，親友と友人との違いを尋ねたところ，最も大きな違いは，「なんでも話せるかどうか」（21.3％）であったという（大学生意識調査プロジェクト（FUTURE2021）・公益社団法人東京広告協会，2021）。思春期後期から青年期の友人関係においては，言葉で自分のことを正直に伝える自己開示が，親密な友人関係の形成において重要な役割を果たす。自己開示は，自分の価値観や考え，主義などを表すことにより，相互理解やお互いの独立性を認識することを促す。また，悩みを打ち明け聞いてもらうことは，不安を解消し，精神的な安定をもたらす。青年期においては，同性友人への自己開示が多いほど孤独感が低いことが明らかになっている（榎本，1997）。

4）現代青年の友人関係の特徴

　友人との深いつながりを求める青年像に対し，1980年代半ばごろから青年期の友人関係の希薄化が指摘されてきた（岡田，2010）。首都圏の大学生800人を対象とした友人関係に関する実態調査（大学生意識調査プロジェクト（FUTURE2012）・公益社団法人東京広告協会，2012）によると，親友のいる学生は89.9％と多いものの，授業の時だけ一緒にいる「授業友だち」（63.0％）やテストの時だけ連絡をとる「テスト友だち」（39.8％），趣味の時だけ会う「趣味友だち」（33.5％）など，大学生は友人を場面や目的によって選んでいることもうかがえる。しかし，グループやコミュニティにおける言動や立ち居振る舞いに気を遣う学生は1,000人における81.1％であり，円滑な人間関係維持のため

には，「細かなことに気配りできる力」(61.7%)，「相手の話を傾聴する力」(60.9%)，「空気を読む力」(60.6%) を要すると考えられている（大学生意識調査プロジェクト（FUTURE2018）・公益社団法人東京広告協会，2018）。このような気遣いは，友人関係が希薄になったわけではなく，友人とのよりよい関係を築くためのスキルであり社会的適応であるといえるだろう。

　近年の大学生は，LINE や X（旧 Twitter，2023 年 7 月に改称），Instagram などの SNS を利用しながら，友人関係を築いている。大学生意識調査プロジェクト（FUTURE2022）・公益社団法人東京広告協会（2022）によると，コロナ禍を経て，大学生 1,379 人の 92.2％は今後友人との「深い付き合い」を希望しており，82.2％が顔を合わせることで人との仲は深まると思っているという。その一方で，大学生の 52.8％が初対面の人とリアルに会うことにハードルを感じており，33.5％が初対面の人と会う前に SNS で人となりを把握しておかないと不安に思っていることも明らかにされている。すなわち，初対面のハードルを感じつつも対面での深いつながりを求めるからこそ，リアルな友人関係を築けるか否か，Instagram などの SNS を通じて友だち候補を吟味しているのであろう（大学生意識調査プロジェクト（FUTURE2021）・公益社団法人東京広告協会，2021）。

2.　仲のよい友だちがいれば安心か？

　子どもにとって，友だちがたくさんいることは大切であり（コラム 7-①参照），遊べる仲間や友だちが多いと，学校適応は良好であることが示唆されている（コラム 7-②参照）。親しい友だちがいれば安心であり，安定して良好な友人関係を維持できるのであろうか。残念ながら，いじめや友人関係における排他性に関する研究から，そうとは限らない現実が浮かび上がる。

1）友人関係における排他性
　仲間集団には，閉鎖性や排他性が高いという特徴がみられる。閉鎖性や排他

性の高さは，特定の友人との親密な関係や仲間集団が親密であることの裏返しとも言える。親密さが増すと，他者を寄せつけず，自分たちの価値基準の中で親密な関係性を維持しようとする。三島（2003）によると，集団や仲間との関係において排他性が高くなった時，自分の仲間であるかどうかによって相手に対する態度を変えやすく，自分の仲間と活動することに比べ，仲間以外の児童と活動することを楽しくないと感じやすくなるという。三島（2004）は，友人関係における排他性を「独占的な親密関係志向」と「固定的な仲間集団志向」によって説明しており，所属集団の排他性が高いと，集団メンバーである個人の排他性も高くなることを見いだしている。

　有倉・乾（2007）は，小・中学生において排他性の学年差はみられないが，女子のほうが男子よりも所属集団の排他性が高いこと，また，仲間集団と一緒にいたいという感情レベルの排他性が高いことを明らかにしている。さらに，有倉（2011）によって，中学生のほうが高校生よりも仲間と一緒にいたいという感情レベルの排他性欲求が高く，同質性（メンバー間の考え方や趣味などが類似していること）によって仲間集団を構成したいという欲求が高いことも明らかになっている。中高生においても，女子のほうが男子よりも排他性が高いことが見いだされている。

2）仲のよい友だちから受けたいじめの影響

　三島（2008）は，高校生 2,288 人の回答を分析し，小学校高学年時に仲のよい友人から受けたいじめが，高校生になるまで長期的な影響を及ぼすことを見いだしている。同調査によると，小学校高学年時に親しい友人から受けたいじめの経験は，男子（3.5%）よりも女子（9.9%）のほうが多かった。また，小学校高学年で親しい友人からいじめを受けた女子は，受けていない女子に比べて，進路選択において友人への相談を控えること，友人と一緒の高校へ進学することを避ける傾向が強いことが明らかになった。

　また，図7-1 のとおり，男女ともに，小学校高学年時における独占的な親密関係志向の高さが親しい友人からのいじめ体験を高めていた。また，小学校

図 7-1 小学校高学年当時の友人関係・親しい友人から受けたいじめ体験と現在（高校）の友人関係・学校適応感の関連の概略図（三島，2008 をもとに筆者作成）

注：不適応に対する親しい友人から受けたいじめの直接的影響は男子のみ

高学年時に親しい友人から受けたいじめが現在（高校）の友人関係における不安（友人がなにを考えているのかわからない）や懸念（友人に本当はどう思われているのか気になる）を高めており，それが高校生活における学校不適応感を間接的に高めていた。男子においては，小学校高学年時に親しい友人から受けたいじめが，高校時の学校不適応感に弱いながらも直接的な影響を及ぼしていた。

さらに，小学校高学年時に親しくない子から受けたいじめが，男女ともに高校での友人と一緒に行動する頻度を低下させること，女子においては，高校での友人に対する信頼感を低下させることにより，高校生活における学校不適応感を高めることも明らかになっている。

これらの結果から，子どもの友人関係は，単純に仲の良し悪しだけで推し量ることは難しいことがわかる。大人は，子ども同士の表情や距離感のような言葉には表れない非言語的な行動や関係性にも目を配ることが求められる。

3. 仲間からの拒否が子どもに及ぼす影響

子どもの良好な友人関係が，ときにいじめにつながったり，親しさゆえに，親密な間柄ではない仲間や友人を遠ざけたりすることを述べてきた。しかし，そもそも仲のよい友人がいない，仲間や友人から拒否され，関係性を築けない子どももいる。仲間や友人とのかかわりが乏しかったり，仲間から嫌われたりする子は，対等な関係性の中でのぶつかり合いや協調的なかかわりを経験する機会が少ない。そのため，同年齢の中で身につける行動規範や社会的ルールなど，社会性を身につける機会も逃がしやすくなる。友人に拒否される子どもは，

学業不振や抑うつ，自尊感情の低さなどを抱えやすい。友人から嫌われる経験
は，子どもの社会的適応にさまざまな影響を及ぼす。

1）拒否される子の特徴

　ソシオメトリックテストにおける仲間指名法を用いた複数の研究によって，
仲間に拒否される子の約 30 〜 50％は，5 年以上も仲間から拒否され続けたこ
とが明らかにされている（Coie & Dodge, 1983）。ソシオメトリックテストは，
「一緒に遊びたい人は誰ですか」（肯定的指名），「一緒に勉強をしたくない人は
誰ですか」（否定的指名）などの質問を用いて集団内メンバーの関係性を把握し，
集団内構造や集団内地位を同定する。無視される子よりも拒否される子のほう
がソシオメトリック地位が変動しにくいことから，拒否される子は仲間関係に
問題を抱えやすく，嫌悪対象になりやすいと考えられる。仲間に拒否される子
の特徴をあげると，男児では攻撃的，衝動的，非協力的，引っ込み思案などが
みられた（Cillessen et al., 1992）。一方，女児では，引っ込み思案が拒否の重要
な決定因になること（クーイ　中澤訳，1996），関係性攻撃（仲間外れにしたり悪
いうわさを流したりすることによって対象者の社会的関係にダメージを与えること）
をする（Crick, 1995）などの特徴がみられている。

2）子どもの仲間関係と社会的スキルの獲得

　仲間に受容されない子は，社会的スキルの学習において，多くのハンディ
キャップを抱えることになる。社会的スキルとは，他者との円滑な対人関係を
築き，効果的に相互作用し，関係を維持していくための学習可能な適応的能力
である（日向野，2017）。社会的スキルは，友人関係にポジティブな影響を及ぼ
す個人差要因のひとつと言える。幼児期・児童期の仲間関係は，幸福で円滑な
人間関係を築くための社会的スキルの獲得にとって，とても大切なものである。
子どもは，年齢や能力がほぼ同程度の仲間とのかかわりを通じて，ときにはぶ
つかり傷ついたり傷つけられたりしながら，役割分担や集団内の規範，ルール，
相手への気づかいなどを経験的に身につけていく。仲間との関係が良好な子ど

もは仲間とのかかわりが多く，新たな社会的スキルを身につけたり，社会的スキルに磨きをかけたりする機会に恵まれる。しかし，仲間から受容されない子は，そのような仲間同士の経験そのものが乏しく，社会的スキルを身につけるための多くの機会を失うことになる（Bierman & Furman, 1984）。

3）社会的スキルの未学習と誤学習

　仲間や友だちに恵まれる子とそうでない子の違いは，社会的スキルに表れる。仲間や友だちとうまくかかわれる子は社会的スキルが高く，そうでない子は社会的スキルが低いことが多い。佐藤（1996）は，子どもを対象とした社会的スキルの研究から，子どもの代表的な社会的スキルは，主張性スキル，社会的問題解決スキル，友情形成スキルであることを報告している。友情形成スキルには，相手の話を聞く，遊びや活動に誘う，仲間のグループにスムーズに加わる，順番を守るなどのスキルが含まれるが，仲間や友人との関係をうまく築けない子は，こうしたスキルを獲得できていないか，学習が不十分と言える。

　日向野（2017）は，子どもの社会的スキル欠如の原因として，社会的スキルの未学習と誤学習をあげている。たとえば，引っ込み思案の子は自分から仲間入りをすることが少なく，声をかけられるのを待っていたり，保護者や保育者が仲間に働きかけてくれたりして，仲間に入れてもらう。この場合，自分から「入れて」という学習の機会が乏しいために，どうしたらスムーズに仲間に入れるのかについてよく学習できていない。すなわち，未学習または学習不足と言える。一方，誤学習は，相手の嫌がるようすを楽しんだり，相手に無条件に合わせたりすることで，仲間との関係性を築いているような場合である。仲間や友人とのかかわりにおいて，効果的な社会的スキルを身につけている子は，相手が嫌がったらやめる，自分の希望を伝えてみるなどの行動がみられるだろう。しかし，仲間とのかかわりの中で，嫌がることをしたときだけ相手が反応してくれたら，嫌がることを繰り返して仲間とのかかわりを得ようとするかもしれない。また，自分の希望を伝えると相手がいつも不機嫌になるのだとしたら，相手が不機嫌にならないよういつも自分を抑えてしまうかもしれない。

もっと適切なかかわり方があるにもかかわらず，不適切なかかわり方を通じて相手との関係性を築いているような場合は，不適切な社会的スキルを学習している，すなわち誤学習とも捉えることができる。

4）社会的スキルの修得を促す

社会的スキルの未学習，誤学習のいずれについても，徐々に適切な社会的スキルを修得できるよう，周囲の大人の手助けが必要である。どうすれば，大人は子どもの手助けになるのであろうか。社会的スキルの獲得については，欠けているスキルを修得できるようソーシャル・スキルトレーニングの手法を用いるとよいだろう。たとえば，言語的な教示を与えたり（例：みんなの前で間違えていると言うと傷ついちゃうかもしれないから，本人にそっと教えてあげるといいよと教える），具体的な場面に対してどのように反応すればよいのか正解のあるロールプレイをして行動パターンのレパートリーを増やしたり（例：自発的な挨拶や「ありがとう」を言う練習をする），子どもにとってプラスになるような，かつ，チャレンジしやすいスキルをターゲットにするとよい。社会的スキルの高い仲間の行動をまねることも有益である。うまくできた場合はほめてその行動を強化し，うまくできなかったり不適切であったりした場合は，具体的なアドバイスとともに再度練習をする。そうして，実際の仲間関係の中で練習したことを子ども自身が実践することにより，社会的スキルの定着を目指す。

4. 仲間を拒否する子の認知と拒否される子の認知

仲間からの否定的な見方や拒否は，時間をかけて形づくられるため，社会的スキルの乏しい子が仲間からの否定的な評価を覆すことは一層難しくなるという（前田，2001）。社会的スキルの乏しい子は，仲間から嫌われやすいが，なぜ仲間からの否定的な評価を変えることが難しいのであろうか。これには，嫌われる子の性格や行動特徴が原因の場合もあるが，嫌う側の認知も影響すると考えられる（日向野，2021）。

1）嫌いな子に対する認知のバイアス

　仲間から拒否される子は，いつでも拒否につながるような行動や言動をするわけではないはずである。しかし，拒否される子に対し，ネガティブな認知が一度でき上がると，その子に対する思い込みが生まれてしまう。そして子どもは，その思い込みに沿って相手を認知しやすくなってしまう。このような認知について，日向野（2021）は，子どもの対人関係に確証バイアスが働くことを説明している。

　たとえば，おせっかいでからかう子が嫌いな場合，嫌いな子の「おせっかい」や「からかい」は，自分の相手に対する認知に合致する行動であるため目につきやすくなる。このような行動は，自分の予期や期待（すなわち思い込み）に沿った確証情報と言える。一方，嫌いな子の「親切なふるまい」は自分の相手に対する認知とは合致しない。これは，自分の予期や期待とは異なる反証情報と言える。認知的メカニズムにおいて，反証情報はスルーされやすく，自分の期待どおりの確証情報に沿った見方がされやすくなる。このような傾向は確証バイアスとよばれ，子どもの仲間関係に対する認知にも影響を及ぼす。

　つまり，嫌いな子の「おせっかい」や「からかい」を目にすると，「やっぱりそうだ」と思い，自分の相手に対する見方は正しいと確証し，嫌いな子の「親切なふるまい」は「めずらしい」と思ったり，そもそも気づかれなかったり，「親切なふるまい」は否認や否定をされやすくなってしまう。厄介なことに，嫌いな子の拒否や嫌悪にかかわる言動や行動，出来事は，「あのときもそうだった」と別の機会と連動して思い出されやすくなる。

2）仲間の認知が嫌われる子の行動に及ぼす影響

　Rabiner & Coie（1989）は，仲間から拒否されてきた3年生の児童（以下，拒否児）と別の学校からやってきた2人を一緒にゲームで遊ばせ，その1週間後，また拒否児とこの2人とで遊ぶ機会をつくった。すでにゲームをはじめている2人のもとへ仲間入りをする前に，「2人があなたとまた遊びたがっている」と伝えられた拒否児は，なにも伝えられずにゲームに加わった拒否児に比

べ，遊んだあとで仲間 2 人からポジティブに評価された。同じ拒否児であるにもかかわらず，なぜ仲間からの評価に差がついたのであろうか。これは，仲間が自分に対して好意的であることを知った拒否児は，自分は仲間から好意的に受け入れられているという予期が働き，仲間に受け入れられやすいようなふるまいをしやすくなったと考えられる。このような結果は，拒否される子や嫌われる子は，自分を取り巻くすべての社会的関係に対して拒否される・嫌われるような行動をとるわけではないことを示唆するであろう。逆に言えば，相手からよく思われていないことを察した場合，受け入れられていないという予期に沿って，「どうせよく思われない」と否定的な態度をとったり，相手の気を引こうとして大声でしつこくしてしまったり，拒否される子の行動も相手の拒否を引き出すような行動になってしまうと考えられる。

5.　子どもが仲間や友人に受け入れられるために

　子どもが仲間から受け入れられやすくするために，子どもが自分の力で仲間や友人との良好な関係を築くために，大人はどのようなことができるのであろうか。最後に，子ども自身が仲間や友人と良好な関係を築く力を育むために，大人ができること，大人の役割について考える。

1）新たな集団とかかわる機会をつくる

　先述したとおり，相手の反応次第で拒否されたり嫌われたりする子の行動が変化するということは，学校などの生活の場よりも新しい環境やかかわったことのない相手のほうが，友だちをつくったり仲間を増やしたりできる可能性が高いと考えられる。つまり，環境が変わればかかわるメンバーも変わるため，子どもが先入観をもたれず，受容されるチャンスになりうる。高校や大学への進学は，地元から離れて人間関係も一新されるため，子どもの仲間関係や社会的環境を変えやすいタイミングである。しかし，小学校・中学校，とくに小学校は 6 年間通うため，子どもの仲間や友人関係を変えることは難しい。そのう

え，いったんレッテルを貼られると，それを覆すことは困難であることが多い。そのため，小学校や学童保育などの生活の場から離れ，子どもが新しい仲間関係を築きやすいような習い事や別の活動の場をもつとよい（日向野，2021）。新しい環境において，子どもが仲間や友人との関係を築き，居場所を得られるかどうかは，子ども自身にかかっている。新しい環境に入る前に，挨拶や仲間入り，遊びに誘うなど，仲間関係を築くための具体的なスキルについて練習をしておくと，子どもは仲間に入りやすくなるだろう。大人は，新たな環境・仲間のもとで活動する子どもの不安を受け止め励ましつつも，その子自身の力で少しずつなじめるよう子ども同士の相互作用を見守ることも大切である。

2）思春期以降の友人関係の受容性を高め排他性を弱めるために

　松本（2022）は，高校生の仲間関係の排他性を減少させるためには，対人関係における受容性を高めることと仲間集団における閉鎖性を弱めることが重要であることを見いだしている。対人関係における受容性を高めるためには，他者とかかわる経験が重要であり，自分と異なる特徴をもつ他者とかかわる経験を多くすると，他者のありのままの姿を受け入れやすくなると考えられる。

　このような結果は，幼少期において，子どもがさまざまな個性をもった，自分とは異なる仲間と多くかかわることの重要性に気づかせてくれる。思春期になると，とくに女子は，排他性が高まりやすく（有倉・乾，2007；有倉，2011），新しい関係を築きにくくなる。幼少期は公園で居合わせた同年齢の子どもと遊んだり，大人に促されて見知らぬ子と遊んだりすることも少なくはない。幼少期から多くの仲間と積極的にかかわることは，将来の子どもの他者に対する受容性を高める可能性がある。幼少期の子どもとかかわる大人は，子どもが遊びを通じて，仲間とできるだけ気軽に開放的にかかわることができるような機会を増やすとよいだろう。

3）子どもの将来のウェルビーイングのために

　仲間や友人の存在は，子どもの集団適応を促す社会化に寄与するだけでなく，

仲間や友人との同じ経験を通して，うれしい，楽しいというようなポジティブ感情を生起させる。鈴木（2006）によると，ポジティブ感情は，社交的になり対人関係を促進したり（Lucas & Baird, 2004），対人間に生じるいざこざなどの対人葛藤を減らし援助行動を促進したり（Isen, 1987）するという。仲間や友だちの多い子はそうでない子に比べて多くのポジティブ感情を経験しやすく，さらにポジティブな対人行動が促進されるため，循環的にポジティブな感情とよい仲間・友人関係を経験しやすくなるだろう。ポジティブ感情はウェルビーイングにも大きくかかわっており，子どもの社会的発達と生涯にわたる人間関係にも肯定的な影響をもつことから，仲間や友人とのポジティブなかかわりを少しずつ増やすことが大切である。

4）子ども自身が仲間・友人関係を築く力をみまもる

　大人が子どもの仲間関係にむやみに介入したり，子どもの仲間関係に対して過保護にふるまったりすることは，子どもが子ども同士の関係性の中で，ときに葛藤しながらも，人間関係のルールや社会的スキルを学び，自ら解決する機会を損ねることになりかねない。大人は，子どもが子ども同士で十分に遊び，失敗と成功を繰り返しながら，仲間や友人とのかかわり方を学んでいけるよう，子どもを見守りたいものである。また，大人自身が豊かな人間関係を育み，他者とのかかわりを楽しむ姿は，子どもにとって仲間や友人とのかかわり方における好ましいロール・モデルになりうる。大人がそうした姿を見せることが，子どもの将来のよりよい人間関係を築く力の一助になると期待したい。

▶引用文献

Bierman, K. L., & Furman, W.（1984）. The effect of social skills training and peer involvement on the social adjustment of pre-adolescents. *Child Development, 55*, 151-162.

Cillessen, A. H., van, IJzendoorn, H. W., van, Lieshout, C. F. M., & Hartup, W. W.（1992）. Heterogeneity among peer rejected boys: Subtypes and stabilities.

Child Development, 63, 893-905.

クーイ，J. D.　中澤　潤（訳）（1996）．仲間による拒否に関する理論化を目指して　アッシャー，S. R.・クーイ，J. D.（編著）山崎　晃・中澤　潤（監訳）　子どもと仲間の心理学——友達を拒否するこころ（pp.348-384）北大路書房

Coie, J. D., & Dodge, K. A.（1983）. Continuities and changes in children's social status: A five-year longitudinal study. *Merrill-Palmer Quarterly, 29*, 261-282.

Crick, N. R.（1995）. Relational aggression: The role of intent attributions, feelings of distress, and provacation type. *Development Psychology, 7*, 313-321.

大学生意識調査プロジェクト（FUTURE2012）・公益社団法人東京広告協会（2012）．大学生 1,000 人にきいた「大学生の友人関係」に関する意識調査 結果報告書　http://www.tokyo-ad.or.jp/activity/seminar/pdf/FUTURE2012.pdf（2023 年 12 月 22 日アクセス）

大学生意識調査プロジェクト（FUTURE2018）・公益社団法人東京広告協会（2018）．大学生 1,000 人にきいた「人間関係とキャラクター」に関する意識調査結果報告書　http://www.tokyo-ad.or.jp/activity/seminar/pdf/FUTURE2018_full.pdf（2023 年 12 月 22 日アクセス）

大学生意識調査プロジェクト（FUTURE2021）・公益社団法人東京広告協会（2021）．コロナ禍大学生にきいた「大学生の友人観」に関する意識調査結果報告書　http://www.tokyo-ad.or.jp/activity/publication/pdf/future2021_full.pdf（2023 年 12 月 22 日アクセス）

大学生意識調査プロジェクト（FUTURE2022）・公益社団法人東京広告協会（2022）．コロナ禍大学生にきいた「大学生の友人関係構築プロセス」に関する意識調査結果報告書　http://www.tokyo-ad.or.jp/activity/publication/pdf/future2022_full.pdf（2023 年 12 月 22 日アクセス）

榎本博明（1997）．自己開示の心理学的研究　北大路書房

本田周二（2009）．日本における友人関係研究の動向　東洋大学 21 世紀ヒューマン・インタラクション・リサーチ・センター研究年報, *6*, 73-80.

日向野智子（2017）．子どもの社会的スキルと仲間関係　近藤俊明・渡辺千歳・日向野智子（編）　子ども学への招待（pp.104-116）ミネルヴァ書房

日向野智子（2021）．子どもの人間関係における「嫌われる・嫌いになる」経験　こころの科学, *220*, 53-57.

Isen, A. M.（1987）. Positive affect, cognitive processes, and social behavior. In: Berkowitz, L.（ed.）*Advances in experimental social psychology, 20*,（pp.203-253）, Academic Press.

Lucas, R. E., & Baird, B. M.（2004）．Extraversion and emotional reactivity. *Journal of Personality and Social Psychology*, *86*, 473-485.

前田健一（2001）．子どもの仲間関係における社会的地位の持続性　北大路書房

松井　豊（1990）．友人関係の機能　斎藤耕二・菊池章夫（編）社会化の心理学ハンドブック——人間形成と社会と文化（pp.283-296）川島書店

松本恵美（2022）．高校生の仲間関係の排他性に対人関係における受容性と仲間集団の閉鎖性が与える影響について——性差に着目して　東北教育心理学研究, *15*, 29-37.

三島浩路（2003）．小学校高学年のインフォーマル集団の排他性に関する研究　生徒指導研究, *15*, 51-56.

三島浩路（2004）．小学生の排他性に関する研究　日本グループ・ダイナミックス学会第 51 回大会発表論文集, 104-105.

三島浩路（2008）．小学校高学年で親しい友人から受けた「いじめ」の長期的な影響——高校生を対象にした調査結果から　実験社会心理学研究, *47*, 91-104.

岡田　努（2010）．友人関係は希薄になったか　松井　豊（編）　対人関係と恋愛・友情の心理学（pp.90-104）朝倉書店

岡野雅子（1996）．仲間関係の発達　佐藤眞子（編）　人間関係の発達心理学 2　乳幼児の人間関係（pp.103-130）培風館

Rabiner, D., & Coie, J. D.（1989）．The effect of expectancy inductions on the social entry of rejected and popular children. *Development Psychology*, *25*, 450-457.

佐藤正二（1996）．子どもの社会的スキル・トレーニング　相川　充・津村俊充（編）　社会的スキルと対人関係——自己表現を援助する（pp.171-200）誠信書房

柴崎祐子（2004）．青年期の友人関係における「自己表明」と「他者の表明を望む気持ち」の心理的要因　教育心理学研究, *52*, 12-23.

鈴木直人（2006）．ポジティブな感情と認知とその心理的・生理的影響　島井哲史（編）ポジティブ心理学 21 世紀の心理学の可能性（pp.66-82）ナカニシヤ出版

丹野宏昭（2007）．友人との接触別にみた大学生の友人関係機能　パーソナリティ研究, *16*, 110-113.

有倉巳幸・乾　丈太（2007）．児童・生徒の友人関係の排他性に関する研究　鹿児島大学教育学部研究紀要教育科学編, *58*, 101-107.

有倉巳幸（2011）．生徒の仲間集団の排他性に関する研究　鹿児島大学教育学部教育実践研究紀要, *21*, 161-172.

コラム 7-❶ 大切だと思うことは「友だちがたくさんいること」

日向野智子

　平成 26 年度全国家庭児童調査（厚生労働省，2014；平成 26 年をもっ
て廃止）では，小学校 5 年生から 18 歳未満を対象とし，「大切なことと
思うこと」を 3 つまで尋ねている。その結果，「友だちがたくさんいる
こと（総数平均 50.6％）」は 2 番目に大切にされていた（第 1 位は「健
康であること（総数平均 59.7％）」）。「友だちがたくさんいること」の大
切さは，小学校 5・6 年生 58.5％，中学生 51.7％，高校生など（各種学
校・専修学校・職業訓練校の生徒を含む）42.3％であり，年齢が低いほ
ど重視されていることがわかる。同調査によれば，よく遊ぶのは同じク
ラスの友だちであり，この傾向は，高校生（62.0％），中学生（71.6％），
小学校 5・6 年生（85.0％）と年齢が下がるにつれて高くなる（図 7-2）。
小学生のうちは，同じクラスや席の近さという近接性が友人関係に働き
やすく，クラスに遊べる仲のよい友だちがいるか否かは，学童期の子ど

図 7-2　ふだんよく一緒に遊ぶ友だちの種類（厚生労働省，2014 をもとに筆者作成）

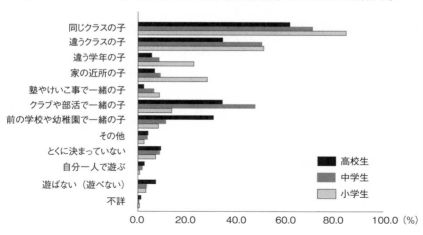

もの学校適応を左右する重要な鍵と言える。中学生・高校生は，「クラブや部活で一緒の子」との遊びが増え，自ら選択した活動をともにする類似性の高い友人とのかかわりを好むようになる。高校生になると「前の学校で一緒の子」ともよく遊んでおり，友人関係において，類似性に加え，かつての友人の影響が大きいと考えられる。

▶引用文献

厚生労働省子ども家庭福祉局（2014）．平成 26 年度全国家庭児童調査結果の概要　厚生労働省 https://www.mhlw.go.jp/content/11920000/5zentai.pdf（2023 年 9 月 30 日アクセス）

コラム 7-❷　友人数と学校適応

日向野智子

　友人関係は学校適応と関連するのであろうか。遠藤他（2017）は，2003 年と 2014 年に行った全国の小学校 5 年生を対象とした調査において，友だちの数と「ふだん学校に行きたくないと思うことはあるか」という学校適応との関連を検討している。図 7-3 のとおり，「友だちは 10 人以上」である小学校 5 年生が 2003 年では 47.1％，2014 年では 56.6％ともっとも多かった。とくに，2014 年度調査では，友人数と学校適応との関連が顕著で，「友だちが 10 人以上」である児童の 44.5％が「学校へ行きたくないと思うことはない」と回答しており，学校適応がよいことがうかがえる。これに対して，「友だちが 2 人以下」の小学校 5 年生が 2003 年では 6.8％，2014 年では 7.3％存在し，「学校へ行きたくないと思うことがよくある」という回答はともに 20％を超えている。いずれも，他の友人数カテゴリに比べ 10 ポイント以上の差がついていることから，友人数と学校適応との間にある程度の関連がみられ

図 7-3　小学校 5 年生の友人数と学校適応との関連（遠藤他，2017 をもとに筆者作成）

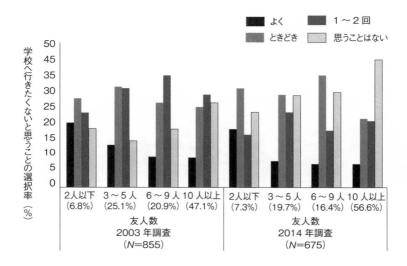

ると言えそうである。

▶引用文献

遠藤　忠・長田　勇・櫻井　誠・高林直人（2017）．現代の子どもの友人関係の特質　シティライフ学論叢，*18*，36-53.

第 **8** 章

●塚本伸一

子どもと学校

　「学級に仲良しの友だちがたくさんいるから学校へ行くのが楽しい」,「理科の先生が大好きだから理科の勉強を一生懸命した」といった経験をもつ人は少なくないでしょう。学校における子どもの適応を「まもり」,健やかな発達を「まもる」ためには,学校内の良好な人間関係がきわめて重要です。本章では,学校における子どもの人間関係の諸相を学級内の子ども同士の関係,教師と子どもの関係を中心に述べることとします。

Ⅰ. 子どもと学級

1) 学級とは

　学級は,学校教育という社会的制度として編成され,その目的を達成するために教師の指導を受ける組織である。また一般に,学級への所属は子どもが自由に決めることはできず,いわば強制的なものである。その一方,そこでの活動には,子どもの自発性,主体性,積極性が強く求められる集団でもある。子どもは,学校生活のほとんどの時間をこの学級で過ごすため,子どもの発達のさまざまな側面に,学級のありようは大きな影響を与えることになる。

　根本（1991）は,学級の働き,機能を4つに分類している。1つめが欲求満足機能である。学級は,子どもの所属欲求や依存欲求,自己実現の欲求などを

満たす機会を与える。2つめが発達促進機能で，子どもに認知的発達，社会的
情緒的発達などさまざまな領域の発達機会を提供する。3つめは診断的機能で
ある。学級に所属し日々生活する中で，子どもの優れた側面とともに，不足す
る点や問題傾向が見えてくる。最後が矯正機能で，学級での子ども間の相互作
用により，当初の課題を克服する機会を提供する。

2）学級における交友関係

　子どもの学級における交友関係の形成と変化を，広田（1958）や武市（1996）
にもとづいて，小学校の学級集団の発達という観点から述べる。

● 孤立探索期（入学〜1年生前半）

　小学校に入学したばかりの1年生にとっては，学級は未知の組織である。こ
の時期には，担任の先生とはどのような人か，同級生はどのような人たちでど
のような関係をもつことができるのかなど，さまざまな面についての探索が行
われる。入学当初の学級生活は，このように探索が多くの時間を占める。この
ような状況で子どもが求めるのは，教師という新しい権威への依存である。こ
の時期は，まだ子ども間の関係性は構築できていないので，個々バラバラな子
ども個人が，教師からの承認を求めて，強く自己顕示的な行動を行うことにな
る。

● 水平的分化期（1年生後半から2年生）

　孤立探索期の活動を通じて，他の子どもの特徴を知り，子ども間に一定の関
係性ができるようになる。ここでは，登下校の道順が一緒だとか教室の席が隣
だといった物理的近接性の要因によって，接触の頻度が高い子どもの間に結合
関係が形成される。この時期は，ある子どもが他の子どもより優位にあると
いった支配服従関係ではなく，個人間の平等な横のつながりを中心として，い
わば水平的な関係性のネットワークが構築され，これが拡大し分化していく時
期ということができる。

● 垂直的分化期（2年生〜3年生）

　学級での生活が進むにつれ，学業成績が優れている，力が強い，助けてくれ

るといったさまざまな理由から，優位な子どもと従属的な子どもが分化し，水平的な関係性に変化がみられるようになる。しかし，この分化は，学級の共通の目標を達成するために，集団成員としての子どもが自覚的に相互補完的役割を果たすといったものではなく，他の子どもの活動を犠牲にしても，自己の欲求を満足させようとするものである。この時期になると，教師との関係性は，以前の段階のように絶対的なものではなくなる。ときに教師の要請と優位な子どもの要求が対立する状況も生起し，教師によって満たされない要求を優位な子どもによって満たしてもらうといった現象がみられるようになる。

● 部分集団形成期（4 年生〜5 年生）

　学級内の活動を通じて，子どもは相互に，興味関心，身体能力，学業成績など種々の側面に関して類似性，共通性を認識し，同じような特徴を備えたものが小さな集団を形成するようになる。この時期になると，以前の物理的近接性ではなく，個人がもつ価値の等質性が交友関係の成立に大きく関与するようになる。このような部分集団が，学級内に複数形成されるようになる。

　この時期になると，学級内で個人が要求されるさまざまな役割を理解するようになる。学級集団の一成員として他者から承認を得ることが，結果的に自己の欲求を満たすことになるという，学級内における自己と他者の関係性を理解するようにもなる。その結果，集団志向的な欲求によって子どもの行動は方向づけられ，これまでのように，直接的に教師という権威に依存するのではなく，他の子どもたちとの関係性への依存，つまり成員性への依存に動機づけられる結果，仲間たちとの集団的な活動が子どものもっとも大きな興味の対象となる。また，この時期になると，個人中心の固定的な関係性ではなく，学級活動での課題に応じて，柔軟に集団の成員性の役割を果たすこともできるようになる。

● 集団統合期（6 年生）

　学級内の部分集団が学級という全体集団に組織化され統合される段階である。学級がひとつのまとまった集団「われわれ学級」として意識され，全体的な規範に従って行動するようになる。また，学級全体のリーダーやリーダー群が出現し，この統率のもとに組織だった行動をするようになる。

3) 子どもと学級の個性

　学級はきわめて個性的な集団であり，ひとつとして同じものはない。学級の個性は学級の社会的風土と表現されることもあり，集団凝集性，集団規範などさまざまな側面から検討されてきた。ここでは，集団凝集性，スクール・モラール，学級集団構造の側面から，学級の個性が子どもにどのような影響を与えるかについて述べる。

● 集団凝集性

　集団凝集性とは集団のまとまりや融合の程度を表す概念である。集団凝集性の高い集団では，その集団の一員であるという自覚が高く，成員がお互いに受容し，支持されているという共有感覚を強くもち，成員間の交流やコミュニケーションが活発で，集団活動への参加度も高まることが知られている。他方，凝集性が高まると，同調への圧力が増大し，集団規範からの逸脱を許さず，逸脱する成員を排除する傾向が高まること，欲求不満を経験すると攻撃性が増大することが知られている。

● スクール・モラール

　スクール・モラールとは，凝集性を基盤にした集団成員の意欲的，積極的な態度，行動のことである。これまでの研究では，スクール・モラールの高い子どもは，肯定的な自己概念をもち，級友や担任教師からよい評価を受けていると認知しており，学業成績も高いことが知られている（松山，1981）。スクール・モラールを向上させるには，どのようにしたらよいのだろうか。塚本・三好（2022）はスクール・モラール測定項目の因子分析から「教師関係」，「学級適応」，「学校適応」の3因子を抽出し，これらに教師と子どもの自己開示が与える影響を検討している。その結果，教師の自己開示は子どもの教師に対する自己開示，子ども同士の自己開示を促進することを媒介として，スクール・モラールの教師関係，学級適応を良好にし，さらに，このことがスクール・モラールの学校適応を高め，学校全体への適応を促進することを明らかにしている。

● 学級集団構造

　集団構造とは集団構成要素間の関係であり，学級集団構造とは学級成員間の関係性のことである（根本，1983）。根本（1983）は，独自の学級集団構造スケールによって，「受容」，「勢力」，「親和性」，「統制」，「活動性」という5つの学級集団構造次元を抽出して，学級雰囲気とスクール・モラールとの関係を検討し，学級集団構造がそれらの重要な規定因であることを明らかにしている。また，塚本・岸（2018）は，小学校4，5年生を対象に学級集団構造と教師の指導態度，共感性との関係を検討し，学級集団構造の「協和性」が子どもの共感性を高めること，また，教師の指導態度の指示的態度は学級集団構造の「協和性」を促進することを明らかにしている。

4）学級におけるいじめ

　学級内の子ども同士の関係性には負の側面も存在する。深刻な問題がいじめである。文部科学省（2022a）の調査によると，小・中・高等学校および特別支援学校における2021年度のいじめの認知件数は615,351件であり，2020年度に比べ98,188件増加している。2020年度は全校種で大幅な減少となっていたが，2021年度では全校種で再び増加に転じている。これらのうち，いじめの重大事態の件数は705件であり，2020年度に比べ191件増加している。

　いじめ問題では，しばしば加害者と被害者の二者に注目し，その原因をとらえようとする。しかし，実際には，いじめは直接の当事者間だけで起こっているわけではない。学級におけるいじめには，「加害者」，「被害者」，「観衆」，「傍観者」の4層構造が存在する（森田・清水，1995）。「観衆」は，直接いじめ行為を行うわけではないが，おもしろがったり，はやし立てたりして，加害者の行為を間接的に肯定し，いじめ行為を助長する存在である。他方，「傍観者」は，いじめ行為を見て見ぬふりをする者たちである。彼らのいじめに対する冷ややかな反応や軽蔑的態度はいじめ行為を積極的に強化するものではないが，抑止する力とはならず，無視や黙認が結果的にいじめを維持することにもつながる。したがって，教室内のいじめがどのような様相となるかは，「観衆」，

「傍観者」の反応によって決まってくるとも言えよう。また，これら4層は固定されたものではなく，相互に入れかわることもしばしばであり，このことは学級内にいじめに対する強い不安感と隠蔽的雰囲気をつくり出すことになる。

　2011年に起きた大津市中2いじめ自殺事件をきっかけとして策定された文部科学省の「いじめの防止等のための基本的な方針」では，いじめ未然防止のため，集団づくり，学校風土の醸成といった学校の教育活動全体を通じて「他人の気持ちを共感的に理解できる」，「思いやり」の心を育成する実践の重要性が指摘されている。塚本（2016）は，小学生を対象に「共感性」，「思いやり」を向社会的行動尺度で測定し，これに学級集団構造，教師の指導態度，学級雰囲気が及ぼす影響を検討している。その結果，学級集団構造の「協和性」，「被援助性」は良好な学級雰囲気を媒介して，いじめられている子をかばう，仲間外れにされている友だちを遊びに誘うといった「思いやり」行動を促進することを明らかにしている。

2.　子どもと教師

1）　教師の役割

　学校や学級の教育目標，目的を達成するためには，確固とした教育理念，情熱，専門的力量にもとづく教師の適切な指導が不可欠であることは言うまでもない。学校，学級における教師の役割には，次の4つがある。1つめが，教授・学習指導者としての役割である。専門的知識の体系を子ども特性，特徴に応じて組織化して教授し，子どもの主に知的発達を促す役割である。2つめが集団指導者としての役割。これは，とくに学級において，どのような集団構造，勢力関係構造をつくり上げるか，それによって，どのような雰囲気をつくり上げ，どのような学級経営を行うかにかかわる役割である。3つめが生活指導者としての役割。子どもに対して，学校，学級生活における行動様式について指導するとともに，子どもの心理的適応を考慮しつつ，社会的，情緒的発達を促す役割である。最後が，実践的研究者としての役割である。教師は自己の専門

的知識や教育実践上の力量を高め，これによって子どもの理解を深化させるた
め，実践的な研究活動を主体的に進めることが求められる。

2）教師の子ども理解

　教師がさまざまな役割を果たすうえでもっとも重要なのは，確実な子ども理
解である。教師の日々の子ども理解は，教師自身の教育観や人間観，これらを
学級の中で実現するための教育目標にもとづいてなされていると考えられる。
このような教師認知の構造，すなわち，教師がどのような教育上の価値観をも
ち，その認識の枠組み内に指導する子どもをどのように位置づけ，評価してい
るのかに注目することは，子どもの学校・学級適応やそのための指導のあり方，
さらにはその背後に存在する教師力量の問題を考えるうえで，重要な知見を提
供してくれる。

　教師の子ども理解やその構造について，教育心理学では，主に「教師期待効
果」，「認知枠組」の側面から研究が行われてきた。

● 教師期待効果

　ローゼンソールとヤコブソン（Rosenthal & Jacobson, 1968）は，教師が自分
の担当する子どもの学力について抱く期待が，当該の子どもにどのような影響
を与えるかを検討している。対象はアメリカ西海岸のオークスクールの1年生
から6年生まで，各学年3学級ずつ計18学級の子どもとその担任教師である。
ローゼンソールらは，各学級から20％の子どもをランダムに抽出し，この子
どもたちは検査結果から年度内に高い成績をあげる可能性があるという偽りの
情報を各担任教師に与え，学力向上の期待を形成した。年度末に再びオークス
クールを訪問して知能検査を実施し，効果を検証したところ，学力が向上する
と伝えられた子どもは，そうでない子どもよりも明らかに知能指数が伸びてい
た。

　この結果は，教師が当該の子どもに抱いた期待が子どもの変化をもたらした
と解釈されるが，教師のどのような行動が子どもに影響を与えたのかは明らか
ではない。そこで，ブロフィとグッド（Brophy & Good, 1970）は，この影響過

程を明らかにするために教室場面における観察的研究を行っている。まず，各学級担任教師に，自分の学級の子どもについて高学力が予想される順位をつけさせた。この順位が上位の子どもを高期待児，下位の子どもを低期待児とし，この子どもたちと教師との教室内の相互作用を観察している。その結果，教師は，高期待児に対しては，賞賛することが多く，指名したのちの解答の待ち時間は長く，仮に誤答しても質問の言いかえやヒントを与えることが多いが，低期待児に対しては，そもそも指名すること自体が少なく，批判することが多いことを報告している。一連の研究から，教師の子どもに対する期待にはプラスの効果とマイナスの効果が存在することも報告されており，前者をギャラティア効果，後者をゴレム効果という。

　その後の研究では，教師の期待が子どもに実現するメカニズムを明らかにするため，教師期待効果の生起を一連のプロセスととらえた分析が行われている。最初の段階が，教師が子どもに対してある期待を形成する段階で，この期待形成には，その子どもの過去の学業成績，家庭の社会経済的地位，兄姉の担任経験，子どもの身体的，行動的特性などの情報や，教師の被影響性，効力感，権威主義などの個人特性が影響を与えることが指摘されている（Babad et al., 1982）。次は，教師の期待が子どもに伝達される段階である。ローゼンソール（Rosenthal, 1974）によると，この期待伝達にかかわる具体的な教師行動には4つの次元がある。期待に応じて教材を変えるインプット次元，賞賛や叱責の仕方を変えるフィードバック次元，子どもの誤答などに対する反応を変化させるアウトプット次元，非言語的な側面を変化させる雰囲気次元である。こうした各次元の行動を期待内容に応じて教師が変化させることにより，教師の期待は意図的，非意図的に当該の子どもに伝わることになる。最後が心理的効果の段階である。なんらかの方法で伝達された教師期待は，当該の子どもに特定の心理的効果を及ぼすことになる。塚本（2005）は，教師期待の心理的効果を調べるために，子どもが教師の期待をどのように認知しているかの側面から研究を行っている。対象は小学校6年生である。その結果，自分が教師から強く期待されているとの認知は，スクール・モラールや達成動機を高めること，また，

この期待認知は，信じてくれる，励ましてくれるといった教師の「信頼・励まし」行動と，話をよく聞いてくれる，仕事を頼まれるといった教師の「配慮・依頼」行動によって高められることを明らかにしている。

● 教師の認知枠

　教師期待研究では，教師の認知を子どもの知能や学力といった特定の期待に限定し，その形成要因，子どもへの影響やそのプロセスに焦点が当てられている。これに対して，教師の価値観の内容や子どもを見る視点，認知空間における子どもの位置づけといった教師の認知構造自体をとらえようとするのが教師の認知枠の研究である。近藤（1984）は，教師が子どもを理解する際の認知構造をとらえるために，教師用 RCRT（Role Construct Repertory Test）を開発し研究を行っている。この方法で抽出される各教師の認知構造には，それぞれの人生観，教育観，教育目標，パーソナリティ，個々の子どもとの対人関係などが反映しており，さらに教師の現実と理想の自己像，理想とする子ども像，理想像と比較した学級の子どもの認知空間内の位置づけも明らかになる。

　塚本（2006）は，教師用 RCRT による教師の認知構造が子どもの学校適応に影響を及ぼす過程を，中学校教師 A，B の 2 名と各担任学級の子どもを対象に検討している。その結果，教師 A では，認知枠として「活発さ」，「対人能力」，「几帳面さ」の 3 つが抽出されたが，どれもが典型的な教師的認知枠であった。一方，教師 B では「協調性」，「スポーツ活動性」，「集中力・表現力」の 3 つの認知枠が抽出された。これらのうち，純粋に教師的な認知枠は「協調性」だけであり，残りは独自性の強いものである。さらに，各教師の認知構造が生徒の学校適応に与える影響過程について，因果モデルを設定し分析を行うと，教師 A は，生徒が「えこひいき」と考える指導行動をとる傾向があり，このことが，つまらない，楽しくない学級雰囲気を強め，さらにその結果として，A 組生徒の学校への帰属意識，教師への態度，級友関係が悪化している可能性が示唆された。これに対して，教師 B は，生徒が理想像から遠いほど共感的態度で接しており，このような指導行動が，きちんとし，落ち着いた，協力的でまとまった，やさしいと感じる学級雰囲気を引き出し，さらにそのこ

とがＢ組生徒の学習意欲を高め，級友関係をよくしている可能性が示された。教師の認知構造は，このような指導行動の違いやその結果としての学級雰囲気の違いを導き，学校適応度の違いを生み出しているものと考えられる。

3）教師のメンタルヘルス

　教師が子どもと良好な関係を築くためには，教師自身の健康が大切である。しかし，教師の多忙化が指摘される中，教師のメンタルヘルスについては，近年，きわめて深刻な状況が報告されている。文部科学省（2022b）によると，2021年度に精神疾患によって休職した教師は5,897名であり，2020年度より694名増加して過去最多となった。この5,897名のうち，2022年4月時点で復職した者は2,473名で41.9％にすぎず，引き続き休職の者が2,283名（38.7％），離職した者は1,141名（19.3％）である。実に全体の6割が職場に復帰できておらず，このうち2割が離職していることになる。

● 教師の心理的ストレス

　深刻な教師のメンタルヘルスの問題については，わが国では1990年以降，心理的ストレスの観点から多くの研究が行われている。塚本（2010）は，公立小中学校の教師を対象に，独自の尺度によって調査を行い，教師に特有なストレッサーには「児童生徒指導の困難」，「教師連携への不満」，「管理職への不満」，「雑務多忙感」，「保護者への不満」，「同僚関係の困難」，「私生活の犠牲」，「待遇への不満」の8つがあることを明らかにしている。これらのうち，教師が日々高頻度に経験するストレッサーは，「雑務多忙感」と「私生活の犠牲」であること，また，男性教師のほうが女性教師よりも，「教師連携への不満」によるストレス，「待遇への不満」によるストレスが高いこと，「教師連携への不満」によるストレス，「私生活の犠牲」によるストレスは中学校教師のほうが小学校教師より高く，「雑務多忙感」によるストレスは，小学校教師のほうが中学校教師よりも高いことを報告している。

● 教師のバーンアウト

　バーンアウトとは，長期間他者を援助する過程で，心的エネルギーが絶えず

図 8-1　教師バーンアウトの影響過程（塚本, 2021）

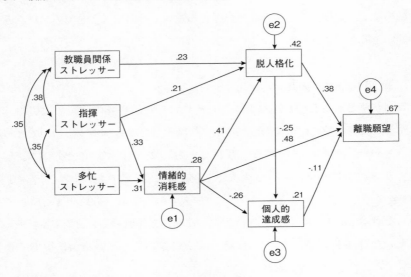

過度に要求された結果，極度の疲労と感情の枯渇が生じ，卑下，仕事への嫌悪，思いやりの喪失などを引き起こす症候群のことである。バーンアウト現象は，対人援助職への需要の増大とともに 1970 年代中期以降注目され，とくに教師のバーンアウトは，もっとも深刻な問題として，米国を中心に多くの研究が展開されてきている。わが国においては，1970 年代後半以降のいじめ，不登校などの増大，これに呼応するかのように，精神疾患により休職する教師が年々増大する状況で，1980 年代半ばから研究が開始されている。

　先述の教師のメンタルヘルスと離職との関係については，このバーンアウトの観点から多くの研究が行われてきた。塚本（2021）は，教師のストレスが，バーンアウトと離職願望に与える影響過程を明らかにするために小中学校の教師を対象に研究を行い，バーンアウトには「情緒的消耗感」，「脱人格化」，「個人的達成感」の 3 因子が存在すること，教師特有のストレッサーがバーンアウトの各因子を媒介して離職願望を引き起こしていることを明らかにしている（図 8-1）。

3. 子どもを「まもる」「砦」としての学校

　現在の学校には，本章で紹介したいじめ問題をはじめ，いくつかの問題も存在する。しかし，少子化や家庭の教育力の低下，虐待や子どもの貧困，さらにはインターネットや SNS の普及など，子どもの発達への影響が強く懸念される社会状況から子どもを「まもる」「砦」として，学校の役割はますます重要になると考えられる。そして，その要となる教師を多忙化する職務環境から「まもる」ことも喫緊の課題である。

▶引用文献

Babad, E. Y., Inbar, J., & Rosenthal, R. (1982). Pygmalion, Galatea, and the Golen: Investigations of biased and unbiased teachers. *Journal of Educational Psychology, 74*, 459-474.

Brophy, J. E., & Good, T. L. (1970). Teacher's communication of differential expectations for children's classroom performance: Some behavioral data. *Journal of Educational Psychology, 61*, 365-374.

広田君美 (1958). 学級構造　肥田野直 (編) 学級社会の心理　中山書店

近藤邦夫 (1984). 児童・生徒に対する教師の見方を捉える試み──その①方法について　千葉大学教育工学研究, *5*, 3-21.

松山安雄 (1981). 学級集団力学　河合伊六・池田貞美・祐宗省三 (編) 現代教育心理学の展開 (pp.199-220) 川島書店

文部科学省 (2022a). 令和3年度 児童生徒の問題行動・不登校等生徒指導上の諸課題に関する調査結果について　https://www.mext.go.jp/content/20221021-mxt_jidou02-100002753_1.pdf (2023年8月8日アクセス)

文部科学省 (2022b). 令和3年度 公立学校教職員の人事行政状況調査について (概要) https://www.mext.go.jp/content/20230116-mxt-syoto01-000026693_01.pdf (2023年8月8日アクセス)

森田洋司・清水賢二 (1995). いじめ　教室の病　金子書房

根本橘夫 (1983). 学級集団の構造と学級雰囲気およびモラールとの関係　教育心理学研究, *31*, 211-219.

根本橘夫（1991）．学級集団の規範，発達過程および機能　稲越孝雄・岩垣　摂・根本橘夫（編）学級集団の理論と実践——教育学と教育心理学の統合的発展をめざして（pp.46-67）福村出版

Rosenthal, R. (1974). *On the social psychology of the self-fulfilling prophecy: Further evidence for Pygmalion effects and their mediating mechanisms.* New York: MSS Modular.

Rosenthal, R., & Jacobson, L. (1968). *Pygmalion in the classroom.* New York: Holt, Rinehart & Winston.

武市　進（1996）．教師の学級づくり　蘭　千壽・古城和敬（編）教師と教育集団の心理（pp.77-128）誠信書房

塚本伸一（2005）．教師の期待認知が児童の達成動機と学校適応に及ぼす影響　立教学院心理臨床研究, *1*, 2-9.

塚本伸一（2006）．教師の認知枠が中学生の学校適応に及ぼす影響——教師用RCRTによる検討　立教大学心理学研究, *48*, 57-67.

塚本伸一（2010）．教師ストレッサー尺度作成の試み　立教大学臨床心理学研究, *4*, 1-9.

塚本伸一（2016）．教師の指導態度，学級集団構造，学級雰囲気が児童の向社会的行動に及ぼす影響　立教大学キリスト教教育研究所紀要, *34*, 21-36.

塚本伸一・岸　竜馬（2018）．教師の指導態度，学級集団構造，親の養育態度が児童の共感性に及ぼす影響　生徒指導学研究, *17*, 32-39.

塚本伸一（2021）．小中学校教師のバーンアウトと教師ストレッサー，離職願望の関連　産業ストレス研究, *28*, 263-274.

塚本伸一・三好　力（2022）．学級担任教師及び児童の自己開示が学校生活の適応に及ぼす影響　日本応用心理学会第88回大会発表論文集, 47.

コラム 8-❶　情報教育

大橋　智

　私は月に数度，小学校や中学校に巡回相談という形で，学校の先生を対象に相談を行うコンサルテーションを行っている。一つひとつの教室にうかがい，子どもたちと先生がどのようにかかわっているのかを見せていただくと，この1年でタブレット端末や電子黒板を使わない授業はなくなったように思う。こういった急速な情報機器の導入は，先生にとっても新たな学びを必要とする機会でもあり，コンサルテーションの話題としてたびたび悩みを聞くことになっている。

　現代の情報教育において，アラン・ケイ（1940-　）が果たした役割はとても大きなものである。アラン・ケイは，ゼロックスのパロアルト研究所で Alto という現代の PC の原型とよべるグラフィカル・インターフェースをもつワークステーションを開発した。この機器は，一人ひとりがコンピュータを利用する，すなわち真のパーソナルコンピュータというコンセプトである，「ダイナブック」とよばれる情報端末のコンセプトを具現化するためのものであった。ダイナブック〔ダイナミック（動的）な本〕は，子どもたちが主体的に機器を利用して，文章の執筆や音楽の作曲，読書など，創造的な学習に取り組めるようなあり方を提示した。端末の見た目も，今の子どもたちが使っているタブレットのような形を想定していたことがうかがえる（Kay, 1972；ケイ　鶴岡訳, 1992）。

　この先，子どもの教育における情報教育は，どのように進化するのであろうか。アラン・ケイが Alto を開発していたのは1973年であったが，ダイナブックのコンセプトは今でも色褪せることはない。アラン・ケイは，教育における未来のあり方を問われ，「未来を予言するための考え方」を示している。

　彼は,「もっともよい未来の予言の方法は，未来を自ら創造してしまう」ことと述べている（Kay, 1972；ケイ　鶴岡訳, 1992）。未来はいまだ今ここに存在しないからこそ，私たち自身がそれをつくり出すことを待っていると言えるのだ。

▶引用文献

Kay, A. (1972). A Personal Computer for Children of All Ages〔アラン・ケイ（1972）．あらゆる年齢の「子供たち」のためのパーソナルコンピュータ　https://swikis.ddo.jp/abee/74（2023 年 12 月 13 日アクセス）〕

アラン・ケイ　鶴岡雄二（訳）　浜野保樹（監修）（1992）．アラン・ケイ　アスキー出版局

● 大橋　恵

第 **9** 章

子どもの課外活動を
みまもる

　子どもの公式の教育は学校で行われます。学校では，将来のために必要なさまざまな
科目を学びますが，これに加えて多くの子どもは課外活動に取り組みます。課外活動は，
学校で行われるもの（行事，委員会，部活動など）と学校外で行われるもの（習い事，
地域活動など）に大きく分けることができます。

　このような課外活動にはよいところがたくさんありますが，実は注意が必要な部分も
あります。実り多い課外活動のために，私たち大人にはどのようなことできるでしょうか。

I. 課外活動とは

　子どもの本業はなにかと言えば，幼稚園や学校での学びである。日本の義務
教育は小学校・中学校の計 9 年間だが，多くの子どもは，その前に幼稚園ある
いは保育園に通い，義務教育ののちには高等学校に通う。小学校に上がれば文
字や計算を覚え，さらに社会の仕組みや科学的な視点について学ぶ。学校でた
くさんの知識や技能を得て，社会に出る準備としての資質と能力を伸ばすこと
になる。けれども，日本の多くの子どもは，学業以外の課外活動にいそしんで
いる。

　課外活動とは，学校において，正規の教育課程（国語，算数，道徳など）の
ほかに実施されるさまざまな活動を指す。「課外」とは，教育課程外の略で

あって，具体的には，ホームルーム，部活動，委員会活動，生徒会活動，学校行事（文化祭や遠足など）が該当する。課外活動は，もともとは学校内での活動を指す言葉ではあるが，より広く用いて，学校外のものを含めることがある。その場合には，習い事，地域のサークル，アルバイト，ボランティアも含まれる。

　正規の教育課程である学業よりも，課外活動にこそ時間とエネルギーを費やす子どもも多い。もっとも顕著なものは「部活動」であろう。道筋が決まっている学業と比べ，課外活動では子どもたちの自由度がより大きく，ときには試行錯誤しつつ子どもたち同士の話し合いで活動を進めていく面がある。そのため，子どもは課外活動経験から，学業とは別の，しかしながら大切な資質や能力を身につけることになる。大学生の就職活動で重視される「ガクチカ」（学生時代に力を入れたこと）において課外活動の話題が頻繁に取り上げられるのも，その表れであろう。

2.　課外活動の普及

　実際にどのくらいの子どもたちが課外活動を行っているのだろうか。これをきちんと把握することは難しい。まず，学校内での課外活動を見ておこう。

　小学生の場合は，部活動は一般的ではないので，ホームルーム（必須），委員会活動（高学年必須），学校行事（運動会，学芸会，遠足など）が課外活動である。中学生・高校生の場合は，部活動と学校行事（文化祭，運動会，遠足）が課外活動である。委員会活動も含まれるが，必須ではないケースが多い。

　部活動への加入率は一時期ほど高くはない。「平成 29 年度運動部活動等に関する実態調査報告書」（文部科学省，2018）によれば，中学生で 91.9％，高校生で 81％である。しかし，中学生ではとくにその評価が子どもたちの学校生活の評価と関係が深いことから（文部科学省，2014），部活動は学校生活の中心であると言えるだろう。

　次に，校外での課外活動に目を向けよう。学研教育総合研究所（2022）が毎

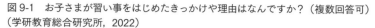

図9-1　お子さまが習い事をはじめたきっかけや理由はなんですか？（複数回答可）
（学研教育総合研究所，2022）

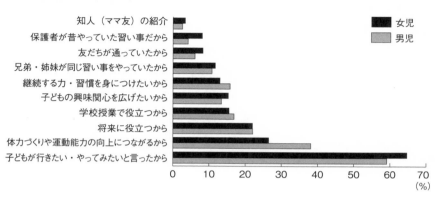

年行っている「小学生白書」によれば，小学生の4名中3名までもが習い事をしているという。もっとも人気なものは安定のスイミング（24.3%；10年連続首位）であり，とくに低学年から中学年において人気が高い。次に，音楽教室・塾が続く。なお，子どもが習い事をはじめた理由としては，「子どもが行きたい・やってみたいと言ったから」が過半数であり（62.0%；女児・男児の合計，以下同じ），ほかに「体力づくりや運動能力の向上につながるから」（32.2%），「将来に役立つから」（22.1%）があげられた（図9-1）。

このように，課外活動は子どもたちの生活の一部であることが認められる。

3.　課外活動の目的

課外活動に参加することによって，子どもにはどのような成長があるのだろうか。課外活動に参加する目的を尋ねた調査を見てみよう。

少し古いが文部科学省（1997）が行った「中学生・高校生のスポーツ活動に関する調査」によれば，部活動に参加してよかった点としてあがったものは，運動部員では，「体力・技術の向上」（52.9%），「友だちと楽しく活動」（43.1%），「チームワーク・協調性・共感」（41.8%）が多く，「大会・コンクールなどでの

よい成績」（22.3％）はあまり多くなかった（複数選択式）。この調査では文化部員にも尋ねていて，こちらも「友だちと楽しく活動」（51.7％），「仲間が増えた」（38.7％），「チームワーク・協調性・共感」（31.6％）が多く，「大会・コンクールなどでのよい成績」（15.1％）は少なかった。

　この調査では，親と顧問にも同じ質問をしている。その結果を見ると，親もやはり，「チームワーク・協調性・共感を味わう」を部活動参加のよい点としてもっとも多くあげ，「体力・運動能力の向上」，「社会性の育成」がそれに続いた。「選手としての活躍」も選択肢の中にあったが，複数選択可であったにもかかわらずこれらを選んだ者はわずかであった。心身の鍛錬と社会性・集団行動の訓練が，顧問が部活動で身につけてほしいものとしても多くあげられた。

　学校外の習い事に関しては子ども自身に聞いたものが見当たらないが，親対象の調査はいくつか行われている。笹川スポーツ財団（2017）がスポーツ系の習い事をしている幼児・小学生の保護者 1,567 名を対象に行った調査によれば，その習い事を通して，体力向上などの健康面に加えて，楽しむこと，達成感や目標に向かう努力など心情面や，友だちづくり・コミュニケーション力の習得など人間関係形成を期待する傾向が強く見られた。もう少し小規模な他の調査でも，自律性や協調性などの精神的な成長を，体力増進に加えて重視され，その競技での技術はそこまで求められていないことが示されている。

　このように課外活動に参加する目的は，主体性・社会性（協調性）・忍耐力など人間形成的な目的と，スポーツ系の場合は体力づくりであるとまとめられる。もちろんよい成績や成功はうれしいものだが，副産物にすぎないと考えたほうがよいだろう。

4. 課外活動における問題例

　先述したように課外活動への参加にはよいところがたくさんある。しかしながら，注意が必要な部分も存在する。大人として，子どもたちの心身をまもりながら実り多い課外活動ができるようにどのようなことができるか考えるため

に，具体的な問題例を見ながら考えよう。

　課外活動の代表例として，スポーツがある。スポーツについては，特定のスポーツをはじめる年齢の低年齢化に伴う問題が指摘されている。まず身体への影響として，集中的な練習は特定部位の使いすぎにより傷害のリスクを高める。子どもの身体は発達段階にあり，この時期の集中的で繰り返しの多い練習は，身体の特定部位に過度な負担を与え続けることで痛みが起こるスポーツ障害や，一時的に強い外力が加わることで起こるスポーツ外傷を引き起こすリスクがある。身体を壊したために大好きなスポーツができなくなるのでは元も子もない。

　また，バーンアウト（燃え尽き症候群）も心配である。スポーツ領域におけるバーンアウトとは，目標達成に向けて長期間行った努力が十分に報いられなかったときに起こる情緒的・身体的消耗状態を指す。早い時期に専門種目を絞り厳しいトレーニングを課すことにより，はじめのうちは素晴らしい成長が見られるが，やがて成長が停滞してしまうことが原因のひとつとされる。

　もうひとつの心理的な影響として，成果主義あるいは勝利至上主義があげられる。スポーツの特徴のひとつに競争性がある。競争性があるためにゲーム的な楽しさがある一方，勝ちと負けに分かれるシビアさも生まれる。チームスポーツの場合，1人のプレイが勝敗を分けることもある。指導者や保護者が勝利に大きな価値を置いていると，ミスすることに対するプレッシャーがかかり，子どもたちが楽しんで参加することが難しくなる。スポーツは，指導者に加えて応援席にいる親集団やOBOGに，出来が「見えてしまう」ことにより葛藤が生じると思われる。私たちが親を対象にした調査で，自分の子どもがチームの足を引っ張っていると思うと自宅での練習を強制してしまうという回答が見られたが，親子関係にまで悪影響が出かねないので注意が必要である。

　次に，スポーツ以外，いわゆる文化系課外活動の代表例として，音楽活動があげられる。ピアノなどを個人で習う場合と，吹奏楽部のような集団で演奏する場合があるが，ここでは後者で考えてみたい。

　吹奏楽部や合唱は，練習時間の長さが目立つ。筆者の姫が吹奏楽をしていたが，小学校時代にすでにお盆以外毎日のように練習があり，練習時間も長く

ハードな生活だと思ったことがある。高校時代も週末には朝から晩まで練習があったようだ。勤務先でも同じような経験をした学生たちがおり，運動部ほど目立たないが，活動の適切さについて考慮する必要がある。また，楽器ごとに指導者が異なると，指導者同士の方針の違いにより混乱がみられることがある。

　以上のような問題からいかに子どもたちをまもることができるのだろうか。2つの視点をあげたいと思う。

5. 対策

1）ハラスメントを避ける

　パワハラ，セクハラなど，ハラスメントという言葉を近年よく耳にするようになった。ハラスメントとは，簡単には「いやがらせ」と言いかえられるため，ある程度「仕方のないこと」だと軽く考える方もいる。ただ「いじめ」が子どもたちの不仲とは言い切れない問題行動だととらえられるようになったように，ハラスメントも，強要罪，傷害罪，名誉棄損などに抵触する可能性がある許されない行為である。子どもの課外活動においても，そこにかかわる大人がもし役割上の地位や技術レベル，人間関係など活動の場におけるさまざまな優位性を背景に，適正な範囲を超えて子どもたちに精神的・身体的苦痛を与えることがあれば，それはハラスメントに当たるため，気をつける必要がある。

　ハラスメントの問題点をあげると，まず，ハラスメントを受けることにより，ミスを恐れての消極的プレイや，評価への過剰反応などを招くリスクが高まる。また，一般に，暴力で育った子どもが暴力による教育を再生産してしまうリスクが高まることが指摘されているように，課外活動においても，とくにスポーツ指導において，ハラスメントの再生産が指摘されている。

　課外活動においては，大きく分けて3種類のハラスメントが起こりうる（大橋，2020）。第1に，物理的ハラスメント（いわゆる体罰）がある。これには，殴る，蹴るに加え，椅子を蹴る，物を投げるなども含まれる。

　第2に，相手の人権や尊厳を冒瀆するような発言をしたり精神的に追い詰め

るような発言をしたりする，精神的ハラスメントがある。礼儀正しさや指導へ
の盲従を過度に要求する威圧や，特定の生徒を無視したり罵倒したり，特定の
生徒だけをほめたりする「ひいき」もこれに含まれる。

　第3に，不適切な活動内容がある。これは，子どもたちの発達段階を考慮し
ない，量や内容について過度な活動の強要を指し，長時間拘束や休憩なしの活
動，炎天下での活動なども含まれる。2010年代半ばから体罰は悪いことだと
いう認識がどんどん広がり，物理的ハラスメントはかなり少なくなった。しか
しながら，精神的なハラスメントや不適切な活動内容という意味でのハラスメ
ントに対する感度はいまだにあまり高くないように感じられる。

　ちなみに，ハラスメントを行うのは指導者だけとは限らない。チームメイト
や応援席にいる保護者やOBOGもまた，ハラスメントの加害者になりうる。
たとえば，試合でミスをした子どもに対して応援席から飛ぶ野次や罵声，部活
内で技術の劣る子を見下す態度もまたハラスメントに当たる。ただ，指導者の
言動がさまざまな方法で子どもたちやその保護者たちに影響し，チームの雰囲
気をつくっていくので，まずは指導者が適切な指導を意識することが大切であ
る。

　指導してくれている人に対しなにか要望があっても，子どもたちのほうから
表現するのは難しいことがある。そのような指導が当たり前だと学習している
という理由に加え，権威のある目上の人が間違っているとは考えにくいからで
ある。一方，子どもたちや保護者からとくに異を唱えられないとなると，指導
者は，自分の指導方針に賛同してくれていると信じてますますそのやり方を強
める，という悪循環が起こる。

　課外活動において，あくまでもプレーヤーは子どもたちであり，これにかか
わる大人は指導役あるいは応援役にすぎない。けれども，指導や応援に熱が入
り，チームのため，子どもたちのためを思って行動した結果，知らず知らずの
うちに加害者になっていることもありうる。指導者・応援者の意図にかかわら
ず，相手である子どもたちが苦痛を感じたら，それは「ハラスメント」なので
ある。

　ハラスメントを避ける方法はいくつか考えられる。まずは，その課外活動の目的をあらためて考えることである。活動に集中していると短期的な目標（大会優勝や1回戦突破など）に注目してしまいがちだが，子どもたちに活動を通して得てほしいものは本当にそれなのか。新しい考え方，協調性，粘り強さなど課外活動から得られる資質はたくさんあるはずだ。指導者によるハラスメントは，生徒の熟達や成長よりもチームの勝利など成果を求める指導が行われている状況で起こりやすい（藤田・蛯原，2014）ため，課外活動の目的が勝敗というよりも子どもの人間的成長にあることをあらためて認識することが有効だろう。

　次に，研修に参加したり，他の指導者たちと話をしたり，本を読んだりして，最新の知識を得る努力をすることである。私たちが以前に行ったアマチュア指導者対象の調査では，教える知識や技能の自信が満足感と大きく関連していた。最近の子どもたちは自分が子どもだったころの子どもたちとは異なる事情があることもあるし，練習方法などが進歩していることもあるので，積極的に新しい情報に触れ，柔軟な考え方を身につけるとよいのではないか。たとえば，努力が日本では重視されている。成功のために努力をしたほうがよいのは確かだが，練習が多ければ多いほどいいわけではなく，適度に休息を入れたほうが学習が早いことが科学的に示されている（Brashers-Krug et al., 1996）。これは楽器演奏などにも当てはまり，どこをどうすればいいのか頭で考える時間も大切なのである。身体を使うことなら実践あるのみという考えは，もう時代遅れなのだ。

　さらに，自分を知ることも大切である。「アンガーマネージメント」という言葉がある。これは，自分のストレスなど心理的な状態を測定したうえで，自分について振り返る。自分がどのような性格をしていて，どのような価値観をもっていて，自分にとってなにがストレスや怒りの原因になっていて，どうすればストレスをためずにすむのかなどを考えるのである。このように自分自身に対する理解を深めることによって，自分の感情とうまく折り合っていく方法を学ぶことができるのだ。指導者向けの自己理解シートが筆者らのサイトにある

ので（https://togotokyo101.wixsite.com/mysite/），よかったら使ってみてほしい。

2）子どもの権利について意識する

　子どもの権利について学び，意識することが大切だと示す研究がある。ここで取り上げたいのは子どもの権利条約（Convention on the Rights of the Child）である。子どもの権利条約とは，子どもたちの権利の保護・促進を目的とした国際条約であり，1989 年に国際連合によって採択された。この条約は日本を含む世界中のほとんどの国によって批准されている。その主要なポイントは，表9-1 に示した 4 点に集約される（外務省，2020）。

　この条約は，子どもたちの権利を守り，彼らの福祉を促進するための重要な国際的な枠組みとなっており，批准国はその実施と監視を行う責任を負う。具体的には，子どもたちの健康，安全，発達，教育，参加権利など，多くの側面で彼らの権利を保障するための具体的な措置を講じることが求められる。これらの原則は，2023 年 4 月に施行された「こども基本法」にも取り入れられている。

表 9-1　子どもの権利条約の要点

1.　差別の禁止	すべての子どもたちが生まれながらにして平等な権利をもつと規定し，差別，不平等，虐待，暴力から保護される権利が強調されている。
2.　子どもの最善の利益	政府や社会は，子どもたちの利益を最優先に考え，彼らの福祉を保護する責任を負う。つまり，子どもに関することが決められ，行われるときは，「その子どもにとってもっともよいことはなにか」を第一に考える。
3.　生命，生存および発達に対する権利	すべての子どもの命が守られ，もって生まれた能力を十分に伸ばして成長できるよう，医療，教育，生活への支援などを受けることが保障される。子どもたちは虐待，放置，暴力から保護され，必要な場合には援助を受けられる権利をもっている。また，障害のある子どもたちや移民の子どもたちなど，弱い立場にある子どもたちも同様に保護される。
4.　意見表明の権利	子どもたちは適切な方法で自分の意見を表明する権利が認められる。この権利は，子どもたちが自分の意見を尊重されつつ，社会的な問題に関与できることを意味する。ただし，その意見は年齢に応じて考慮される。

　小中学生の課外活動の指導者を対象に行われたオンライン調査によれば，スポーツ指導者内では差が見られなかったものの，文化・芸術指導者では，子ども主体の運営をするほど指導者ハラスメントは少なかった（藤後他，2022）。そのため，子どもの権利条約についての知識を普及させ，子ども主体の運営方法の啓発を行うことが効果的であろうと考えられる。

6. 課外活動における問題と対策：親の立場から

　課外活動への参加に関しては，親の意向が出やすいところがある。とくに小学生未満の幼い子どもの場合はそうである。習い事のきっかけは「子どもが行きたい・やってみたいと言ったから」が最多と先述の学研の調査などでは出ているが，その実態は，親が示した選択肢の中から子どもが選んだケースも多いのではないかと思う。

　拙宅の例にはなるが，就学前から，公文・音楽教室・科学教室・レゴ教室・英会話・サッカーなどの体験に参加させ，本人が行きたいと言ったものをはじめた（スイミングは強制的に入れたが）。もちろん体験に申し込む前に，子どもに行ってみる気があるか尋ねてからである。上の子は素直でわりとさまざまな体験に参加した。一方，下の子は好き嫌いが明確で，まったく興味がないそろばんやミニバスは体験の話題を出した段階ではっきりと拒絶した。ともあれ，親がすすめて体験してみたものには比較的ポジティブな気持ちがわくようで，いくつかのものは実際に通った。

　とくに中学受験（コラム9-①参照）において顕著だと言われるが，子どもの習い事には本人の意思よりも親の意向が強いことがあり，行きすぎると「教育虐待」（子どもの心身が耐えられる限界を超えて教育を強制すること：武田，2021）となってしまうことを常に気にとめておく必要がある。習い事や課外活動への取組みで，親子関係や子どもの学校適応などに否定的な影響が出てしまったら，それはとてももったいないことである。

　難しいのは，親は「子どものためを思って」行動している点である。親に

とって子どもは自分の分身である。そのため，親は子どもを自分に重ね合わせ，子どもの体験や状況をわがことのように感じる傾向がある（同一化）。自分の育てている子どもなので心理的な距離が近くなることは自然ではあるが，いつか独立していく，自分とは別の存在であることは子どもが幼児のころから意識しておいたほうがよい。武田（2021）は，教育熱心は親の「姿勢」であり，教育虐待は親の「行為」であると指摘したが，これはとても鋭いと思う。つまり，子どもになにかをやらせたいと思ってさまざまな情報を示したり，環境を整えたりする教育熱心な姿勢は望ましいことだが，それらを子どもに強制したら教育虐待になってしまう。親は「よいこと」，「子どものためになること」だと信じているので（実際によい効果を生むものも多いだろう）ついやらせたい・やってほしいと考えてしまうが，子ども自身に回答は任せないといけない。しかし，親子は縦の関係である。自分より知識や経験が浅い子どもの言うことに耳を傾けるのは案外難しい。とくに，一度はじめた習い事をやめることに対して否定的な気持ちをもつ人が多いようだ。これは，「継続は力なり」が好きな日本人の価値観が関係しているのかもしれない。

　しかしここで，立ち止まって考えてみてほしい。大人であっても，想像と実際は違うということはよくある。雑誌などで見かけておいしそうだったので食べてみたら触感が口に合わなかったとか，おもしろそうだと思って出かけてみたらつまらなかったとか，いくらでも思いつく。

　だから，少し通っただけで子どもがつまらないとか自分に合わないとか言い出しても，怒ってはいけない。親がどうしてもその課外活動が望ましいと考えるなら説得してみてもいいが，通うのも，その課外活動を通して成長するのもその子どもなので，説得が難しいなら諦めることも肝要である。子育てを通して親も成長する必要があると思うが，自分自身を振り返ると，「コントロールできないことがあることを知る」が最大の学習だったように思う。

　話が反れたが，課外活動からなにを得てほしいのか，あらためて目的を確認してみよう。その課外活動をさせる目的が特定の知識や技能の獲得ではないのなら，かわりはいくらでもあるはずである。たとえば努力の大切さや忍耐力を

身につけさせたいなら，サッカーではなくて，音楽教室やボルダリングでもいいのではないか。協調性と体力を身につけさせたいなら，ハイキングやテニスやスイミングでもいいのではないか。自主性や計画性を身につけさせたいなら，絵画教室やレゴ教室でもいいのではないか。さらには，家族旅行のプランニングや夕飯づくりでもいいのではないか，などと考えてみてほしい。その子どもを一番観察している親だからこそ，その子の関心と発達段階に合った課外活動を思いつくことができるはずである。

　育児できる期間は短い。近視眼的にならずに，その子が素敵な大人になった姿を想像して，工夫を凝らすことを楽しんでほしい。

▶引用文献

Brashers-Krug, T., Shadmehr, R., & Bizzi, E. (1996). Consolidation in human motor memory. *Nature, 382*, 252-255.

藤田　勉・蛯原正貴（2014）．動機づけ雰囲気に基づく高校の運動部活動で体罰をする指導者の行動特性――大学生を対象とした回顧的アプローチ　鹿児島大学教育学部教育実践研究紀要, *23*,　61-66.

学研教育総合研究所（2022）．小学生調査Web版2022年9月調査　https://www.gakken.co.jp/kyouikusouken/whitepaper/202209/index.html（2023年10月13日アクセス）

外務省（2020）．児童の権利条約　https://www.mofa.go.jp/mofaj/gaiko/jido/index.html（2023年10月12日アクセス）

文部科学省（1997）．中学生・高校生のスポーツ活動に関する調査報告書　文部科学省

文部科学省（2014）．不登校に関する実態調査――平成18年度不登校生徒に関する追跡調査報告書　文部科学省

文部科学省（2018）．平成29年度運動部活動等に関する実態調査報告書　文部科学省

大橋　恵（2020）．9章　部活動におけるハラスメント　藤後悦子・大橋　恵・井梅由美子（2020）　部活動指導員ガイドブック〈基礎編〉（pp.168-188）ミネルヴァ書房

笹川スポーツ財団（2017）．子ども・青少年のスポーツライフ・データ　笹川スポー

ツ財団

武田信子（2021）. やりすぎ教育——商品化する子どもたち　ポプラ新書

藤後悦子・大橋　恵・井梅由美子（2022）. 小中学生の課外活動における指導者ハラ
　　スメントと子どもの権利条約との関連　こども環境学会 2022 年大会

▶参考文献

大橋　恵・井梅由美子・藤後悦子（2018）. ジュニアスポーツコーチに知っておいて
　　ほしいこと　勁草書房

尾見康博（2019）. 日本の部活（BUKATSU）——文化と心理・行動を読み解く　ち
　　とせプレス

藤後悦子・井梅由美子・大橋　恵（2019）. スポーツで生き生き子育て＆親育ち——
　　子どもの豊かな未来をつくる親子関係　福村出版

コラム 9-❶　「親子の受験」について考える

大橋　恵

　　課外活動における親子の問題は，勉強とその延長線上にある受験にお
いても共通しているのではないか。とくにこれを感じるのが，「親子の
受験」と称される中学受験だ。中学受験には地域性があるものの，
2021 年には「二月の勝者」というドラマまで登場し，注目度が上がっ
た。少子化の進行にもかかわらず，2023 年の 1 都 3 県における中学受
験者数は 9 年連続で増え，東京都の私立・国立中学校への進学率は 30
年前（12.9%）の 1.5 倍に上る（19.4%）。

　　かつて競争の過熱が問題視され，高校や大学については学力試験を伴
わない入試を経た進学も増えた。しかし，それよりも幼い年齢で行われ
る中学入試では依然として学力試験による 1 点を争う選考が広く行われ
ている。中学受験には，試験範囲が学校教育の範囲を超えるため校外学
習（塾・通信教育・親）が必須であることと，年齢的に親のサポートが

必要であるという特徴がある。

　親は子どもの将来を思い，少しでも難易度の高い学校に入れるように，勉強に時間をかけさせる。家庭によっては，なにをいつやるかなどの指示を細かく出して子どもの学習を管理する。かけた時間に比例して一般に成績は伸びる。問題は，そうなると，自己の拡張である子どもの成績が高まるうれしさから，もっと勉強させたくなってしまうことである。子どもには自分でいろいろ考える遊びの時間が大切だし，友だちと接したり，身体を動かしたり，将来について考えたりする必要もある。また努力が結果に結びつかないこともあり，ストレスを高める。親が子どもよりも熱心になってしまうのは，スポーツと似ている。つまり，序列が明確で，頑張ればその成果が出るために頑張らせたくなってしまう点が共通している。

　その前提には親子の同一化がある。親子は別人であるはずだが，育てた子がよい成績をとり，よい学校に進学することは，親の満足感を高める。また，成果主義も関係ありそうだ。私立・国立中学校の卒業生は，精神年齢の高い友人に囲まれ，よい大学に進学し，卒業後に高収入が得られる可能性が高い（ベネッセ教育研究所，2012；豊永，2019など）。ただ，学校で得られるものは学業的なものだけではない。なんのために進学させるのかあらためて考え，子どもの目線で目標を共有する必要があろう。

▶引用文献

ベネッセ教育研究所（2012）．中学受験に関する調査［2012年］　https://berd.benesse.jp/shotouchutou/research/ detail1.php?id=3275（2023年10月12日アクセス）

豊永耕平（2019）．中学受験選択を促すものは何か——階層・地域要因と中学受験の再生産　東京大学大学院教育学研究科紀要，*58*，21-29.

コラム 9-❷　メンタルトレーニングをしよう！

大橋　恵

　私たちは子どもたちが課外活動で経験するさまざまなことから得た気づきや学びを成長に生かしてほしいと願っている。これは課外活動での経験をどのように意味づけるのかという話なので，まさに心理学的なテーマである。

　子どもたちに積極的に課外活動に取り組んでもらうために，また，活動内で生じた困難を乗り越えるために役に立つものとして，メンタルトレーニングがあげられる。メンタルトレーニングとは，自分の心をコントロールするスキルを習得するということである。他の人の言動をコントロールするのは難しいし，困難な出来事が起こることも避けられない。しかし，自分の心のもち方をコントロールすることならば可能だし，実際に効果がある。

　リラックスしたいときの呼吸法や自律訓練法，やる気を高めたいときのイメージトレーニングや鏡に向かってのセルフトークなどいろいろなスキルが開発されているので，「スポーツメンタルトレーニング教本」（日本スポーツ心理学会，2016）などを見て，取り入れてみてほしい。対処方法は複数もっているほうが，状況や相手に応じて使い分けができるし，同じ手法を繰り返し使って飽きてしまうリスクも少ない。すぐに効果が出ないかもしれないが，スキルを身につけるには時間がかかるものなので，どれが合うか試しつつ長期的に考えてみてほしい。

▶引用文献

日本スポーツ心理学会編（2016）．スポーツメンタルトレーニング教本　大修館書店

● 野中俊介

第 **10** 章

ひきこもりと
メンタルヘルス

　さまざまな人間関係の中で，孤立や孤独を抱えて悩む人は子どもから大人まで少なくありません。「ひきこもり」は，そのような孤立・孤独が長期化，あるいは深刻化した状態であるということもできるでしょう。その一方で，「ひきこもり」という言葉は日常的にさまざまな意味合いで用いられています。たとえば，不登校やニートと同じような意味で表現されることもありますし，「たんに甘えている人」という誤解された意味合いで表現されることもあるかもしれません。実際のところ，学術的にも，ひきこもりの定義は必ずしも統一されているわけではありませんが，たとえば厚生労働省のひきこもりガイドラインにおいては，「様々な要因の結果として社会的参加（義務教育を含む就学，非常勤職を含む就労，家庭外での交遊など）を回避し，原則的には 6 ヵ月以上にわたって概ね家庭にとどまり続けている状態（他者と交わらない形での外出をしていてもよい）を指す現象概念」と定義されています（齊藤, 2010）。

　ひきこもり状態そのものは精神的な病気であることを意味しませんが，精神障害が併存したり生活の質が低下したりする場合も少なくないため，メンタルヘルスにかかわる状態として取り上げられることも多くあります。また，ひきこもり状態にある人のメンタルヘルスばかりでなく，その親や兄弟姉妹の心理的または経済的負担の問題が生じることもあり，家族全体の生活に影響を及ぼす可能性があります。本章においては，これらのひきこもり状態に関する一般的な誤解やメンタルヘルスにかかわる特徴，そして心理的支援のあり方などについて焦点を当てます。

I.　ひきこもりに関する一般的な誤解と関連する要因

「ひきこもり」という状態像に対してはさまざまな誤解がある。たとえば，ひきこもりは「児童思春期に一時的にみられる現象であり，とくに支援を必要としない」というものや「ひきこもりは甘えているだけ」というものがあげられる。たしかにそのように見える場合もあるだろうが，6 か月以上のひきこもり状態にある人の多くは 20 代から 30 代以降であることや，ひきこもりが 10 年以上の長期にわたることも少なくないこと（Nonaka et al., 2022），さまざまな精神障害の併存や生活の質の低下などといったメンタルヘルスの問題が生じることが知られている。したがって，ひきこもりは必ずしも児童思春期の一時的な現象ではない。

ひきこもり状態にある人の家庭は「お金持ち」であり，裕福であるからひきこもっていられるという誤解もある。たしかに，ひきこもりは先進国で多く報告されており，最低限の生活の維持が難しい状況ではひきこもる生活は成り立たないことが多いだろう。その一方で，国内においては国民平均よりもひきこもり状態にある人がいる家庭のほうが世帯年収は低い傾向も報告されており（全国引きこもり KHJ 親の会〔家族会連合会〕，2015），ひきこもり状態にある人がいる家庭が「お金持ち」であるというのは誤解と言える。ひきこもりの原因は子ども時代の親の育て方であるという誤解もある。ひきこもり状態にある人の家庭においては家族関係が悪いという報告はあるが，一般家庭と比較して悪いわけではないという報告もあり，ひきこもりと家族関係の関連性は一貫していない（Nonaka et al., 2019）。さらに，これらはひきこもり状態になったあとの調査であり，ひきこもりの原因を直接的に検討したわけではない。日本の成人を対象とした調査においては，子ども時代の親からの育てられ方はひきこもりの有無と関連しなかったことが示されている（Umeda et al., 2012）。これらのことからは 2 つのことが言える。すなわち，ひきこもりと家族関係においては，ひきこもりになる前となったあとで分けて考える必要があるということと，ひ

図 10-1　ひきこもりに関連する個人要因と取り巻く環境の例

きこもり状態にある人の中でも家族関係は大きく異なるということである。

また，「ひきこもり」は不登校やニートと同じような意味合いで用いられることもあるが，それぞれの定義をふまえると異なる側面もある。不登校には，年度間 30 日以上の欠席者のうち「何らかの心理的，情緒的，身体的，あるいは社会的要因・背景により，児童生徒が登校しないあるいはしたくともできない状況にある者」が含まれ（文部科学省初等中等教育局児童生徒課，2022），ニートには「15 〜 34 歳の非労働力人口のうち家事も通学もしていない者」が含まれる（総務省統計局，2023）。ひきこもりは，不登校やニートと社会参加などの点において部分的には重複するものの，他者との交流をしていないという側面や基本的に家庭にとどまり続けているという側面が含まれるという点において異なると言える。

　ひきこもりには，個人内の要因ばかりでなく取り巻く環境の要因も関連することが知られている（図 10-1）。すなわち，個人の特徴だけがひきこもりの生起や維持，回復に関連するわけではなく，周囲の環境の特徴もこれらに関連する。たとえば，個人内要因としては，さまざまな社会的状況や交流を回避しやすい回避的パーソナリティ傾向や，精神的健康の悪化，生活上のストレスを生じさせるストレッサー，ストレッサーへの回避的な対処傾向を示す回避的ストレス対処方略などがあげられる。周囲の環境のうち，家族環境はひきこもりの生起と強く関連する場合もあれば，ほとんど関連しない場合も多い。その一方で，ひきこもり状態にある場合，その人の生活環境の多くは家庭内にあるため，ひきこもり状態にある人の精神的健康や生活の質をまもるためには家族環境の影響性も少なくない。したがって，ひきこもりの生起への影響性と，ひきこも

りからの回復への影響性とは分けて考えるべきである。取り巻く環境において
は，地域の文化や社会経済状況，知り合いや友人などを含めた地域社会での人
間関係もひきこもりに関連するとされている。たとえば，ひきこもりは周囲の
サポート資源の少なさと関連し，対人関係の困難感の多さと関連する。また，
失業率が高いほどひきこもりの生起が多いという報告もある。これらのように，
ひきこもりは個人だけに起因するものではなく，その人を取り巻く生活環境も
関連する現象である。

2.　ひきこもりによる心身の健康と発達段階における特徴

　ひきこもり状態にある人は，社会的機能や生活の質が低いことが知られてい
る。また，うつ病や不安障害，自閉スペクトラム症などの神経発達障害，回避
性パーソナリティ障害などのパーソナリティ障害などをもつ場合も少なくない。
すなわち，多くの場合に精神的健康が低い状態にあると言える。また，長期化
した場合においては栄養障害や発声障害，肥満などの身体疾患を生じる場合も
あり（中垣内他，2010），身体的健康が低下することもある。

　ひきこもりと強く関連する社会的孤立も死亡率の増加や肥満，不安などの精
神的健康の悪化，ウェルビーイングの低下を含めた心身の健康に影響すること
が示されている。また，成人期以降の社会的孤立は，労働市場での不利や失業
とも関連する。このような社会的孤立の傾向には年齢による影響も指摘されて
おり，青年期から老年期まで年齢が高まるにつれて社会的孤立は悪化する
（Umberson et al., 2022）。その一方で，社会的孤立のリスクとなる要因を乳幼児
期から高齢期の発達段階ごとに整理すると，特定の発達段階にのみリスクがあ
るわけではなく，さまざまな発達段階において共通する，あるいは特有のリス
ク要因が存在することがわかる（図 10-2：Durcan & Bell, 2015）。たとえば，乳
幼児期においては親が孤立していることが子どもにとっても社会的孤立のリス
クを高める。児童期以降においては，たとえば学校嫌いや性的マイノリティな
どの個人内要因も社会的孤立のリスクと関連するが，生活困窮や虐待などの逆

図 10-2　各発達段階における社会的孤立のリスクとなるもの（Durcan & Bell, 2015 をもとに作成）

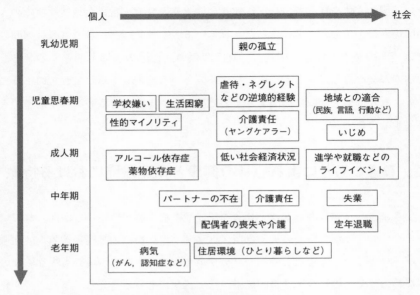

注：各リスクの位置は目安であり発達段階などで重複する

境的経験，および介護責任などの家庭に関する要因や，外見や言語，行動を含めた仲間集団との一致傾向やいじめなどの地域社会との関係に関する要因といった，個人を取り巻く周囲の環境やライフイベントによるものも社会的孤立のリスクと関連する。さらに，より早期の発達段階における社会的孤立は，のちの発達段階における社会的孤立を生じやすくすることから，社会的孤立に対する早期の支援や未然防止も重要であると考えられる。

　また，社会的孤立には男女差があり，女性よりも男性のほうが多く孤立していることが知られている。ただし，パートナーがいる場合には60代以降に男女差がみられなくなることも報告されており，この変化はパートナーのいる女性は年齢とともに配偶者や家族の介護の役割を果たすことが多くなるためであると指摘されている（Umberson et al., 2022）。さらにこの研究では，未婚の場合は，パートナーがいる人や過去にパートナーがいた人に比べて，中年期以降

にかなり孤立していることも報告されている。

　以上のように，ひきこもりや孤立は生涯を通じて心身の健康やウェルビーイングと関連することに加えて，世代間において伝達する傾向もみられることがわかる。

3.　家族の精神的健康

　ひきこもりは個人の健康だけでなく，家族のメンタルヘルスにも影響を及ぼすことが少なくない。たとえば，ひきこもり状態にある子どもをもつ親は，高い心理的ストレスを示すことが多い傾向にある（植田他，2004）。このような心理的負担感は，仕事や学校などの社会参加をしなければならないという思いが強かったり，ひきこもり状態にある子どもにおいて攻撃的行動や活動性の低下，昼夜逆転などの問題行動が多くみられたりすると，より高くなる傾向にある。家族は，ひきこもり状態にある子どもの心身の健康を不安に感じたり，先の見えない現状に対して不安を感じたりすることも少なくない。この傾向は，80代の親が50代のひきこもっている子どもの生活を支える「8050問題」のような高年齢化した場合において，とくに顕著にみられるかもしれない。加えて，本人や家族が医療機関や支援機関を利用していない場合においても，家族の心理的負担感は強い傾向にある。親ばかりでなく，兄弟姉妹も自身のライフイベントなどをきっかけにして困難な状況に置かれることがある。たとえば，兄弟姉妹自身が結婚をする際に，ひきこもり状態にある兄弟姉妹がいることが相手方に負担になるのではないかという心配が生じたり，親の高齢化に伴って親亡きあとに，誰がどのようにひきこもり状態にある兄弟姉妹の生活を支えるのかという生活上の悩みが生じることもある。

　子どもがひきこもっていることに対する「恥」や周囲からのプレッシャーや，「自分の育て方が悪かったせいだ」と家族自身が思っていたり，そのように周囲に思われているのではないかと思っていたりすることもあるため，ひきこもり状態にある人だけでなく親も周囲を避けて孤立しやすい状況にあると言える。

家族全体が孤立してしまうと，本人や家族の健康を維持したり改善したりすることに対してサポートを得ることが難しくなるばかりでなく，深刻な生活困窮の状態や家庭内暴力の状態が生じていたとしても周囲から気づかれづらくなってしまう。したがって，家族への心理的支援を行う場合，とくに初期段階においては，これらの構造や家族の心情をふまえたアプローチが必要になる。

4. 精神的健康をまもるための心理的支援

　ひきこもり状態にある人やその家族には精神的健康状態の問題を抱える人もいる。ひきこもり状態にある人の中には，なんらかの精神障害をもつ場合も少なくないため，個々の状態や特性を見立て，それに応じた支援を行う必要がある。ひきこもり状態にある人の活動性が家庭内外において低い場合，とくに初期にはつらい出来事が少なく楽しい出来事が多いような生活環境を目指すことが多い。つらい出来事はネガティブな感情を喚起させ，楽しい出来事はポジティブな感情を喚起させる。また，ネガティブな感情は活動性の低下と関連しやすく，逆にポジティブな感情は活動性の向上と関連しやすい。したがって，基本的にはポジティブな感情が生起するような楽しい出来事または安心できる状況を経験できるようにアプローチされることが多い。活動性は，ひきこもり状態にある人の「行動」をアセスメントすることによって見立てることができる。たとえば，ひきこもり状態にある人が家でよくしている行動には，「インターネットをする」や「テレビを見る」，「ゲームをする」などがあげられているが（図10-3，図10-4），それ以外にも家族や他者とかかわる行動，楽しめる行動や達成感の得られる行動，社会参加にかかわる行動など，日常生活においてどのような行動が生起しているのか，加えて個人内でどのように変化しているのかをアセスメントすることが有用である。

　ひきこもりがどのように維持しているのかをアセスメントし，それに応じたアプローチを行うことも重要である。注意すべきことのひとつに，ひきこもりのきっかけ（生起要因）とひきこもりが維持する理由（維持要因）は分けて整

図 10-3　家でよくしていること（15 〜 39 歳）（複数回答）
〔内閣府政策統括官（政策調整担当），2023 をもとに作成〕

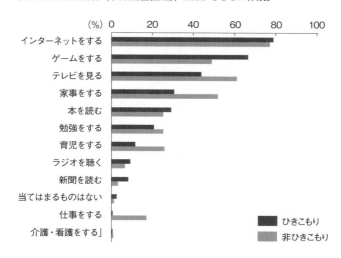

図 10-4　家でよくしていること（40 〜 64 歳）（複数回答）
〔内閣府政策統括官（政策調整担当），2023 をもとに作成〕

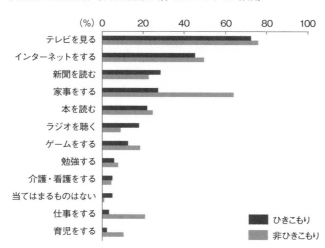

図 10-5　ひきこもりのもっとも大きな理由〔内閣府政策統括官（政策調整担当），2023 をもとに作成〕

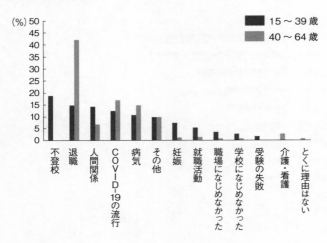

理することが必要であるという点があげられる。ひきこもりのもっとも大きな理由として，若年層においては不登校，中高年層においては退職が多くあげられている（図 10-5）。しかしながら，ひきこもりになった理由とひきこもりが現在維持している理由は必ずしも一致せず，たとえば「安心している」，「気が楽になった」，「満足した生活をおくっている」などの安心に関するものは，生起理由にはみられない一方で維持理由にはみられることが示されている（Nonaka & Sakai, 2023）。したがって，ひきこもり状態にある人への心理的支援においても，このような維持要因の個人差に応じたアプローチが求められる。

　また，ひきこもりに関する相談のうち，本人からの相談は約 7％にすぎず，多くは家族による相談からはじまる（伊藤，2003）。したがって，とくに初期段階においては本人への直接的支援というよりも家族を対象とした支援が求められることが多い。ひきこもり状態の背景を理解し，個人差に応じたかかわり方を獲得する際に役立つ家族支援アプローチのひとつにコミュニティ強化と家族支　援（Community Reinforcement and Family Training：CRAFT，Smith & Meyers, 2007）がある。また，これをもとにしてひきこもり状態に合わせた

ワークブックも作成されている（境，2021）。CRAFT は，認知行動療法の技法を応用したアプローチであり，「問題行動の理解」，「暴力的行動の予防」，「家族自身の生活を豊かにする」，「安心できる関係づくり」，「ポジティブなコミュニケーションスキルの獲得」，「上手にほめて望ましい行動を増やす」，「先回りをやめ，しっかりと向き合って望ましくない行動を減らす」，「相談機関の利用を上手に勧める」といった内容から構成される。

　以上のように，「ひきこもり」といっても，併存する精神障害やそれまでの経験，取り巻く環境など多様であるため，それらの状態や特性，状況などをアセスメントし，それに応じたアプローチを行うことが必要とされる。

▶引用文献

Durcan, D., & Bell, R. (2015). *Local action on health inequalities: reducing social isolation across the lifecourse.* Public Health England, London.

伊藤順一郎（2003）．10 代・20 代を中心とした「ひきこもり」をめぐる地域精神保健活動のガイドライン――精神保健福祉センター・保健所・市町村でどのように対応するか・援助するか　こころの健康科学研究事業「地域精神保健活動における介入のあり方に関する研究」　https://www.mhlw.go.jp/topics/2003/07/tp0728-1.html（2023 年 10 月 14 日アクセス）

文部科学省初等中等教育局児童生徒課（2022）．令和 3 年度 児童生徒の問題行動・不登校等生徒指導上の諸課題に関する調査結果について　https://www.mext.go.jp/content/20221021-mxt_jidou02-100002753_1.pdf（2023 年 10 月 14 日アクセス）

内閣府政策統括官（政策調整担当）（2023）．こども・若者の意識と生活に関する調査報告書　https://www8.cao.go.jp/youth/kenkyu/ishiki/r04/pdf-index.html（2023 年 10 月 14 日アクセス）

中垣内正和・小松志保子・猪爪和枝・後藤公美子（2010）．長期ひきこもりにおける心身機能の変化について　アディクションと家族，*26*(3)，207-216.

Nonaka, S., & Sakai, M. (2023). Comparing perceived reasons for initiating and maintaining hikikomori (prolonged social withdrawal): Quantitative text analysis. *International Journal of Mental Health*, 1-12. https://doi.org/10.1080/00207411.2023.2234802

Nonaka, S., Shimada, H., & Sakai, M. (2019). Characteristics of family interaction of individuals with *hikikomori* (prolonged social withdrawal) from the viewpoint of behavior theory. *Japanese Psychological Research, 61*(3), 153-165. https://doi. org/10.1111/jpr.12219

Nonaka, S., Takeda, T., & Sakai, M. (2022). Who are hikikomori? Demographic and clinical features of hikikomori (prolonged social withdrawal): A systematic review. *Australian & New Zealand Journal of Psychiatry, 56*(12), 1542-1554.

齊藤万比古 (2010). ひきこもりの評価・支援に関するガイドライン　厚生労働科学研究費補助金こころの健康科学研究事業「思春期のひきこもりをもたらす精神科疾患の実態把握と精神医学的治療・援助システムの構築に関する研究」　https:// www.mhlw.go.jp/file/06-Seisakujouhou-12000000-Shakaiengokyoku-Shakai/0000147789.pdf (2023 年 10 月 14 日アクセス)

境　泉洋 (編)　野中俊介・山本　彩・平生尚之 (2021). CRAFT ひきこもりの家族支援ワークブック [改訂第二版] ──共に生きるために家族ができること　金剛出版

Smith, J. E., & Meyers, R. J. (2007). *Motivating substance abusers to enter treatment: Working with family members*. Guilford Press.

総務省統計局 (2023). 令和 4 年労働力調査年報　https://www.stat.go.jp/data/ roudou/report/2022/index.html (2023 年 10 月 14 日アクセス)

植田健太・境　泉洋・佐藤　寛・石川信一・中村　光・山崎久美子・嶋田洋徳・坂野雄二 (2004). ひきこもり状態にある人を持つ親のストレス反応　早稲田大学臨床心理学研究, *3*, 93-100.

Umberson, D., Lin, Z., & Cha, H. (2022). Gender and social isolation across the life course. *Journal of Health and Social Behavior, 63*(3), 319-335.

Umeda, M., Kawakami, N., & World Mental Health Japan Survey Group 2002–2006. (2012). Association of childhood family environments with the risk of social withdrawal ('hikikomori') in the community population in Japan. *Psychiatry and Clinical Neurosciences, 66*(2), 121-129. https://doi.org/10.1111/j.1440-1819.2011.02292.x

全国引きこもり KHJ 親の会 (家族会連合会) (2015). ひきこもりの実態およびピアサポーター養成・派遣に関するアンケート調査報告書　https://www.khj-h.com/ wp/wp-content/uploads/2018/05/14houkokusho.pdf (2023 年 10 月 14 日アクセス)

コラム 10-❶　海外のひきこもり

野中俊介

　「ひきこもり」は，日本において社会的な注目を集めて以降，日本などの文化に特有の現象であるとみなされてきた。その一方で，COVID-19 パンデミックに伴う自粛生活の普及や社会的孤立の問題などによって，中国や韓国などの東アジアだけでなく，フランスやイタリアなどのヨーロッパなどにおいても，深刻な孤立を示す状態として「Hikikomori」は注目を集めつつある現状にある（American Psychiatric Association, 2022）。ただし，日本以外のそれぞれの国において，実際にひきこもり状態にある人がどのくらい存在するのかを調べた質の高い疫学研究はほとんど行われていない。

　その一方で，近年，日本と海外のひきこもりを比較した研究は報告されはじめている。たとえば，ひきこもりは，日本においては精神障害の可能性のあるものとみなされている一方で，韓国や香港においてはインターネットやゲーム依存がある若者，シンガポールにおいては不登校や学業不振，仲間との適応問題をもつ若者とみなされているなど，東アジアの中でも意味合いが異なることが指摘されている（Wong et al., 2019）。また，日本とフランスのひきこもりを比較すると，ひきこもりの行動的特徴は類似していた一方で，フランスにおいては親子間または地域社会とのコミュニケーション不足が重症度に影響し，日本においては両親間のコミュニケーション不足が重症度に影響するというように，ひきこもり重症度に影響する要因が異なることも報告されている（Hamasaki et al., 2022）。しかしながら，ひきこもり状態の維持や回復に影響する要因や，効果的な心理的支援，それらの文化差など，ひきこもる子ども・若者やその家族をまもるための支援方略は必ずしも明らかにされていない。

▶引用文献

American Psychiatric Association（2022）. *Diagnostic and statistical manual of mental disorders, text revision DSM-5-TR*. American Psychiatric Association Publishing Inc

Hamasaki, Y., Pionnié-Dax, N., Dorard, G., Tajan, N., & Hikida, T.（2022）. Preliminary study of the social withdrawal（hikikomori）spectrum in French adolescents: focusing on the differences in pathology and related factors compared with Japanese adolescents. *BMC Psychiatry, 22*(1), 477. https://doi.org/10.1186/s12888-022-04116-6

Wong, J. C. M., Wan, M. J. S., Kroneman, L., Kato, T. A., Lo, T. W., Wong, P. W. C., & Chan, G. H.（2019）. Hikikomori phenomenon in East Asia: regional perspectives, challenges, and opportunities for social health agencies. *Frontiers in Psychiatry, 10*, 512. https://doi.org/10.3389/fpsyt.2019.00512

コラム 10-❷　通信制高校で学ぶ
──居場所づくりと学びなおしに取り組む学校

石倉　篤

　近年，子どもの数が減る一方で，通信制高等学校が増加している。その理由として，不登校経験のある生徒にとって通信制高校が「居場所づくり」と「学びなおし」の場となっていることがある。そうした学校では生徒に単位を修得させ卒業させるために，従来どおりの自学自習中心の学習支援だけでなく，生徒の学校への適応度を増やすため，生徒の変化・成長へのサポートを充実させてきた。そこでは，生徒個々の安心を生む要素と，精神・心理面，発達面，身体面へのサポートが求められている。

　そうした学校を対象とした調査（石倉，2022）では次のことが明らかになった。第 1 に，入学前からこれまでの暮らしをリセットして高校生活を送ろうという生徒の思いと，信頼する人から紹介された学校だから

大丈夫だろうという安心感があり，入学前からその高校に合っていると
いうマッチングがなされている。第2に，教室の生徒数や静かさや学習
量などにおいて負荷がかかりすぎないよう配慮されていて，生徒自身が
頑張ったぶん，期待する成績をとることができ，小学校・中学校の学び
なおしができるため高校のスクーリングについていける，というように
入学後の可能な範囲の頑張りで学習が進むようになっている。第3に，
勉強以外の場で人間関係を学んだり，友だちづくりのきっかけをもらえ
たりする場があり，無理のない範囲で友だちづくりが進んでいる。こう
した関係では自分の気持ち・感情を伝え合うことができるようになり，
学校で明るくふるまえることで楽になることがある。第4に，教員から，
関係づくりや学習といった学校生活全般のフォローを受けるなど十分な
サポートを受けている。こうした手厚いサポートがこれまでの通信制高
等学校の実践にあるようだ。

　石倉（2022）は，この調査から，通信制高校とは別にされてきたサ
ポート校の要素を通信制高校に盛り込むことで，多様な背景をもつ生徒
をサポートすることができ，多くの生徒に高校卒業資格を取得させるこ
とで，次の進路へと後押ししていると述べている。近年，多様な通信制
高等学校のあり方がみられるが，各学校とその生徒の相性がなによりも
大切である。

▶引用文献

石倉　篤（2022）．不登校経験者が通う通信制高等学校における通学の継続
　　に関する一考察　関西大学心理臨床センター紀要，*13*, 1-11.

第 **11** 章

●大村美菜子

子どもの性自認

　「性自認」とは，「自分の性別をどのように認識しているか」であり，英語では "gender identity" という概念にあたります。「性自認」は性的マイノリティ（性的少数者，あるいはセクシュアル・マイノリティ）に限らず誰もがもつものです。出生時の性別と性自認が一致している場合はシスジェンダー（Cisgender），出生時の性別と性自認が一致していない場合はトランスジェンダー（Transgender）という名称が用いられます。トランスジェンダーを含む性的少数者は約 11 人に 1 人（パレットーク，2021）と言われています。本章では，子どもの性自認に伴う発達的変化やメンタルヘルスに対する大人や社会の役割について解説していきます。

I. 子どもの性自認に伴う発達的変化とメンタルヘルス

1）性的マイノリティと発達的変化

　性的マイノリティではトランスジェンダーのほかに，レズビアン（Lesbian）：女性同性愛者，ゲイ（Gay）：男性同性愛者，バイセクシュアル（Bisexual）：両性愛者，クエスチョニング（Questioning）：性的指向や性自認がはっきりしていない，定まっていない，どちらかに決めたくないなど，特定の状況に当てはまらない，などの名称が用いられている。「性自認」は出生時の性別と性自認が一致しているかどうかという概念であるが，「性的指向」は恋

表 11-1　用語解説（パレットーク，2021 をもとに作成）

セクシュアリティ	・誰を好きになるか ・自分の性をどう感じているか
性自認	自分の性別をどのように認識しているか
性的指向	恋愛や性的な関心がどの性別に向くか
SOGI	性的指向（Sexual Orientation）と性自認（Gender Identity）の頭文字から構成された言葉
レズビアン（Lesbian）	女性として女性に対して恋愛感情をもつ
ゲイ（Gay）	男性として男性に対して恋愛感情をもつ
バイセクシュアル（Bisexual）	女性に対しても男性に対しても恋愛感情をもつ
トランスジェンダー（Transgender）	出生時に割りあてられた性別とは異なる性自認をもつ
シスジェンダー（Cisgender）	出生時に割りあてられた性別と性自認が一致している
ヘテロセクシャル（Heterosexual）	異性に対して恋愛感情をもつ
A セクシュアル（A sexual）	性的欲求や恋愛感情などをもたない
X ジェンダー（X gender）	性自認が必ずしも男性／女性に分類されない
パンセクシュアル（Pansexual）	全性愛。誰かのことを好きになるときに，相手の性別を問わない
ノンバイナリー（Nonbinary）	男性／女性のどちらにも分類されない性自認のあり方
クエスチョニング（Questioning）	セクシュアリティが定まっていない
クイアー（Queer）	性的マイノリティを包括する言葉
アウティング（Outing）	本人の性のあり方を同意なく第三者に暴露すること

愛や性的な関心がどの性別に向くか，向かないかを表す概念である（**表 11-1**）。
「性自認」も「性的指向」も基本的には外から見えにくく，周囲が出生時の性別で物事を判断してしまうことは本人を傷つける要因となる。ただ，出生時の性別と性自認が一致していない「性自認」の場合は本人の日常でのふるまいや表現につながることも多いため，外からわかりやすい側面もある（松岡，2021）。

　性自認はどのようなタイミングで，いかにして受け入れられ，固定化していくのであろうか。心理学では性自認について多くの研究および理論が蓄積されてきている。具体的には，①発達同一視理論，②社会的学習理論，③認知発達理論，④ジェンダー・スキーマ理論，⑤ジェンダー発達理論，⑥言語的認知説によって説明されてきた（大滝，2006a）。木村（1999）によれば，幼児教育段階ではカテゴライズによる性別分離の基礎が築かれ，小学校では幼児教育段階

の性別カテゴリーを引き継ぎ，中学校に進学する段階で性別の差異を強調する文化が展開しはじめ，高校段階ではそのプロセスが学校・学科選択によって本格的に展開するという。かつては幼稚園入園前にあらゆる集団に接することにより性自認に至った側面があったが，少子化により現代の幼児の「性自認」に対して幼稚園が果たしている役割は大きいことも指摘されている。大滝（2006a）は，そのような観点から集団における幼児の性自認メカニズムに関して研究を行い，幼児の性自認は幼稚園における集団の影響を受けてなされるものであることや，幼児はクラス内集団の影響を受けたことで年齢とは独立した発達を遂げていることを明らかにしている。また幼児の性自認時期と対人スタンスに関する研究（大滝，2006b）では，集団で遊ぶ傾向かつ保育者とのコミュニケーションがある子が，そうでない子と比較して性自認のタイミングが早いことが明らかにされている。これらのことから性自認は幼児期という比較的早い時期に行われていることがわかる。ただしこれは生まれた性と一致している場合であろう。一致していない場合は自分が何者であるのかわからないという感覚に陥ることが考えられる。自分の性別を自覚するのに長い時間がかかったと感じている性的マイノリティは多い。時間がかかればかかるほど必然的に苦しむ時間は長くなる。その際，後述するような周りの対応が時間を短くする手助けになるであろう。

2）メンタルヘルス

　10 代の性的マイノリティの約半数がいじめ被害を経験しており，7 割以上が差別的発言に触れていることが明らかになっているという（Magazine for LGBTQ+Ally, 2017）。LGBT 当事者の約 6 割が学校生活におけるいじめ被害を経験していることも報告されている（朝日新聞デジタル，2023）。また，若者の自殺のうち性的マイノリティが占める割合は少なくない。中塚（2017）は，トランスジェンダーの自殺念慮，自傷行為や自殺未遂，不登校が高率であることを指摘している。アメリカのウィリアムズ研究所（Williams Institute UCLA, 2019）の調査では，トランスジェンダーの人はシスジェンダーと比較して，過

去1年間に自殺念慮を抱く率が約12倍であり，自殺未遂をする率は約18倍であったという。また，多くのトランスジェンダーの学生は，大学で差別やハラスメントを経験していることも報告されている。大学時代にトランスジェンダーであることをカミングアウトした，またはトランスジェンダーであると認識されていた回答者の24％が，当時言葉による嫌がらせ，身体的ハラスメント，性的嫌がらせを受けたと回答しており，そのうち16％はトランスジェンダーであることを回答したという（Williams Institute UCLA, 2018a）。トランスジェンダーの人たちがさらされている心理的苦痛やメンタルヘルスの問題はシスジェンダーの人たちよりもはるかに高い。これらは，性的マイノリティが周囲に相談しづらいがゆえに，サポートが得られにくく，メンタルヘルスが悪化していくと考えられる。中塚（2017）は，性別違和感をもつ子どもは周囲の無理解や教員の言動などが原因となり，自身の悩みを隠そうとすることや，当事者の6割が自身の悩みについて子どものころに相談しなかったことを後悔していると報告している。生きづらさは命にかかわる問題であり，性的マイノリティが安心して相談できるシステムづくりが早急に必要である。

2．性的マイノリティの子どもを"まもる"ための周囲や社会の役割

1）周囲の役割

　性的マイノリティの子どもをまもるためには，周囲の対応は重要な役割を果たす。身近な存在として親，学校，友人の3点から述べていく。

● 親

　性的マイノリティである子どもの身近な大人としてまずあげられるのは，親であろう。子どもからカミングアウトされた際，受け入れるのに時間がかかる，あるいはまったく受け入れられないという人も一定数いると思われる。「育て方が悪かったのではないか」と自分を責めたり，「病気ではないか」，「治るのか」と心配する人もいる。性的マイノリティは，育て方にも起因しないし，病

気でもないので治るものでもない。打ち明けた子ども自身，受け入れてもらえないのではないかという恐怖と不安を抱えながらカミングアウトしている。子どもがカミングアウトに至った背景を理解し，困っていることや望んでいることを把握し，子どもの未来のために，本人を支えていくことが必要である。また，身近な大人である親が，世の中には多くのセクシュアリティがあることを家庭内で教育することは，性自認や性的指向についての悩みを子どもが打ち明ける手助けになる。一方で異性愛を前提として接していれば，その機会は奪われてしまう。

● 学校

　性的マイノリティにとって学校の役割は大きい。先述したように性的マイノリティが 11 人に 1 人の割合だとすると，1 クラスの中で 2 ～ 4 人はいる計算になる。近年は多様性が学校教育においても重要視されるようになってきているため，以前に比べれば性的マイノリティへの偏見も減ってきてはいるであろう。しかし，須長他（2019）の性的マイノリティに対する大学生の意識と態度を調査した研究では，「知人が同性愛者だったらどう思うか」や「知人が性同一性障害の人だったらどう思うか」に対して 1 割が「嫌だ」と回答しており，いまだ偏見があることがうかがえる。哲学者のウンベルト・エーコは，著書の中で「偏見は生まれつきのものであり，それは唯一教育でしか変えられない」（エーコ　和田訳，2018）と述べている。そういった意味でも，やはり学校教育がこの問題において重要な役割を果たすと言える。

　文部科学省（2016）は「性同一性障害や性的指向・性自認に係る，児童生徒に対するきめ細かな対応等の実施について（教職員向け）」通知しており，性的マイノリティの児童生徒に対する学校の支援・配慮を推進している。その中で，教職員は個別の事案に応じ，児童生徒の心情などに配慮した対応を行うことが求められ，偏見などをなくし理解を深めることが必要であるとされている。しかし勝田・庄司（2021）の性的指向・性自認に違和感をもつ児童生徒に対する教員の意識についての調査では，当事者が相談してきた場合，あるいは性的マイノリティについての情報共有が出た場合にのみ，教員や学校は支援を考えて

対応していくという消極的な対応にとどまっていることが明らかになった。また同調査では，性的マイノリティが求める「児童生徒のプライバシーを守る」という点に関する意識が薄いことも明らかになっており，性的マイノリティの子どものほとんどが理解してもらえないことへの懸念から相談できずにいることにつながっているという。すなわち，当事者本人からアクションを起こさない限り見つけてもらえない現状の中では，相談することは避ける傾向にあり，支援へたどり着かないと言えるだろう。

　また教員自身の知識不足も指摘されている。性的マイノリティの児童生徒に対する小学校・中学校・高等学校の支援・配慮状況を調査した研究（本多，2022）では，性的マイノリティに関する情報の教職員への周知や教職員向け研修会の実施，教職員向け手引きを作成している学校が少ないことが指摘されている。性的マイノリティの児童生徒に関する知識が不足した状態で，児童生徒の対応や情報共有を行う可能性もあり，非常に危険である。また同調査において，学校がスクールカウンセラーの貢献を期待していることも明らかになっている。性的マイノリティの児童生徒が心理的苦痛やメンタルヘルスの問題を抱えていることから，心理支援は不可欠であろう。そのためには臨床心理士や公認心理師自身も性的マイノリティに関する知識を身につけておくことは必須である。

● 友人

　子どもにとって友人はとても重要なものである。カミングアウトをした際に，友人からどのような印象をもたれるかは，当事者にとって，とても神経を使うところであろう。カミングアウトするかしないかは本人の判断になるが，親密な友人関係の場合，自分の性自認を話しておきたくなることは自然の流れである。では，カミングアウトされた友人はなにが求められるであろうか。ここで触れずにはいられないのは「アウティング」である。アウティングとは，松岡（2021）によれば，「本人の性のあり方を同意なく第三者に暴露すること」であり，ここでの「性のあり方」とは，主に性的マイノリティ当事者の性的指向や性自認などを指す。アウティングは一橋大学のアウティング事件をきっかけに一般的に知られるようになったが，まだまだ認知度は低いという。一橋大学の

アウティング事件とは，2015年に一橋大学大学院のロースクールに通っていた学生がゲイであることを，同級生が本人の同意なくクラスメイト9名にSNSで伝えたことにより，当事者である学生が校舎から転落死したという痛ましい事件である。

　2019年の厚生労働省委託の性的マイノリティに関する職場実態調査（厚生労働省，2019）によると，性的マイノリティの知人がいないというシスジェンダー・異性愛者のうち，「アウティング」という言葉も意味も知っているという人はたった6.7％であり，当事者が身近にいるかいないかで，2倍近く認識率が異なったという。また同調査によると，職場で誰かひとりにでもカミングアウトしているという性的マイノリティの割合は，レズビアンが8.6％，ゲイが5.9％，バイセクシャルが7.3％，トランスジェンダーが15.8％だったという。つまり，9割の当事者がカミングアウトをしておらず，このような現状であるからこそ，本人の同意なしに伝えるアウティングが問題になる（松岡，2021）。先述したようにカミングアウトすることは当事者にとって非常に神経を費やし心理的負担が大きいことであるにもかかわらず，自分の知らないところで第三者に伝えられることは苦痛でしかない。

　一方で，言葉自体は知らなくても，カミングアウトを受けたときに勝手に暴露してはいけないということは，多くの人が認識を共有している。同調査では「職場で『性的マイノリティである』と伝えられたとき，その事実や内容を第三者に伝えることについてどのように考えるか」という質問に対し，性的マイノリティもそうでない人も，いずれも8〜9割が「第三者には伝えるべきでない」，「本人からの明示的な許可がない限り第三者に伝えてはいけない」と答えているという。カミングアウトされた際，最初から動揺せずうまく対処できるとは限らず，それは当然のことでもあり，誠実に相手のことを考えて対応していくことが大切である。そうしていれば，いずれ自然と受け止められるようになるだろう。とはいえ，相談されたことをひとりで抱えるのは難しい場合もある。その場合は，専門家であるカウンセラーに相談するのもひとつの手である。守秘義務のある公認心理師や臨床心理士への相談であれば，勝手にアウティン

グすることには当たらない。

　ちなみにアウティングは友人に限らず，家族や学校，職場などカミングアウトされた人全員に当てはまることである。親子関係においても，片方の親のみに打ち明けられた場合に，もう片方の親に本人の許可なく伝えてしまったアウティングの例もある。性的マイノリティに限らず，本人の同意なしに個人的な情報を第三者に伝えないことは大切であり，アウティングという言葉も含め，このような認識が広まることは非常に重要なことである。

2）社会の役割

　性的マイノリティの子どもにとって社会の対応は重要な役割を果たす。社会の役割として，法律，ジェンダーに関する差別発言，新しい家族の形，の3点から述べていく。

● 性的マイノリティに関する法律

　LGBT理解増進法（LGBT法）とは，LGBTとよばれる性的少数者の人たちへの理解を増進することを目的とした法律のことである。もともと2021年5月に，自民党「性的指向・性自認に関する特命委員会」が提案した「LGBT理解増進法案」について，与野党の実務者で合意し国会に提出される予定だった。しかし，法案の基本理念や目的に掲げられた「差別は許されない」という言葉に対し，一部の自民党議員が強硬に反発し，法案提出は見送りとなった。その後も自民党内，そして国会での争点のひとつとなっていたが，2023年6月16日に「性的指向及びジェンダーアイデンティティの多様性に関する国民の理解の増進に関する法律」（LGBT理解増進法）として成立した。性的マイノリティを守る法律ができただけでよいという人もいるが，この法律の問題点はいくつかある。たとえば，「全ての国民が安心して生活することができることとなるよう，留意するものとする」という条文である。この規定があることによって少数派が多数派に配慮するという状況になりかねない。また，学校での教育・啓発は「家庭及び地域住民その他の関係者の協力を得つつ」行うとする条文も問題点が指摘されている。近年，学校が学校内にとどまらず地域と連携

表 11-2　戸籍の性別変更についてのハードル（パレットーク，2021 を改変）

要件	内容	詳細
①年齢要件	20 歳以上であること	成年年齢の引き下げに伴い，2022 年 4 月 1 日から 18 歳以上に変更。
②非婚要件	現に結婚していないこと	夫婦の一方が戸籍上の性別を変更することで「同性婚状態」になるのを防ぐため。
③子なし要件	現に未成年の子どもがいないこと	「親が性別を変更するのは子どもの福祉に悪影響」という考えからつくられた。日本にしかない。
④手術要件 （生殖不能要件）	生殖腺がないこと	性別適合手術のこと。これにより将来子どもをもちたくてもあきらめざるをえない。手術は身体的・経済的負担が大きく世界中で「人権侵害」と問題になっている。
⑤外観要件	ほかの性別の性器の部分に近似する外観を備えていること	「見た目と性自認は一致しているべき」というシスジェンダー中心主義が根底にある。

していくことが重要視されており，筆者も同感ではあるが，ここでも学校が多数派に配慮しなければならないような状況になりかねないことが懸念される。これらの点は，今まで差別されてきた少数派の人たちがさらに萎縮する形になりかねない。

　また，現在の日本では 2003 年に成立した「性同一性障害特例法」という法律によって，トランスジェンダーの人が戸籍上の性別を変更することができる。先述のトランスジェンダーの自殺念慮，自傷行為や自殺未遂，不登校が高率である背景のひとつに，制服の強制が指摘されている（中塚，2017）。国際 NGO である Human Rights Watch（2016）は日本の学校における LGBT の状況について調査を行い，「性同一性障害等を理由としている可能性を考慮し」生徒の服装や髪型などを認めるよう助言しているが，ブラック校則がいまだに話題になるなど，学校としての対応は不十分である。前出の文部科学省の通知は，この性同一性障害者特例法に依拠している。性同一性障害者特例法の差別的な視点はたびたび問題視されているにもかかわらず，日本でトランスジェンダーの性別変更（法律上の性別認定）を定めているのはこの法律のみである。性別変更のためにはいくつもの条件（表 11-2）があり，それぞれに大きな問題があ

ることが批判されている。

● ジェンダーに関する差別発言

　性的マイノリティにかかわらずジェンダーに関する差別発言は日常に溢れている。たとえば，「男の子だから泣いてはダメ」や「女の人は結婚して幸せになるもの」など男らしさ，女らしさを押しつけるような発言である。「ホモソーシャル」という概念がある。「ホモソーシャル」とは，男性中心社会における男同士のルールや内輪的な雰囲気などを言及する際に用いられる言葉である。ホモは同性という意味なので女性同士に使うこともあるが，一般的に男性同士に用いられることが多い。『現代社会学事典』（弘文堂）では，ホモソーシャリティを「ホモフォビア（同性愛嫌悪）」と「ミソジニー（女性嫌悪）」を内包した「異性愛である男性の連帯」と説明している（伊野，2012）。ホモフォビアは同性愛を嫌悪することであり，ミソジニーは女性や女性らしいものを軽視・嫌悪することである。ホモソーシャルでは「男性はこうふるまうべき」という行動の規範があり，たとえば「男らしくあること」や「裸のつき合い」などが求められ，逆に「女性らしさ」や「なよなよしている」，「化粧が好き」，「甘いものが好き」などは排除される。こうした規範は男性の生きづらさを生むばかりか，女性や性的マイノリティを苦しめることにもつながりかねない。

　なお，ホモという言葉は「同性」という意味である一方で，同性愛に対して「ホモ」や「レズ」といった形で差別的に使用されてきた歴史があるため，使用の際は注意が必要である。なお，現在は男性同士の同性愛に対しては「ゲイ」，女性同士の同性愛に対しては「レズビアン」という言葉を使用するのが一般的である。

● 新しい家族の形

　性的マイノリティの人びとがパートナーを見つけた場合，家族の形成は可能であろうか。ウィリアムズ研究所（Williams Institute UCLA, 2018b）の調査では，アメリカ在住の70万500組の同性カップルのうち，11万4,000組が子育てをしているという。子どもを授かる方法は，養子縁組や精子提供，代理母出産などさまざまである。一方で，日本においては「LGBTの子育て」につい

て調べようにも情報が不足している（杉山他，2021）。とはいえ，2019年にトランスジェンダーの男性と女性パートナーのカップルが，友人から精子提供を受けて3人で子育てをしている記事（BuzzFeed Japan, 2019）が話題になった。上記のカップルのみならず日本にはすでに子育てをしている性的マイノリティ当事者たちがかなりの数存在している。ただ女性同士のカップルの場合などは，どちらかが精子提供を受けて出産し，ふたりで育てることが可能である一方で，男性カップルの場合にはどちらかが精子提供し女性に産んでもらう「代理母出産」で子どもをもうける形になり，今の日本では難しい。そもそも日本では，日本産科婦人科学会により代理母出産が禁止されており，原則できない。また養子縁組のあっせん団体も増えてきてはいるものの，利用するにあたっての金銭面や条件も厳しく，最終的に利用できる人は限られる。そういった意味でも法律や制度を変えていくことは必要不可欠である。新しい家族の形を積極的に見せていくことは，性的マイノリティの子どもたちの希望になる。

　人は発達していく過程の中で，さまざまな困難にぶつかるであろうし，自分とはなにかについて混乱することは誰しも訪れる。その中で，出生時の性別と性自認が一致していない場合や，性的指向が異性愛ではない場合，さらなる混乱に陥ると思われる。その混乱を落ち着かせるカギとなるのは，周囲がマイノリティにいかに寄り添っていくかである。社会全体として寄り添っていくことは重要課題であるにもかかわらず，現在は異性愛を前提とした社会の無理解が法律の変更を遅らせており，性的マイノリティの人たちを苦しめている現状がある。また同時に，一人ひとりが知識を身につけていくことも必要である。子どもたちのためにも性的マイノリティを取り巻く環境がこれから少しずつ変わっていくことは必要不可欠となる。心理学においても，どのように「性」を取り扱い，社会に伝えていくかもこれからの課題と考える。

▶引用文献

朝日新聞デジタル（2023）．性的少数者，6割が学校でいじめ経験　LGBT法には差別助長の懸念　https://www.asahi.com/articles/ASR7F5WNVR7DUPQJ003.html（2023年9月12日アクセス）

BuzzFeed Japan（2019）．ゲイとトランスジェンダーと母と子　新しいファミリーが生まれた　https://www.buzzfeed.com/jp/daisukefuruta/congrats-on-new-baby（2023年9月12日アクセス）

エーコ，U.　和田忠彦（訳）（2018）．永遠のファシズム（岩波現代文庫）岩波書店

本多明生（2022）．性的マイノリティの児童生徒に対する学校の支援・配慮状況に関する研究――小学校・中学校．高等学校を対象とした全国調査　静岡理工科大学紀要, *30*, 23-32.

Human Rights Watch（2016）．日本：いじめに遭うLGBTの子どもたち保護されず　https://www.hrw.org/ja/news/2016/05/06/289079（2023年9月12日アクセス）

伊野真一（2012）．ホモソーシャリティ　大澤真幸・吉見俊哉・鷲田清一（編）　現代社会学事典（pp.1186-1187）弘文堂

勝田みのり・庄司一子（2021）．性的指向・性自認に違和感をもつ児童生徒に対する教員の意識と関わり経験　共生教育学研究, *8*, 171-182.

木村涼子（1999）．学校文化とジェンダー　勁草書房

厚生労働省（2019）．委託事業職場におけるダイバーシティ推進事業報告書　https://www.mhlw.go.jp/content/000625161.pdf（2023年9月12日アクセス）

Magazine for LGBTQ+Ally（2017）．LGBTへの調査で，半数以上が学校でいじめを経験しており，7割超が差別的発言に触れていることがわかりました　https://www.outjapan.co.jp/pride_japan/news/2017/3/1.html（2023年9月12日アクセス）

松岡宗嗣（2021）．あいつゲイだって　アウティングはなぜ問題なのか？　柏書房

文部科学省（2016）．性同一性障害や性的指向・性自認に係る，児童生徒に対するきめ細かな対応等の実施について（教職員向け）　https://www.mext.go.jp/b_menu/houdou/28/04/1369211.htm（2023年9月12日アクセス）

中塚幹也（2017）．封じ込められた子ども，その心を聴く――性同一性障害の生徒に向き合う　ふくろう出版

大滝世津子（2006a）．集団における幼児の性自認メカニズムに関する実証的研究　教育社会学研究, *79*, 105-125.

大滝世津子（2006b）．幼児の「性自認時期」と「対人スタンス」との関係　東京大学大学院教育学研究科紀要, *46*, 131-144.

パレットーク（2021）．マンガでわかる LGBTQ ＋　講談社

杉山文野・松岡宗嗣・山下知子（2021）．古田大輔（編）子どもを育てられるなんて思わなかった——LGBTQ と「伝統的な家族」のこれから　山川出版社

須長史生・小倉　浩・堀川浩之・倉田知光・正木啓子（2019）．性的マイノリティに対する大学生の意識と態度：第 2 報　昭和学士会雑誌，*79*，734-751.

Williams Institute UCLA（2018a）．Transgender Students in Higher Education. https://williamsinstitute.law.ucla.edu/wp-content/uploads/Trans-Higher-Ed-Aug-2018.pdf（2023 年 9 月 12 日アクセス）

Williams Institute UCLA（2018b）．How Many Same-Sex Couples in the US are Raising Children? https://williamsinstitute.law.ucla.edu/wp-content/uploads/Same-Sex-Parents-Jul-2018.pdf（2023 年 9 月 12 日アクセス）

Williams Institute UCLA（2019）．Suicide Thoughts and Attempts Among Transgender Adults Findings from the 2015 U.S. Transgender Survey. https://williamsinstitute.law.ucla.edu/wp-content/uploads/Suicidality-Transgender-Sep-2019.pdf（2023 年 9 月 12 日アクセス）

コラム 11-❶　性別変更の壁

大村美菜子

　2023 年 10 月 25 日，最高裁大法廷は性別変更をめぐる「性同一性障害特例法」について手術要件の一部を「憲法違反」と判断した。ようやく道が開けた形である。その少し前，静岡家裁浜松支部は生殖機能をなくす手術を性別変更の条件とする「性同一性障害特例法」の規定が憲法13 条に違反すると判断した。司法判断において同法の規定を違憲とするのははじめてである。規定は「生殖機能を永続的に欠くこと」を，性別変更を望む人に強いている。

　審判申し立てをしていたのは，戸籍上は女性で，男性として生活する鈴木げんさん（48 歳）。40 歳で性同一性障害の診断が出ており，手術なしでの性別変更を求めた。げんさんにはパートナーもいる。

　この判決を経て，トランスジェンダーにとって一筋の光が見えたと言えるかもしれない。しかしこれはしごく当たり前のことである。手術をしない限り性別変更を認めないというのは明らかに人権を尊重していない。現在は，大法廷が違憲性の審理を進めている。国がこの問題をどうとらえているかが問われている。

　ちなみに，これまで最高裁は 2019 年 1 月に同法の規定を「性別変更後に変更前の生殖機能で子どもが生まれれば，親子関係で社会に混乱が生じる」という理由から「合憲」とする判断を示している。それに対して家裁支部は「変更前の生殖機能で子どもが生まれることはまれだ」としている。どちらにしても男性が出産すると社会が混乱するということであるが，そんなに混乱することであろうか。それより先に性別を変更したい人の気持ちに寄り添い，身体に侵襲的な手術を義務でなくすことのほうが人権に配慮し，憲法に沿っているようにみえる。

　げんさんは判決後にパートナーと開いた記者会見で「多くの人にとって当たり前のことが，僕にも当たり前になった」と話す。当たり前のことが当たり前でない状況はほかのマイノリティにも当てはまる。たとえば車椅子の人にとって，階段しかない駅は自分ひとりでの乗り降りが不可能である。皆が安心して当たり前の生活が送れるようになるためにはマジョリティ側の想像力にかかっている。このことは互いのメンタルヘルスにも大きくかかわる。今はマジョリティ側だとしても，いつマイノリティ側になるかはわからず，マジョリティとしての不寛容さは結局自分の首を締めることになるからである。また，誰しもがどこかの側面ではマイノリティである。

　公認心理師法における「国民の心の健康の保持増進」という観点から，今後は性別変更の問題が日本においてどのように扱われていくのか，注意深くみていきたい。

▶参考文献

朝日新聞デジタル（2023）．最高裁，4年で判断見直し「違憲」性別変更めぐる社会変化など重視　https://digital.asahi.com/articles/ASRBT7429RBTUTIL00R.html?iref=pc_ss_date_article（2023年11月5日アクセス）

毎日新聞（2023）．「性別変更条件に生殖不能手術」初の違憲判断　静岡家裁浜松支部　https://mainichi.jp/articles/20231012/k00/00m/040/180000c（2023年10月18日アクセス）

第 **12** 章

● 大橋 智

子どもの権利をまもる

　私の決して長くはない臨床経歴の中で，もっとも「遠く」で行った臨床実践は，レバノンにおけるパレスチナ難民を対象とした学習支援へのコンサルテーションです（大橋他，2009）。1948 年のイスラエル建国宣言による第一次中東戦争が起こり，パレスチナに住む人びとは周辺国へ逃れました。それは「ナクバ（破局）」とよばれています。それから 70 年以上経ち，レバノンのパレスチナ難民は，いくつかの難民キャンプに分散して，3 世代にわたり難民生活を続けています。

　レバノンにおいて，パレスチナ難民はさまざまな基本的人権の制約のもと，生活しなければなりません。たとえば，職業選択にあたり，医師などの職業に就くことができません。たとえ能力があり，どんなに機会に恵まれたとしても，レバノンという国の中では，パレスチナ難民は「難民」という枠組みから外れることもできないのです。そのため，難民の家族は，子どもたちがたくさんのことを学び，できるだけ高等教育を学ぶことで，将来，経済的にもより安定した生活ができるように願っているのです。

　このように困難の中にある人びとが，社会に対して自らの思いを伝え，「意見表明権」をまもるために，心理学ではどのようなことができるでしょうか。

I．レバノン・パレスチナ難民への支援から

　私は，2009 年，レバノンで子どもたちの学習支援事業をサポートしているNGO パレスチナ子どものキャンペーン（https://ccp-ngo.jp/）から招聘され，

図 12-1　パレスチナ難民キャンプにおける研修のようす（NGO パレスチナ子どものキャンペーン　中村哲也氏撮影）

子どもたちのよりよい学びのための，支援者に対するコンサルテーションと研修を行った（図 12-1）。私の専門は，臨床心理学の一分野であるコミュニティ心理学と，学習心理学の一分野である「応用行動分析」である。臨床実践においては，障害を抱えた子どもたちやその家族の支援を課題としていたため，子どもの学習に必要となるかかわり方やよい教え方をするための工夫などを伝えようと考えた。

　研修では，さまざまな難民キャンプから支援者が集まり，講義やグループワークを各地で行った。研修に参加している「支援者」も，パレスチナ難民の若者が担っていた。これは，限られた職業にしか就くことができない若者への就労支援としての役割ももっているのである。

　質疑応答の最初の質問は，予想を裏切るような内容だった。

　「さまざまな大変な思いをしている子どもたちがここにはいますが，日本にもヒキコモリとよばれる人たちが増えていると聞きました。彼らはどんなことに困っているのでしょうか」。私は自分がここに来るまで，この難民キャンプのことをなにひとつ知らず，考えたことすらなかったというのに，ここには日本で困っている人びとにまで気持ちを向ける人たちがいるという事実に，恥じ入った。

　このほかには，学習に難しさを感じている子どもたちへのかかわり方や母親が仕事をしなければならなくなり，子どもが不登校になってしまった事例など，日本の子どもたちとなんら変わることのない悩みを聞くことができた。しかし，どのように支援を行うかその選択肢を考えるとき，「難民」であるがゆえの制約が多く，建設的な方法をなかなか見いだすことができず，自分自身の専門性の限界を強く感じさせられた経験であった。

　このように，難民である子どもたちは，彼ら自身は身体的，能力的にはなん

ら個人的な制約はないにもかかわらず，社会的な制約のために生活上の不自由や人権の制限を受けなければならない。実はこのような子どもの権利が守られない状況は，身体的・能力的な障害を抱えた子どもたちにも同様に見られるものであり，子どもの権利を守る取組みが世界中で求められていると言える。

2.　子どもの権利をまもる

　国際的な子どもの権利について定めたものに，国連による「子どもの権利条約（児童の権利に関する条約）」がある。子どもの権利条約は，1989年に国連総会で採択され，1990年に発効，日本は1994年に批准した。この条約では，子どもは大人と同じように権利をもつ主体であり，すべての子どもの権利を守ることは大人の責任と義務であることが規定されている（堀，2020a）。

　子どもの権利条約には，4つの柱があり，子どもの「生きる権利（生命，生存および発達に対する権利）」，「守られる権利（差別の禁止）」，「育つ権利（児童の最善の利益）」，「参加する権利（児童の意見の尊重）」が規定されており，日本の子どもの権利に関する基本法である「子ども基本法」の中にも取り入れられている（鴻巣，2023）。

　では日本の子どもたちは，こういった子どもたち自身が本来もつ権利の制約を受けることなく過ごしているだろうか？

　国連は締約国が十分に子どもの権利を尊重し，条約を守っているか審査を行っている。国連子どもの権利委員会（2019）による報告審査では日本にはいくつかの点で，子どもの権利について十分に守られていない点が指摘されている。

　たとえば，「生きる権利」においては，子どもの自殺について十分な社会福祉・臨床心理学的な支援を行う必要を指摘している。これに対応するため，「子ども家庭ソーシャルワーカー」資格をもった子どもを守る専門家を育成する施策をすすめている。

　また「参加する権利」では，子どもの「自己にかかわるあらゆる事柄につい

て自由に意見を表明する」権利が十分に尊重されていないことを指摘している。このため，公立高等学校における校則を公のもの（ホームページなどで開示する）として，その改正や制定に当事者である生徒が参加することがすすめられている。

　障害を抱えた子どもたちの権利においては，合理的配慮などの概念を導入した障害者基本法や障害者差別解消法の採択を歓迎しながら，よりインクルーシブな教育の推進をするための施策を行うことを求めている。

1）「意見表明権」をまもるための心理学

　ここでは「参加する権利」におけるいわゆる「意見表明権」について考えてみよう。子どもたちが自ら意見を述べることは，自分自身で自分を守るためにも必要なことであり，他者とのコミュニケーションが主体的に行えることは，社会的にも重要なスキルと言えるだろう。

　子どもたちが，自ら意見を述べることができるようになるためには，言葉の発達的な成長が必要となるが，いつから子どもたちは自分の気持ちや意見を他者に伝えられるようになるのだろうか？

　子どもの権利条約においては，乳幼児であっても意見や気持ちを尊重される権利があるとし，子どもは未熟でスキルがなく，社会的に学ばなければならないことが多いと一方的に決めつけることは「アダルティズム（大人尊重主義）」であり，あらためるべきものであると指摘している（堀，2020b）。

● 子どもの意見表明権を阻害するもの

　それでは，子どもたちが，言葉を話し，他者に自らの意見を述べることの困難さは，どのような原因が考えられるのだろうか？　公認心理師のような臨床心理学の専門家は，このような困難さのアセスメントを行う場合，生物・心理・社会モデルで理解することが薦められている（バックレイ　丸野監訳，2004）。

　生物学的な観点からは，身体的な運動の発達（身体の姿勢の保持や口腔内の運動）に困難さがあるときには，他者とのコミュニケーションが阻害されやすい

ことが知られている。それは，他者のようすを見続けることが難しいときには，他者からのかかわりを探索したり，受け取ることが難しかったり，相手とのやりとりを維持し続けることが難しくなるからだ。たとえば，歯医者に行き麻酔の処置をされたのち，うまく口が動かないために話ができなかった経験や，ブレの大きな映像を見ているとどんなことが起きているのか把握することが難しくなった経験などがあるだろう。

また，視力や聴力などの感覚器になんらかの異常や認知的な処理の困難さがあるときにも，他者とのやり取りを受け取ることが難しくなる。皆さんも，暗闇の中やイヤホンをしたままコミュニケーションをするときに，話をしてくれている人の声や表情を受け取ることが難しくなった経験があるだろう。

心理的な観点からは，認知的な処理の困難さから他者とのコミュニケーションを読み取ることが難しくなることがある。たとえば，体調が悪いとき，ふだんと同じようなコミュニケーションなのに，意味を飲み込むのに時間がかかることがあると思う。

また，言語能力が十分に発達していないために，他者とのやり取りが難しくなることがある。私たちが，外国に行ったときや外国語で会話する必要があるときに，言いたいことがあるのにどのように表現したらよいかわからなくて，もどかしく感じた経験があるだろう。

社会的な観点からは，家族や周囲の大人からのかかわりが欠如している（ネグレクト）ときや，健康的なかかわりが行われていないときにも，コミュニケーションの発達が阻害される。他者との信頼関係を築くことが難しくなり，非常に注意散漫になったりすることが知られている。児童虐待を経験した子どもたちや，災害や戦争に巻き込まれた子どもたちがこういった困難さを抱えることや，大人自身が健康なかかわりが難しい状況に置かれる社会経済的な困難を抱えた家族にもリスクが高いことが知られている。

このような阻害要因は，生物学的な側面には認知心理学や発達心理学の領域からさまざまな検討がなされているし，心理的な側面には学習心理学や臨床心理学の領域から支援の方法について，社会的な側面には社会心理学や臨床心理

学の領域から支援のあり方について，さまざまな知見が提起されている。

2）コミュニケーションの障害とその支援から

　こういったコミュニケーションの困難さを抱えている障害に，自閉スペクトラム症がある。この障害は，言葉の発達の遅れや非言語的なコミュニケーションの困難，興味関心の偏り，こだわり行動や常同行動などの感覚異常などが見られる，なんらかの脳機能の働きの違いによって生じていると考えられている発達障害のひとつである。

　どのようにコミュニケーションを支援するか，学習心理学の一分野である「応用行動分析」では，さまざまなアプローチが行われてきた（詳しくは，浅野他，2023 参照）。ここでは，野崎と望月による重い知的障害を抱える成人を対象とした意思表明の研究を紹介しよう（Nozaki & Mochizuki, 1995；望月，1998）。

　パーソンズら（Parsons & Reid, 1990）は重度の知的障害を抱える成人を対象に，目の前に 2 種類の食べ物を示して，「好きなほう」を選んで食べてもらう研究を行った。その結果，好きなほうを選ぶことに一貫性がみられ，重度の知的障害をもつ人でも，選択し意思表明をすることが可能であると示した。

　野崎と望月はこの研究を日本でも実際に行った。日本の居住型施設に居た 8 人の参加者に対して，選択肢として甘いお菓子（カップケーキと羊羹）と辛いお菓子（サラダあられと七味あられ），飲み物（ソーダとウーロン茶）をそれぞれペアにして少量ずつ示して「好きなほうを食べて」と伝えて選んでもらうことにした（Nozaki & Mochizuki, 1995）。

　ところが，米国で行われたパーソンズらの先行研究と同じような手続きで行ったにもかかわらず，結果は再現されなかった。たとえば，ある人は，ペアで示しているとどちらかを交互に選び続けていた。そこで会話の可能な参加者に，どうして交互に選ぶようなことをするか聞いたところ，「本当に好きなほうを選んでもよいの？」と聞き返されることになった。

　そこで，野崎と望月は，参加者はこれまで自由に選ぶ経験が乏しいため，出されたものをすべて食べなければならないと考えてしまったのではないかと考

えた。それでは，本当に自由にものを要求できるようになるためには，なにが必要なのだろうか。野崎と望月は，自分にとって好きではない選択肢があったときに，それを「否定」することが重要なのではないかと考えた。目の前にある具体的なもののどちらかを選ぶのは，見ることもできるので選ぶのはとても容易だが，「否定」する選択肢は目に見えず，そこにはない存在を選択するという点でより抽象的で困難さがある。彼らは，参加者のひとりに「ほかのもの」という選択肢を増やしたメニューを用意して，選択する方法を学習してもらったところ，「好きなほう」を選ぶことができるようになった。

　このような研究から示唆されることは，子どもや障害者が意見表明権を十分に発揮できるようにするためには，今あるものを「否定する」ことを周囲が十分に認める必要があるということである。意見表明権を尊重するということは，今ある大人の示す「選択肢」が否定されることでもあるので，多くの大人にとっては，自分よりも経験も少なく，能力も低い子どもたちから「否定」されるコミュニケーションは，とうてい受け入れられないと感じられるかもしれない。

　このような研究成果は，意見表明権をどのようにまもり，そして促進することになるのか，具体的な方法や科学的な根拠を示してくれるだろう。心理学のこういった営みは，社会的に重要な出来事の解決とより高く妥当な説得力を公正な立場から示すための根拠として役立つのである。

3. 心理学は，子どもの権利をまもる

　私の専門領域のひとつである，臨床心理学と社会心理学の融合領域とも言えるコミュニティ心理学は，「さまざまな異なる身体的・心理的・社会的・文化的条件をもつ人びとが，だれも切りすてられることなく，ともに生きることを模索するなかで，人と環境の適合性を最大にするための基礎知識と方略に関して，実際におこるさまざまな心理的社会的問題の解決に具体的に参加しながら研究をすすめる心理学」（山本，1986）である。

　そしてコミュニティ心理学の大切にしている「価値」のひとつに，「社会正義の促進」がある。コミュニティ心理学者は，マイノリティや難民，障害者，加えて女性や子どもといった社会で抑圧されることの多い人びとに対して，専門家と当事者がともに手を携えていくことができるよう，権利擁護者（アドボケイター）としてかかわることが求められている。そのためには私たちは，目の前に困難を抱えた人びとがいるときに，自分の思いや考えをいったん脇に置いて，当事者の声を真摯に受け止める必要があるだろう。

　レバノン・パレスチナ難民キャンプでの研修の中で忘れられない一言がある。ある支援員の方が，研修に感謝しながらこんな言葉を述べた。「私たちがよりよい教師になるために，目の前にいる子どもたちこそが一番の教材なのです」と。

謝辞

　この原稿を作成するにあたり，NGO パレスチナ子どものキャンペーンの中村哲也氏に内容を確認いただきました。また子どもの権利擁護について，東海大学上倉鮎子先生より貴重なご意見をいただきました。この場を借りてお礼申し上げます。

▶引用文献

浅野俊夫・山本淳一・武藤　崇・吉岡昌子・一般社団法人日本行動分析学会編（2023）．新装版 ことばと行動――言語の基礎から臨床まで　金剛出版

バックレイ，B.　丸野俊一（監訳）（2004）．0 歳～5 歳児までのコミュニケーションスキルの発達と診断――子ども・親・専門家をつなぐ　北大路書房〔Buckley, B. (2003). *Children's communication skills: from birth to five years.* Routledge.〕

堀　正嗣（2020a）．子どもの心の声を聴く――子どもアドボカシー入門（岩波ブックレット）岩波書店

堀　正嗣（2020b）．子どもアドボケイト養成講座――子どもの声を聴き権利を守るために　明石書店

鴻巣麻里香（2023）．思春期のしんどさってなんだろう？――あなたと考えたいあなたを苦しめる社会の問題（中学生の質問箱）平凡社

国連子どもの権利委員会（2009）．子どもの権利条約　条約機関の一般的意見 7「乳幼児期における子どもの権利の実施」（日本弁護士連合会訳）

望月　昭（1998）．講座コミュニケーション指導・再考　月刊実践障害児教育　学研

Nozaki, K., & Mochizuki, A. (1995). Assessing choice making of a person with profound disabilities: A preliminary analysis. *Journal of the Association for Persons with Severe Handicaps, 20*(3), 196-201.

大橋　智・中村哲也・箕口雅博（2009）．レバノンにおけるパレスチナ難民キャンプの補習クラス支援スタッフに対する研修および行動コンサルテーションの実践　日本行動分析学会第 27 回年次大会プログラム・発表論文集 49

Parsons, M. B., & Reid, D. H. (1990). Assessing food preferences among persons with profound mental retardation: Providing opportunities to make choices. *Journal of Applied Behavior Analysis, 23*, 183-195.

山本和郎（1986）．コミュニティ心理学――地域臨床の理論と実践　東京大学出版会

コラム 12-❶　滞米中の，日本人の子どもたちとのカウンセリング

近藤俊明

　私は，20 代で渡米し，カウンセリングをはじめた。しかし，驚いたことに，2 〜 5 歳くらいの日本人の子どもたちが，英語はもとより，日本語もあまり話せない。

　言葉を覚えるには，まず，周りの人たちとの親しいかかわりが重要になる。しかし，家庭で日本語しか話していないと，アメリカの保育園では英語が話せなくて孤立してしまう。そして，お母さん方も，最初は，周りのアメリカ人との関係がなかなかつくれない。

　そこではじめたことは，日本人のお母さん方と，アメリカ人の保育園や幼稚園の先生方に事情をお話しして，先生方に日本人の子どもたちと園庭などでいっしょに遊んでもらうことであった。アメリカ人の先生と日本人の子どもが楽しそうに遊んでいれば，アメリカ人の子どもたちも一緒に遊びたくて，そこへ入ってくる。そして，日米 4 〜 5 人の子どもたちがおもちゃや遊具で一緒になって遊びはじめたら，先生には，静かにそこから離れてもらうのである。

　すると，その日米 4，5 人の子どもたちは，しばらく一緒に遊び続ける。しかし，3 分，5 分と経つと，次第にその遊びの輪はほどけ，子どもたちはバラバラになっていく。

　そして，そうなれば，また，先生方にこっそりと日本人の子どものいるところに入ってもらう。すると，2 〜 3 分も経てば，また，アメリカ人の子どもたちも戻って来て，遊びの輪が再生されるのである。

　このようなやり取りを，毎日 10 分ほどずつ数日続けて，時間を次第に増やしていけば，先生の介入がなくても，少しずつ日米の子どもたち同士の自発的な遊びが見られるようになる。

　この時期，そのようなアメリカ人の保育園の先生の参加による，アメリカ人と日本人の子どもたちの遊びを促進する行動療法的方法を試し，かなり成功したことは，今も懐かしく思い出される。

　これらの日本人の子どもたちや，ご家族とは，この保育園での介入以外でも，主にお母さん方のアメリカ文化への適応を目指したカウンセリングなども必要であった。お母さん方が，アメリカ文化になじんでいくということも，子どもたちのアメリカ文化への適応には欠かせないものでもあったからである。

コラム 12-❷　医療的ケア児の医療・福祉・教育

小谷博子

　近年，周産期医療の技術向上により，新生児集中治療室に長期入院したのち，引き続き人工呼吸器や胃ろうなどを使用し，たんの吸引や経管栄養などの医療的なケアが必要な小児（医療的ケア児）が増加している。これまで病院で医療者によって行われていた医療ケアは在宅に移行してからは，家族（主に母親）が担うことになる。わが子の障害を受け入れ

るだけでも精一杯な中，母親はわが子の生命維持を委ねられ，医療者ではないにもかかわらず，わが子に医療的ケアを 24 時間体制で行うため慢性的な睡眠不足となる。また外出時は医療機器を装着しての移動となるため医療機器の電源確保が必要となり，さらに医療機器の重量も加わるため親ひとりでは移動に困難を伴う。

2021 年に「医療的ケア児支援法（医療的ケア児及びその家族に対する支援に関する法律）」が施行され，医療的ケアの有無にかかわらず，子どもたちがともに教育を受けられるよう最大限に配慮すること，そして個々の状況に応じて関係機関が密に連携し，医療・保健・福祉・教育・労働について切れ目なく支援することが国の責務とされた。本法の施行により，学校や保育園への通園（学）において医療的ケア児の受け入れ体制が拡充され，日常的に酸素吸入や人工呼吸器の操作などの医療的ケアが必要な子どもたちが，訪問教育だけでなく，学校に通学するケースも見られるようになっている。

今後は看護師だけでなく，医療機器を扱う非医療者（研修を受けた教員や保育士など）が増加していくと予想される。医療的ケア児とその家族が，就園・就学という新たな社会参加にふみ出すためには，多職種による支援体制の構築が必要であろう。

III

子どもの
心と安全をまもる

●出口保行

第　13　章

子どもを犯罪から
「まもる」防犯

　現代は従来とは異なる形の犯罪が横行しています。反社会的組織やその他の犯罪者集団に所属しない一匹狼型の犯罪者が，後先を省みずに突然悲惨な犯罪を引き起こす「ローン・オフェンダー型犯罪」の問題や，いわゆる「闇バイト」に象徴される従来犯罪にかかわってこなかった者がいきなり犯罪者化する「犯罪素人による犯行」問題など，犯罪は時々刻々と変化しています。

　そんな変化の激しい犯罪から子どもを「まもる」ことは，社会全体の使命です。ではどのように「まもる」ことができるのでしょうか。実はこの「まもる」は2つの意味を内包しています。ひとつは，子どもを犯罪被害から「まもる」ということとなります。もうひとつは，子どもを犯罪者化させないということを意味します。従来の防犯は，基本的には前者を防犯としてとらえ，「守る」という意味合いが主流でした。しかし，筆者の考える防犯は子どもを犯罪者化させないこともとても重要な「まもる」だと考えています。

　筆者は法務省の心理職として全国の刑務所・拘置所・少年鑑別所で犯罪者の心理分析にあたってきました。合計1万人を超える犯罪者の分析をしてきた経験から本章を構成していきたいと思います。

1. 子どもを犯罪から「まもる」前提として
わが国の犯罪状況を知る

　子どもを犯罪から「まもる」ためには，まずわが国の犯罪状況の実態を把握

図 13-1　刑法犯認知件数および検挙率の推移（警察庁，2023）

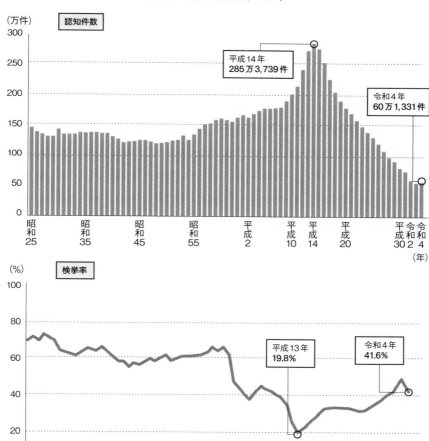

しておく必要がある。**図 13-1** は，第二次世界大戦後の昭和 25 年（1950 年）から令和 4 年（2022 年）までのわが国の犯罪（刑法犯）の認知件数および検挙率の推移を示したものである（警察庁，2023）。なお，ここでいう「認知件数」とは，警察が犯罪の発生を認知した件数のことを指す。

　この図を見ると，犯罪の認知件数は平成9年（1997年）ごろから著しく増加し，平成14年（2002年）には第二次世界大戦以降最多となっている。この状況を政府は「犯罪多発社会」とよんだ（法務省，2004）。それまでのわが国は治安が安定している国として国際的にも評価されており，安心で安全な国であるというイメージをもたれていたが，ここに至って「犯罪多発社会」とよばざるをえない状況に陥った。

　こうした「犯罪多発社会」では，犯罪が起こっても警察の検挙が追いつかないという現象が起こり，図13-1 からもわかるとおり，検挙率（警察が犯罪を認知した件数のうち検挙できた件数の比率）が極端に低下した。平成13年（2001年）には最低を記録し，19.8％まで下落した。つまり犯罪を起こしても5件に1件しか検挙されない事態に陥ったのである。こうした検挙率の低下は，結果として「犯罪を起こしても捕まらない」という認識につながってしまい，安易に犯罪を起こす者が増加するという悪循環につながった。

　犯罪多発の背景には，なにがあったのだろうか。ひとつには1990年代前半に終焉を迎えた「バブル経済（好景気状態）」が大きく影響していると言われている。つまり景気がよいときはわざわざ犯罪を起こさなくてもなんとか生活を維持できていた者が，経済状況の急激な悪化によって犯罪を起こさないと生活できなくなってしまったのである。その後，徐々に経済状況が回復するとともに犯罪数は減少し，現在は第二次世界大戦後最低とも言える水準で推移している。

　しかし，犯罪が減少しているにもかかわらず，国民の犯罪不安は非常に強い。内閣府（2022）によると，最近10年間でわが国の治安が悪化したと感じる国民が過半数（54.5％）に及んでいる。こうした背景には，はじめにも述べたようないわゆる「ローン・オフェンダー型犯罪」とよばれる，一匹狼型の犯罪者の出現が大きく影響している。こうしたローン・オフェンダーには過去に犯罪歴がないものが多く，犯罪行動の予兆もない場合が多い。つまり犯罪を未然に防止することが難しいタイプなのである。記憶に新しいところでも，2019年7月に発生した京都アニメーション放火殺人事件（事務所内にガソリンを撒いて放火し，結果36人が死亡，32人が重軽傷を負った事件）や2021年12月に発生した

表 13-1 子ども（13 歳未満）の被害件数および罪種別被害状況の推移（警察庁，2019）

区分 ＼ 年	H.21	H.22	H.23	H.24	H.25	H.26	H.27	H.28	H.29	H.30
子どもの被害件数(件)	33,840	32,897	29,784	26,791	26,783	24,707	20,106	17,252	15,721	12,947
殺人	78	77	76	67	68	83	82	74	65	57
強盗	7	7	14	11	9	6	3	4	6	4
強制性交など	53	55	65	76	69	77	64	69	91	151
暴行	757	707	710	846	882	858	886	906	852	958
傷害	491	467	493	495	548	539	557	631	613	714
強制わいせつ	944	1,070	1,027	1,066	1,116	1,095	881	893	953	773
公然わいせつ	80	109	83	139	136	133	140	109	91	71
逮捕・監禁	7	9	7	7	9	12	10	21	10	9
略取・誘拐	77	91	86	95	94	109	84	106	72	110

大阪北新地放火事件（心療内科クリニック内においてガソリンに火をつけ放火し，被疑者を含めて 27 名が死亡した事件）などがあり，どちらの事件もその動機部分の解明が進んでおらず，いつどこでこのような凶悪事件が起こり，犯罪被害に遭うかもしれないという漠然とした不安が国民を支配していると考えられる。

さて，表 13-1 は，平成 21 年（2009 年）から平成 30 年（2018 年）までの 10 年間における子ども（13 歳未満）の犯罪被害件数および罪種別被害状況の推移を示したものである（警察庁，2019）。子どもの被害者数は総じて減少傾向にあるものの，暴行・傷害・強制わいせつなどの暴力犯罪や性犯罪による被害は依然として多いことがわかる。こうした犯罪からいかに子どもを「まもる」ことができるかが重要である。

2. 子どもを「まもる」防犯

では具体的にどのように子どもを「まもる」ことができるのだろうか。

図 13-2 は防犯の枠組みの変化を示したものである（出口，2020）。防犯は当初は「公助」が基本であった。これは警察や役所など公的な機関が国民を犯罪か

図 13-2　防犯の枠組みの変遷（出口，2020）

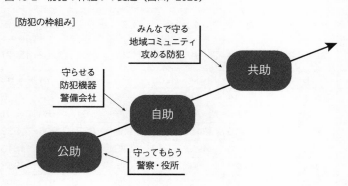

[防犯の枠組み]

ら守るという概念であり，国民の主体的なかかわりは薄かった。しかし，それだけでは防犯が成立しなくなり，「自助」という国民自らができる範囲で防犯をするというスタンスに変わっていった。警備会社に自宅や事務所の警備を依頼する，鍵を二重にするなど，自らの防犯体制を整えていった。公助の時代の「まもってもらう」というスタンスから「自分たちでまもる」という個人防衛のスタンスに切りかわっていったのである。現在ではそれがさらに進化して，「共助」という地域ぐるみで防犯に取り組むというスタンスに変わりつつある。筆者が勤める東京未来大学が所在する東京都足立区の足立区役所は，この共助を実現すべく「ビューティフルウィンドウズ運動」という防犯運動を展開し，地域住民の防犯への取組みを活性させて，大きな治安回復を実現している（足立区役所，2016）。

　本書の「はじめに」でも述べたとおり，わが国の少子化は加速し，子どもの数は減少の一途をたどっている。であれば手厚い監護が期待され，子どもを「まもる」ことは容易になっているという考え方があるものの，現状は上述したように，子どもの犯罪被害はあとを絶たない状況が続いており，どのように子どもを「まもる」のか，「共助」をどのように行うのかが課題となっている。

　従来型の防犯は，犯罪者の攻撃からどのように身を守るかという受け身的なものであった。犯罪が起こることを前提として，その攻撃をいかにかわすのか

が主たる防犯であり，たとえば子どもに防犯ブザーをもたせるなどがその典型であった。しかし，こうした「まもる（守る）」防犯だけでは，犯罪者の攻撃が想定を超えて強い場合，子どもを守り切れない事態を招いてしまう。

3. 意思決定と行動化で考えるこれからの防犯

　こうした従来の防犯の考え方に対して，出口（2020）は，「攻める防犯」という新たな考え方を提唱している。この防犯理論の基本的な考え方は，いわば防衛的な防犯であった従来の防犯とは一線を画しており，犯罪者が攻撃行動に出る前になんらかのアクションを起こして犯罪を実行しようとする者の行動化を抑止するという積極的な防犯である。この防犯理論は，そもそも 2014 年には出口により内閣府の「平成 26 年度 困難を有する子ども・若者の相談業務に携わる公的機関職員研修」において公表され（出口，2014），内閣府主導のもとに各都道府県に普及している理論である（詳しくは，出口，2016 を参照）。

　さて，図 13-3 は犯罪を起こそうとしているものが動機を形成したあとのフローチャートである（出口，2020）。

　なにか犯罪が起こると，「その動機はなんであるか」という質問をよく受ける。たしかに動機がない犯罪はないが，しかし動機があれば犯罪が起こるかというとそうとは言えない。図 13-3 で示したとおり，たとえ犯罪を起こそうとする者がなんらかの犯罪の動機を形成したとしても，具体的に実行に移さない

図 13-3　動機形成から犯罪発生までの流れ（出口，2020）

[動機と犯罪の関係は？]

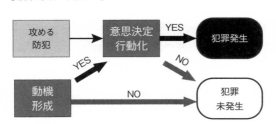

限りは犯罪が発生することはない。従来の考え方では，動機を形成するとすぐ
さま犯行に及ぶと考えられがちであり，犯罪の動機の形成を抑止すれば犯罪を
未然に防止できるというような考え方が主流であった。

　しかし，出口（2020）は，「少年鑑別所・拘置所・刑務所等で1万人を超え
る犯罪者の資質鑑別（心理分析）を行っていた経験からすると，よほど激情に
かられた前後の見境いのない犯行でもない限り，動機が形成されても実行に移
されることは稀であり，相当の実行条件が整わない限り行動化されないことが
明らかになった」と述べている。

　もちろん，そもそも過失である場合を除いて動機形成がなければ犯罪は起こ
らない。犯罪もわれわれ人間が起こす行動の一種類である。したがって，なん
らかの目的を遂げようとする動機が形成されない限り発生することはない。動
機はときとして人を学校での学習を前に進めるなどプラス方向に導くこともあ
れば，犯罪のようにマイナスの方向に導くこともある。

　では，動機が形成されれば必ず犯罪は起こるのであろうか。

　次に紹介する少年の万引きを例にとって考えてみよう。

　この事例は筆者が少年鑑別所で心理分析した事例をもとにして，個人が特定
されないように配慮し，フィクション化したものである。細部は異なるとはい
え，実際の事例には沿っているので，犯罪心理学を学ぶうえで非常に重要な
「分析的な視点」をもって読み進めてほしい。

【事例：ヒロシ（仮名）男子・14歳】

　ヒロシは中学校2年生である。父親は市役所の職員であり，温厚で争いご
とを嫌い，なにごとにも「ことなかれ主義」である。母親は喫茶店を自営して
いる。非常に社交的で友人も多い。営業時間は午前8時から午後9時までで
あり，夜間は酒の提供もしているので，閉店時間はまちまちである。子どもに
対しては仕事が忙しいことを理由にあまりかかわろうとしない。兄弟は2歳違
いの兄がいる。この兄に非行歴はない。

　ヒロシは小学校・中学校を通してとくに目立った行動をするタイプではな

かった。学業成績も中くらい。勉強に意欲的に取り組むことはない。しかし，毎回「中」くらいの成績がとれるので，自分なりに「地頭（潜在的な能力）はいいほうだ」と思っていた。部活動は陸上部に所属。あまり練習に熱心ではなく，気が向かなければ練習をさぼって家でごろごろしていることも多かった。生活全般にとくに目標はもっておらず，自堕落な生活をしていたが両親から特段の指導を受けることもなかった。とくに中学校に入学してからは家でゲームをしていることが多かった。そんなヒロシが対戦型ゲームにはまりだしたのは中学校2年生からであった。ゲームを通して交際範囲が広がる中で，年上の素行不良者との交際もはじまった。ヒロシのことをもっともかわいがってくれたのはトモヤ。17歳の少年であった。ヒロシはトモヤと行動をともにする中で，「万引きゲーム」という遊びにはまっていった。この「万引きゲーム」とは，ほしいものを盗むというのではなく，なんでもいいから盗み，その盗んだ量を競うというものである。たくさん盗むと仲間内で認められ英雄になれる。ヒロシはことあるごとに万引きを繰り返すようになり，窃盗常習となって，少年鑑別所に収容された。少年鑑別所での面接時，ヒロシに「店舗に行くたびに万引きを繰り返していたのか」と聞くと，「そんなことはありません。万引き目的で10回お店に行ったとしても万引きするのはせいぜい2～3回です」，「残りはふつうに買い物してました」とのことであった。「なぜ」という質問に対して，「なぜだかは具体的にわからないですが，やはりなんとなく家族の顔が浮かんだり，お世話になった先生の顔が浮かんだりすると盗めませんでした」とのことであった。

令和4年版犯罪白書（法務省，2022）によると，検挙された非行少年の罪名の過半数（51.9%）は窃盗であり，その手口も万引きの事例が圧倒的に多い。

では，万引きの動機形成から実行までの流れを見てみよう。

ヒロシの事例もそうであるが，自宅の自分の部屋の椅子に座っているときに，近所のコンビニエンスストアで万引きすることを思いついたとする（この時点で，動機は形成された）。こうした場合，今座っている椅子から立ち上がるかど

うかについてもイエス（YES）かノー（NO）かの判断を行い，その判断にもとづいて立ち上がるかどうかという実際の行動が決まる。ましてや自分の部屋から出るか，靴を履いて玄関から外に出るかなど，すべてのタイミングで，一つひとつの行動を前に進めるかどうかの判断が伴っている。

　図 13-3 を見るとわかるとおり，動機形成がなされた場合でも，犯罪の実行に向けて何十回，何百回という意思決定（行動を前に進めるかどうかという判断）と行動化の手順をふむことになり，この手順の中で一度でもノー（NO）が選択されれば，犯罪は起こらない（出口，2020）。ヒロシが保護者や先生の顔が浮かんだということは，この意思決定と行動化のどこかのタイミングでノー（NO）を選択したことになる。

　こうした事例を通してわかるように，犯罪者は常に犯罪者であるわけではない。刑務所で人生の大半を過ごしている常習累犯といわれる窃盗の常習者であっても，金を出して買うときもあれば，盗むときもある。つまり，一貫して犯罪者である者はいないのである。

4.　リスクとコストで考える防犯

　この意思決定と行動化に関して，大きくかかわっているのは「リスク」と「コスト」である（出口，2020）。従来の犯罪心理学では，犯罪を実行するか否かの判断を「コスト・パフォーマンス」で説明することが多かった。つまり，少ない労力で得るものが多ければ実行するし，その逆，つまり大きな労力をかけても得るものが少なければ実行しないという考え方であった。しかし，刑務所や少年鑑別所で多くの犯罪者と面接する中で，こうした「コスト・パフォーマンス」で自らの犯罪を説明した者はほぼいなかった。

　最終的になにが行動を促進したのか，抑制したのかについてあぶり出されたのが，「リスク」と「コスト」の 2 つである（図 13-4：出口，2020）。

　「リスク」とは検挙リスクを指している。つまりその動機を犯罪につなげた場合に，警察に捕まる危険性の高さのことを指す。

次に「コスト」とは，その犯罪を実行し検挙されることによって自分が失うものの大きさを指している。失うものとは具体的には，学校・職場という社会環境や家族・友だちというような人間関係，さらに信頼・信用という心理的なものまでさまざまである。

通常，動機を形成しても，「リスク」が高く「コスト」が大きい，つまり警察に検挙

図 13-4　犯罪を促進・抑制するリスクとコスト（出口，2020）

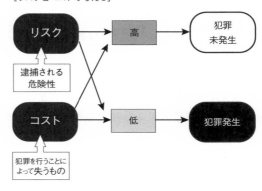

される危険性が高く，失うものが大きいと判断すれば，その時点で犯行を思いとどまる。もちろん，どの意思決定と行動化の過程でこの「リスク」と「コスト」を意識するかはさまざまである。意思決定と行動化のプロセスは，動機形成から実行までの間に相当数あるので，どの段階で意識して犯行を思いとどまるかは同じ人物であっても変わるし，犯罪自体の重さ・悪質さによっても変わる。もちろん「リスク」感を上げるためには警察などの啓発が重要であり，なにが犯罪となるのかということを教育の力も借りて正確に伝える必要がある。

最近話題となる「闇バイト」に象徴されるように，勧誘段階では「簡単な仕事で高収入」をうたっているものが散見される。応募する側も「なにか怪しい仕事である」と認識しながらも「実際に犯罪行為の一端を担っているとは知らされていないので大丈夫」と思い込むことによって簡単に犯行に加担してしまう。こうした際に「リスク」と「コスト」を意識させて，犯罪者化させないことが非常に重要な課題であり，新たな防犯につながる。

もちろんどのような犯罪についても動機の形成をしないことが道徳的には求められることであるが，とはいえなんらかの犯罪動機を形成してしまうことは誰にもありうる。その際に，どうふみとどまることができるのかが重要であり，

今後は犯罪者化させない防犯が一層重要になってくる。

5．子どもを「まもる」ためのこれからの防犯

　犯罪心理学というと，犯罪者の心理分析をするというイメージが先行しやすい。また，場合によっては「プロファイリング」のように，犯罪者像をあぶり出して犯人検挙に貢献する学問というイメージをもっている者も多い。

　もちろんそれも大きな目的であるが，そうであるとすると，すでに犯罪は起きてしまっている。被害者が発生してしまっているのである。わかりやすい例で言えば，防犯カメラの活用方法について考えてみたい。従来は防犯カメラといいながら，犯人検挙のために捜査に使われていることが多かった。しかし，これでは犯罪は起きてしまっている。本来の犯罪を未然に防ぐための「防犯」カメラとして機能させるためにはどうあるべきか，どう機能させることが必要であるのかについて，抜本的な考え方の変更が求められている。

　今後は本章で述べたような防犯をどのように展開していくかという視点がさらに重要になってくる。犯罪が起こる前に未然に防止すること，それは加害者を生み出さないことにつながるし，被害者を生み出さないことにもつながる。

　子どもを「まもる」ための防犯。「共助」として地域ぐるみ・町ぐるみでなにができるのかを考えていく必要性が高まっている。

▶引用文献

足立区役所（2016）．ビューティフルウィンドウズ運動　https://www.city.adachi.tokyo.jp/kikikanri/ku/koho/b-windows.html（2023年10月14日アクセス）

出口保行（2014）．非行少年の立ち直り支援——少年鑑別所・刑務所等で心理分析した約1万事例から見えること　平成26年度内閣府「困難を有する子ども・若者の相談業務に携わる公的機関職員研修」資料　https://www8.cao.go.jp/youth/suisin/pdf/soudan/10/s5.pdf（2023年10月14日アクセス）

出口保行（2016）．「攻める防犯」青少年にとって安心・安全な地域づくり　内閣府

青少年育成支援読本，133-138.

出口保行（2020）．子育て×防犯　子どもたちが安心安全に暮らせる社会　マッセ OSAKA 研究紀要，*23*，31-41.

法務省（2004）．平成 16 年版犯罪白書　https://hakusyo1.moj.go.jp/jp/48/nfm/mokuji.html（2023 年 10 月 14 日アクセス）

法務省（2022）．令和 4 年版犯罪白書　https://hakusyo1.moj.go.jp/jp/69/nfm/mokuji.html（2023 年 10 月 14 日アクセス）

警察庁（2019）．令和 1 年版警察白書　https://www.npa.go.jp/hakusyo/r01/honbun/html/v2213000.html（2023 年 10 月 14 日アクセス）

警察庁（2023）．令和 5 年版警察白書　https://www.npa.go.jp/hakusyo/r05/index.html（2023 年 10 月 14 日アクセス）

内閣府（2022）．令和 4 年度「治安に関する世論調査」　https://survey.gov-online.go.jp/hutai/r03/r03-chian/r03-chian.pdf（2023 年 10 月 14 日アクセス）

▶参考文献

出口保行（2021）．犯罪の心理　東京未来大学オリジナルテキスト

出口保行（2022）．少年非行の心理　東京未来大学オリジナルテキスト

出口保行（2022）．犯罪心理学者が教える子どもを呪う言葉・救う言葉　SB 新書

出口保行（2023）．犯罪心理学者は見た危ない子育て　SB 新書

コラム 13-❶　非行相談

須田　誠

　少年法第 22 条第 1 項に，少年事件の"審判は，懇切を旨として，和やかに行うとともに，非行のある少年に対し自己の非行について内省を促すものとしなければならない"とある。これは少年法の「子どもの健全な育成」という精神の現れだ。この審判のあり方は，非行相談のひとつの雛型である。非行相談の特徴として，子どもの内省を促すことがあげられる。犯した過ちを振り返らせ，健全に生きていくためにはどうす

ればよいのかを考えさせるのだ。

　相談の原則は支持である。そのためには相手に対する無条件の絶対的な肯定が重要だ。しかし，非行相談は子どもが「悪さ」をしたことが前提である。非行相談は矯正教育的側面をもつため，支持や肯定だけでなく，指示や指導も必要である。そのため，ときには子どもを叱らなければならないこともある。

　以下に小学校１年生の男の子の書いた作文を紹介する（鹿島・灰谷，1994）。これには非行相談のエッセンスが含まれている。

　　「うそ」　　　　　　　　　　　　　　　　　ごうだなおと
　ぼくは学校をやすみました
　おかあさんにうそをついたからです
　なんのうそかというといえません
　おかあさんをなかしてしまいました
　ぼくもなきました
　おかあさんは
　こんなおもいやりのない子とはおもわんかった
　こんなくやしいおもいをしたのは
　はじめてやといいました
　ぼくはあほでまぬけで
　ばかなことをしたとおもった
　ぼくもかなしくてこころがいたい
　それでもおかあさんはなおちゃんのことがだれよりもすきやでと
　だきしめてくれました
　もうにどとしません

　なおと君の母は，なおと君を厳しく咎め，それでも優しく抱きしめている。すると幼いなおと君が内省し，二度としないと誓っている。なお

と君の内で社会的絆理論の愛着が働き，「母を悲しませたくないから，もう嘘はつかない」と心から決意したのだ。

　懇切とは，優しくして甘やかすことでは決してない。必ず厳しさがある。それによって，子どもは内省する。すると，子どもは過ちを繰り返さなくなり，人間として成長する。子どもの過ちは必ず大人の目に触れる。非行相談や審判だけが，それに対応するというものではない。すべての大人が子どもを守るのだ。

▶引用文献

鹿島和夫・灰谷健次郎（1994）．一年一組　せんせいあのね　いまも　理論社

コラム 13-❷　少年院における矯正教育

出口保行

　少年院と聞くと，とても「恐ろしいところ」というイメージがあるであろう。実際，家庭裁判所に係属したすべての非行少年のうちの約4％だけが少年院に送致されるのであるから（法務省，2022），そこにいるのは「悪の中の悪」であり，出院すればまたすぐに再非行に走るものばかりと考えられてしまいやすい。しかし，実態は，少年院に入院した少年たちの約80％は更生し，少年院に戻って来なくなる（法務省，2022）。そこではなにが行われているのだろうか。

　まず，少年院は「全寮制の学校」であるとイメージしていただきたい。少年院で行われるのは「矯正教育」という「教育」である。似て非なるものとして刑務所の存在があるが，こちらは「刑罰」を与えることを主たる目的としている。少年院には刑罰的な意味合いは一切ない。

　法務省の心理職として全国の少年鑑別所で勤務していたとき，その地

域にある少年院に「処遇鑑別」という在院者の教育効果の測定に行く機会が多くあり，たくさんの少年院在院者と面接する機会があった。

　彼らはなんらかの理由で非行を重ね少年院まで送致されたわけだが，全員，更生に向けて真摯に努力をしていた。しかし，自らの非行を省みることは本当に難しいという。「反省」することには慣れていても，「内省」を深めることはなかなかできないのである。内省という自らのいかなる部分が非行につながっているのかという自己分析がきちんとできない限り，更生の糸口は見つからない。

　そんなときに「内観」がとても重要な役割を果たしていた。「内観」とは，ある対象に対して（たとえば母という対象に対して），「していただいたこと」・「して返したこと」・「迷惑をかけたこと」をじっくりと考えるというものである。これを繰り返し行うことで，自己分析が進み内省が深まる。

　本学（東京未来大学）の講義の中で，学生は実際に「内観」を体験するのであるが，皆今まで気づかなかった自分の気持ちや感情に触れ，内観のもつ効果を実感している。少年院でもまずはこうした内観などを用い，自己分析を徹底するところからはじめ，それをもとに自己改善に努めるという流れをつくるので非常に高い更生率を維持しているのである。

▶引用文献

法務省（2022）．令和4年版犯罪白書　https://hakusyo1.moj.go.jp/jp/69/nfm/mokuji.html（2023年10月14日アクセス）

▶参考文献

出口保行（2021）．犯罪の心理　東京未来大学オリジナルテキスト

出口保行（2022）．少年非行の心理　東京未来大学オリジナルテキスト

出口保行（2022）．犯罪心理学者が教える子どもを呪う言葉・救う言葉　SB新書

出口保行（2023）．犯罪心理学者は見た危ない子育て　SB新書

第 **14** 章

● 坪井寿子

子どもを事故からまもる
認知の働きから

　子どもを事故から守ることはいつの時代でも変わりなく大切な問題です。本章では，事故から子どもの安全を守ることについて，認知心理学（情報処理のプロセスに関する心理学）の面から検討していきます。たとえば，子どもは大人がちょっと目を離したすきにボールを追いかけて車道に飛び出してしまうことがたびたびみられます。理由のひとつとして，認知の働きが成長の途中だからだということが考えられます。ここで言う認知の働きとは情報処理のプロセスのことを指します。たとえば，環境からの情報を見たり，聞いたり，注意したり，覚えたり，考えたり，判断する働きです。これらの働きは，発達とともに徐々に備わっていきます。私たちの認知の働きは非常に優れていますが，その一方で，一度に処理できる情報の量には限りがあります。ここでは，子どもたちがのびのびと楽しく日々の生活を過ごす中で子どもの安全をいかに守るか，子どもと大人の認知機能の双方から考えていくことにします。

I. 危険から子どもをまもるには……

　子どもたちは日々の生活のさまざまな場面でのびのびと楽しく遊んでいるが，ときには遊びの場面で転倒したり，誰か（なにか）とぶつかったりと危険な目に遭うこともある。外に出れば走っている車にぶつかってしまうなど，より危険な場面もみられる。しかも，幼い子どもたちの行動の特徴として，次にどのよ

うな行動をとるのか予測しづらいところがある。大人が思いつかないことを考えたり行動したりすることが子どもたちの大きな魅力的な点であるが，それゆえ危険な状況から守るのはさらに難しくなる。保育所や幼稚園では，多くの子どもたちが一度にそれぞれの行動をとることもあるので，より一層難しくなる。

　本章では，大人と子どもとのやりとりの面から認知機能の発達もふまえて取り上げていく。そののち，情報処理のプロセスの面からどのような工夫ができるのか取り上げる。実際には，子どもといっても年齢によって異なるので，まずは発達のプロセスの面から子どもの安全について考えていきたい。

2.「発達のプロセス」から子どもの安全をまもる

1）子どもから大人への発達

　ここでは，認知機能の発達のプロセスから考えていく。実際にどのようなプロセスをたどるのだろうか。代表的な認知発達の研究者であるピアジェ（Piaget, J.）の発達段階から紹介していく。まず，乳児期では感覚運動期（0～2歳程度）といって，感覚として取り入れた情報を直接に運動動作として働きかける段階である。幼児期になると前操作期（3～6歳程度）といって，頭の中でイメージを膨らませ，内的にもさまざまな思考はできるが，まだ論理的ではないという段階になる。児童期になると具体的操作期（7～12歳程度）といって，目の前に具体的な事物があればある程度論理的に物事を考えることができる段階となる。さらに，青年期以降になると形式的操作期（13歳程度～）といって，具体的な事物がなくても抽象的な論理的思考が可能となる。もちろん，これはひとつの目安であって，個人差もある。また，状況によっては幼児期でも論理的に考えることが可能な場合もある。

　ピアジェの発達段階では，青年期以降はすべて同じ大人として位置づけられている。しかし，現在の発達心理学，認知発達心理学では，大人になってからの期間が長くなったこともふまえ，生涯発達心理学の面からとらえることが一般的である。生涯発達として認知機能の発達を見ていく場合，キャッテル

(Cattell, R.) による流動性知能と
結晶性知能が代表的なものとして
あげられる。前者は新奇な場面で
の問題解決が求められるもので素
早く正しく解決することが求めら
れる。一方，後者は社会文化に根
差した知能で知恵のようなもので

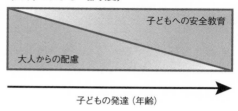

図 14-1　子どもの発達と安全への取組み
（田中，2018 を一部改変）

子どもへの安全教育

大人からの配慮

子どもの発達（年齢）

ある。前者は加齢が進むにつれ低下もみられるが，後者については生涯を通じ
て維持もしくは増加もみられる。

　以上の流れを安全に対する認識（判断）や行動に対応させて考えていく。乳
児期の場合は，その認知・行動の発達全般の状況から乳児本人の問題ではなく，
いかに周囲の大人が守っていくかにほぼ全面的に依存されている。

　幼児期の子どもたちでは危険に対する認識自体が難しく，適切な行動をとる
ことも難しいのが現状である。ただ，幼児期のおおむね 3 歳から 6 歳までの 3
年間の認知・行動発達の成長は目覚ましい。わかること・できることも増えて
くる。年齢に応じて働きかけをしていくことが大切となる（図 14-1）。幼児期
の子どもたちについてはあらためて取り上げていくことにする。

　児童期になると，具体的な状況であれば論理的に物事を考えることができる
ようになるので，危険や安全に対する理解はだいぶ備わってくる。実際，生活
場面においても子どもたちだけで屋外に出るようになる。そのような中で常に
安全にもとづいた行動をとることができるとは限らず，交通場面をはじめとし
た安全に関する丁寧な教育は欠かせない。また，児童自身が安全に気をつけて
も通学路などで事故に遭うこともあり，これは社会全体で考えていくべき課題
となる。実際，令和 4 年（2022 年）の交通安全白書でも通学路の安全に関する
特集が組まれている（内閣府，2022）。また，自転車の安全に関する特集（内閣
府，2023）も組まれており，交通安全全体として，子どもの安全に関して重要
視されていることがうかがえる。また，通学路の安全対策については「学校の
危機管理マニュアル作成の手引」でも注意すべき事項としてあげられている

（文部科学省，2018）。

　思春期や青年期になると，思考の働きはかなり発達し，安全に対しても十分理解するようになる。また，注意・記憶の働きも発達しており，とっさの判断も可能となる。その一方で，大人や社会に対する批判的な態度や行動をとることもあり，ルールなどを守らない場合も，ときおりみられる。上に述べた自転車に関する安全についても主要な問題となる。

　大人（成人期）になると子どもを守る立場になるが，いわゆる頭でわかっていても，うっかりするといったことが生じる可能性も出てくる。これは年齢が進むにつれて増加する傾向にある。注意や記憶の働きの中には，大人でもなかなか思いどおりにいかないことが少なくない。安全に関するとっさの認識や行動の中には先に述べた流動性知能の側面が求められることも多い。高齢者（老年期）になると，この流動性知能の側面である注意・記憶の働きの衰えもみられる。このような認知のプロセスを生涯発達の面からたどっていくことも，子どもたちをはじめ人びとを危険から守っていくことにつながっていくだろう。

　以上のような発達のプロセスをふまえ，本章では，流動性知能にかかわる注意や記憶の働きを中心に，情報処理のプロセスから子どもの安全について検討していく。ここでは，まだ自身を守ることの難しい幼い子どもについて主に取り上げていくことにする。

2）子どもと大人とのやりとり

　具体的に，子どもと大人とのやりとりの面から考えていくことにする。大人の側からすると，子どもには自由にのびのびと過ごしてほしいと願うが，その一方で事故に遭わないかなど安全に対する心配はあとを絶たない。なぜ，子どもたちは，ときおり，ヒヤッとする危険な行動をとってしまうのだろうか。言って聞かせても理解してもらえない場合もみられる。子どもたちを守るためには，子どもの危険な行動に対してどのように対処すれば効果的なのだろうか。ここでは，子どもと大人との相互作用を伴ったやりとりが基本となる（図14-2，注意・記憶の働きについては後述）。

また，子どもたちの認知機
能はまだ成長の途中のため，
子どもに大人と同じような言
い方で伝えても効果は出てこ
ない。危険行動を教えるとき
は，周りの大人のほうが子ど
もの視点に立つことが必要と
なる。たとえば，子どもと大

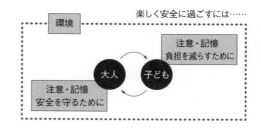

図14-2　子どもと大人との相互作用

人とでは目線の高さが異なるため，それに配慮していく必要がある（例：坂元，
2010）。また，幼児期の子どもたちの認知機能のひとつの特徴として，自分以
外の方角から見るという視点はまだ備わっていないことがある。かくれんぼ遊
びをしているとき，頭だけ隠れているのに全身が隠れたつもりになっている子
どもがいるように，向こう側にいる人から自分がどう見えているかという考え
にまだ至らない。そのため，ボールを追って道路へ飛び出す際も，横から車が
来るという他者の視点を意識するのは，子どもにとっては難しいことと言える。

　それでは，危険な行動を少しでも防ぐためには，どのようにかかわっていけ
ばよいのだろうか。それには，日ごろからのこまめな声かけ，ふだんからのや
りとりが不可欠となる。緊急の場合は危険回避を最優先にするが，落ち着いて
一緒に歩いているときなどは，「今行ったら危ないよね」，「右見て左見てから
渡ろうね」などと，行動を伴って伝えることがポイントとなる。その際，「い
つも言っているよね」と言うのは避けたほうがよい。子どもは以前のことを
とっさに思い出すのが難しいため，その都度声をかけていくこともポイントと
言える。

　実際に，それぞれの子どもたちが守れそうな注意配分を考えて伝えるのも大
切である。必要なルールを３つ守ることが難しそうと感じたら，もっとも大切
にしてほしい１つをきちんと守ることにし，１つめが身についたら２つめに進
むなど，順序やメリハリをつけるのもよい方法と言える。これについては，子
どもの注意や記憶の働きとも関連するので，のちほど取り上げる。

　また，乳児期や幼児期前半のころは，大人が考える「危険」という認識があるとは言えない。細かい運動動作や視覚などの感覚がまだ成熟していないため，つかんだものを感覚として取り入れやすい口に運んでとらえるということは，乳児にとってごく自然な行動と言える。そのため，親をはじめとした周りの大人が一緒に遊び，手の届く範囲で見守るのがよりよいと言える。少し遠目で見守るときは，口に入れても危なくないおもちゃだけを周りに置くなど，環境を整える工夫を忘れずにいることも大切である。時間に余裕があるときには安全な公園や児童向けの施設などを利用しながら，子どもも大人もゆったりとした環境で遊び，認知発達を育んでいけるとよい。子どもの視点の世界がわかると，子どもとのやりとりも楽しく奥深くなる（坂元，2010）。

　その一方で，いつも一緒に過ごしている子どもが相手でも，ときには大人の想像の範囲を超えた行動をとることもある。つい怒ってしまって後悔してしまうこともある（もちろん危険の回避が優先となるが）。個々のやりとりでも，このようなさまざまな状況が生じるが，子どもの集団場面となるとより複雑になる。集団の保育場面についてはあらためて取り上げるが，その前に認知のプロセスについてもう少し詳しくみていくことにする。

3.「認知のプロセス」から子どもの安全をまもる

1）大人の側からの認知プロセス

　私たちは環境からの情報をどのように取り入れているのだろうか。子どもたちの危険を回避し安全を守る大人（成人期）の役割とも関連させながら順を追ってみていく。まず，入口にあたる部分が「感覚・知覚」である。感覚・知覚には，視覚・聴覚・触覚などいくつかの種類があるが，これらの情報をバラバラに処理するのではなくひとつのまとまった情報に統合することによって，危険な状況をより早くとらえることにもつながっていく。すべての情報を処理することはできないので，情報を選ぶ必要がある。この選ぶ働きが「注意」となるが，たんに選択だけでなく，情報をどのように配分するのか，どのような

順序でとらえるのかといった工夫をすると，見間違いやうっかりミスを減らすこともできる。優先順位を決めていくことにもつながる。実際に処理した情報を保持する働きが「記憶」である。記憶については，子どもたちを危険な状況から守るためには，とっさのときに必要な情報をすぐに思い出すことが求められる。ここでは，必要な情報をいかに素早く想起できるかがポイントとなる。さらに，入力した情報に対して，新たな解決策を生むことも必要であり，そのような機能は「思考」となる。思考においては，危険を回避するにはとっさの判断が必要になるが，その際にどのような意思決定のプロセスがなされているのかを解明することは誤った判断を防ぐことにもつながる。この場合，問題解決や推論にもかかわってくる。いずれも基本的な認知のメカニズムに関するものである。また，危険から子どもたちを守るには瞬時に対応することも多いため，自分自身でも気づかないことが多いが，その際にはさまざまな認知プロセスを活用している。このような自分自身でも気づかない認知の働きについては潜在認知というが，実際には自身でも気づかずに注意や記憶の働きを行っていることが多い。

　この認知のプロセスでは，ひとつの大きな特徴がみられる。すなわち，私たちは非常に多くの情報を感覚・知覚の働きから受け取り，そこから非常に豊かな情報を蓄えることができるが，それをつなげる役目を果たしている「情報を保持（維持）しながら処理する段階」がかなり脆弱であるというものである。この特徴をボトルネックの形状に反映させたものが**図 14-3** である。これは認

図 14-3　情報処理プロセスの概略

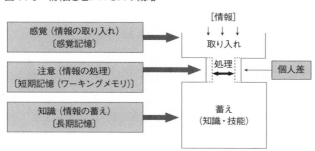

知のプロセスをかなり簡略化した図であるが，人間の注意・記憶の働きに限りがあることがイメージできると思われる。実際，目や耳などの感覚器官から取り入れた情報は，いったん，瞬間的に感覚記憶に取り入れられる。ただ，多くの情報に注意を向けて一度に多くの情報を長く処理し続けることは難しい。情報処理の容量の面でも時間の面でも限りがあると言える。この容量的・時間的に限りがある記憶を短期記憶とよぶ。この短期記憶は情報の保持に特化したものだが，実際にはなにかほかの認知活動をしながら情報を保持するような記憶活動も多くみられる。このような場合の記憶をワーキングメモリという。短期記憶にせよ，ワーキングメモリにせよ，情報を繰り返したり注意深く反復したりするとその情報は安定的なものとなる。その場合には安定した長期記憶の情報となり知識の源となる。この知識を活用して私たちはさまざまな認知活動を行っているのである。問題解決，推論，意思決定などのいわゆる思考にかかわる活動は，多くの場合，知識を活用しながら行われている。

　私たちは，事故を防ぐ立場からも，この性質を十分に自覚して上手に活用していくことが求められる。また，このくびれの注意容量の部分については，幼い子どもたちは年長の子どもや大人よりも一度に処理できる容量がより小さい。このことをふまえ，次に，子どもの側から，注意・記憶を中心とした認知のプロセスについて述べていくことにする。

2）子どもの側からの認知プロセス

　幼い子どもは一度に処理できる情報量が大人に比べると小さい。子どもたちが余裕をもって日々の生活が送れるようにするには認知的負担を減らすことが大切である。注意・記憶の働きから考えていくことにする。

　子どもの注意・記憶の働きを活かした実際の工夫については，先に紹介したワーキングメモリを活かしたものが多いが，とくに子どもの学習活動など教育の場面で活用されていることが多くみられる（例：湯澤，2018）。注意や記憶の働きには個人差がみられ，とくにこれらの働きが苦手な子どもたちに対してのサポートは，子ども自身が安全を守るためにも大切なことと言える。子どもた

ち自身が，周囲の大人たちから支えてもらいながらも自分自身で徐々に守る力
を育んでいくことが望まれる。

　注意・記憶の働きが苦手な幼児期の子どもたちは，注意が散って最後までやり遂げられない，時間がかかる，次にすることを忘れてしまうといった傾向がみられる。このようなことから，さまざまな事故を招いてしまう可能性も出てきてしまう。子どもたちの認知的な負担を軽減することが事故を防ぐことにもつながる。ここでは，子どもたち自身が実際に対応できるよう，情報の量や質（内容）について考えていくことにする。

　まず，「情報の量」については，情報の量的な面での負担を減らす工夫が基本となる。そのため危険の回避など大切なことを伝える場合には，注意の集中を促して確認してから話しかける，説明や指示は短くする，必要に応じて繰り返すなどが量的側面での工夫となる。必要な情報のみを取捨選択することで，余分なものをなくしてすっきりさせることや，情報量を調整し多すぎないようにすることがポイントとなる。

　一方，情報の質（内容）については，いくつかの種類の情報を活用することが基本となる。先に述べたワーキングメモリには言語的情報処理とイメージ的（視覚的）情報処理があるので，子どもたちの情報処理の特性にもとづいて工夫をしていく。具体的には，それぞれの子どもたちの得意な情報の種類を基本に，それ以外の情報からもサポートしていくとより伝わりやすくなる。とくに視覚的な情報は形として残るので，大切な内容を伝える際には活用できるとよい。これらは，視覚的支援として，注意・記憶の苦手な子どもたちの場合に有効である例が多くみられる（例：湯澤，2018）。

　情報の側面に限らず，子どもたちの注意の向け方について把握しておくことも重要である。たとえば，ひとつのことに継続して集中するのが難しいのか，柔軟に切りかえることが難しいのか，などについても考慮していくと，子ども自身もより適切に行動できるようになる。それぞれの子どもたちの注意・記憶の働きの特徴を把握しながら，子どもたち自身が，発達のプロセスとともに少しでも危険を回避できる力を育てていくことが，子どもを守ることにもつな

がっていく。

4. 「ヒューマンエラー」から子どもの安全をまもる

1）ヒューマンエラーとは

　注意・記憶の働きを中心に認知プロセスについて少し詳しく紹介した。次に，事故を防ぐ（減らす）ことを認知プロセスから直接見ていくためにヒューマンエラーの問題から考えていくことにする。ヒューマンエラーについては，認知心理学の分野でもしばしば取り上げられている（三浦・原田，2007；重森，2021など）。

　ヒューマンエラーとは人的要因が原因となって生じるエラーを指し，いわゆる「うっかりミス」で生じるものが多く見られる。すべてのエラーで事故が生じるわけではないが，ヒューマンエラーの低減や防止について考えることは重要である。ヒューマンエラーには主に次の3つのタイプがある。①「ミステイク」とは行動は意図どおりだが見通しが不十分な場合に生じる，いわばプランニング段階でのエラーである。②「ラップス」は貯蔵の段階で，行動をし忘れた場合のエラーである。③「スリップ」は実行の段階で，目的は正しいが行動面でのエラーを指す。これらを，不安全行動（安全でない不安全な行動）から全般的にとらえたものが**図 14-4** である。この中の違反については，実際に安全でないと承知したうえで不安全行動を行うことであり，その点エラーとは性質が異なる。ヒューマンエラーと意図的な違反とは認知的メカニズムもその対策もまったく異なっていると言える。

　このようにヒューマンエラーはうっかりミスやし忘れなどによるものなので，注意・記憶の働き

図 14-4　不安全行動の種類（芳賀，2020 を一部改変）

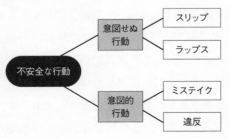

（限界），とくに先ほど紹介した情報処理のボトルネックの考え方が深くかかわってくる。ここでは一度に処理できる情報量が限られている中で，どのようにしてエラーを減らすかがポイントとなる。実際に，事故などから子どもたちを守る際には多くのことに注意を向ける必要があるが，大人自身の認知機能の限界を十分に自覚して，不安全行動からなる種々のエラーを減らし防ぐことになる。

　このようなヒューマンエラーについては，医療領域や交通領域などさまざまな場面で検討されており，子どもたちの安全（生命）を守っているが，以下では子どもたちが実際に日々の生活を送っている保育所や幼稚園などの集団の保育場面のヒューマンエラーについて考えていくことにする。

２）保育場面でのヒューマンエラー

　「子どもを事故からまもる」ということで，保育所や幼稚園などの保育場面について考えていく。集団の保育場面では，多くの子どもたちがいっせいにそれぞれの行動をとることもあるので，安全を守るのがより一層難しくなる。現実の保育場面では保育学や乳幼児心理学の立場からさまざまな工夫や取組みがなされている（例：掛札，2012；田中，2018；田中，2005）。これらをふまえたうえで，さらに子どもや大人の情報処理プロセスの面から検討していくことにする。

　ふだんの園生活でも当てはまるが，運動会や遠足などの行事場面だと子どもたちや保育者が慣れないことも多く，エラーが増えてしまう傾向にある。たとえば，遠足の場面では，スケジュール的に無理があって当初の予定がうまくいかない場合にはミステイクとなる。その一方で計画としては適切であったが，その後の行動面でうっかりミスのエラーが生じた場合はスリップである。これらの場合，想定外のことが生じたためにエラーが生じることも少なくない。

　それでは，どのような場合にヒューマンエラーが生じるのだろうか。重森（2021）は，ヒューマンエラーを起こしやすい状況として，注意がかかわっているものと記憶がかかわっているものをあげているが，これらを保育場面とも

関連させていく。まず，注意の働きがかかわってくる状況としては，「急いでいるとき」，「忙しいとき」，「緊張しているとき」，「注意を向け続けなければならないとき」をあげている。これらは，保育場面でも頻繁にみられることであり，保育場面では注意の働きとして余裕がないことがうかがわれる。一方，記憶の働きに関するものとしては，「いつもと違うことをするとき」，「難しいことをするとき」，「同じような場面で直前に違うことをしたあと」，「紛らわしいものを扱うとき」，「あとで〜するとき」をあげている。保育場面でも子どもや保育の状況が時々刻々と変化するため，これらも保育場面では多く当てはまると考えられる。このため，保育場面というのは認知的負担の高いヒューマンエラーが生じやすい場面と言えるだろう。人間の認知容量の特性もふまえた対応策が求められる。

　こういった中で，専門家である保育者によって日々の保育場面においてさまざまな工夫がなされており，いわゆるヒヤリ・ハット事例としての蓄積もみられる（日本経済研究所，2022a,b）。たとえば，「（飛び出し）降園時，保護者をおいて先に走って保育園の門を飛び出し，車にぶつかりそうになった」，「（抜け出し）通用門に内側からボタンを押して開ける電子錠があり，高い位置に設置されているが，ジャンプしたり，近くの壁に登ったりして触ろうとしている子どもがいた」などの例が共有されている。

　このような集団保育場面では，安全が優先されることが前提となるが，その一方で，子どもたちがのびのびと元気よく過ごすことも大切である。また，子どもたちがさまざまな活動を行うためには，素早い対応，スムーズな対応も求められる。このようにさまざまなことをふまえながら進めていくことになるので，想定外のことにも臨機応変に対応できるような，ある意味，創造的な営みが求められてくる。このようなこともふまえたヒューマンエラーに対する考えとして「創造的安全」という考えが提唱されている（重森，2021）。

5.「子どもの安全をまもる」ことへの今後の課題

　本章では，幼い子どもを大人が守るという枠組みで進めてきた。子どもは認知の働きが成長の途中であるので，幼い子どもを守るのは大人や社会の責務と言える。しかし，その一方で，大人自身が気づいていないときに子どものほうから声をかけることで，逆に大人を危険から守ることがあるかもしれない。子どものほうが自身や周りの人びとを守っていくこともある。このことは子どもが成長するに従って増えていく。人間の認知の働きはさまざまな点で有能であるが，大人も子どもも注意・記憶の情報容量の面では限りがある。子どもと大人のお互いが，発達の柔軟性や連続性をふまえながら「まもる－まもられる」の関係が展開できるとよいと思う。

▶引用文献

芳賀　繁（2020）．ヒューマンエラーと安全マネジメント——心理学の視点から　こころの未来（京都大学こころの未来研究センター学術広報誌），*23*, 24-27.

掛札逸美（2012）．乳幼児の事故予防——保育者のためのリスクマネジメント　ぎょうせい

三浦利章・原田悦子（2007）．事故と安全の心理学——リスクとヒューマンエラー　東京大学出版会

文部科学省（2018）．学校の危機管理マニュアル作成の手引（独）日本スポーツ振興センター学校安全部　https://www.mext.go.jp/a_menu/kenko/anzen/__icsFiles/afieldfile/2019/05/07/1401870_01.pdf（2023 年 11 月 1 日アクセス）

内閣府（2022）．令和 4 年度版交通安全白書　https://www8.cao.go.jp/koutu/taisaku/r04kou_haku/index_zenbun_pdf.html（2023 年 11 月 1 日アクセス）

内閣府（2023）．令和 5 年度版交通安全白書　https://www8.cao.go.jp/koutu/taisaku/r05kou_haku/index_zenbun_pdf.html（2023 年 11 月 1 日アクセス）

日本経済研究所（2022a）．教育・保育施設等におけるヒヤリ・ハット事例集（内閣府　令和 4 年度子ども・子育て支援調査研究事業）

日本経済研究所（2022b）．教育・保育施設における事故に至らなかった事例の収集・

　　共有等に関する調査研究　報告書（内閣府　令和4年度子ども・子育て支援調査研究事業）

坂元　昂（2010）．こどもがみ・え・る──心や振る舞いの特徴と発達がみえる　学研教育出版

重森雅嘉（2021）．ヒューマンエラー防止の心理学　日科技連出版社

田中浩二（2018）．社会福祉法人日本保育協会（監修）　写真で学ぶ！　保育現場のリスクマネジメント　中央法規出版

田中哲郎（2005）．保育園における事故防止と危機管理マニュアル改訂第二版　日本小児医事出版社

湯澤正通（2018）．知的発達の理論と支援──ワーキングメモリと教育支援　金子書房

▶参考文献

坂元　昂（2010）．こどもがみ・え・る──心や振る舞いの特徴と発達がみえる　学研教育出版

重森雅嘉（2021）．ヒューマンエラー防止の心理学　日科技連出版社

田中浩二（2018）．社会福祉法人日本保育協会（監修）　写真で学ぶ！　保育現場のリスクマネジメント　中央法規出版

コラム14-❶　自転車事故から10代の子どもをまもる

坪井寿子

　　今般，改正道路交通法により，すべての年齢層の自転車利用者に対して，乗車用ヘルメットの着用の努力義務を課すこととされ，令和5年4月1日から施行された。またこれにあわせ「自転車安全利用五則」についても改定された。それに伴い，令和5年度の交通安全白書では「自転車の安全利用の促進」の特集内容が組まれ，自転車事故に対する注意喚起もなされている（内閣府，2023）。

　　自転車は，子どもや青少年にとってもっとも身近な乗り物といえるが，

「自転車対歩行者」事故のうち，歩行者死亡・重傷事故における自転車運転者の年齢層（図14-5）を見ると，10代の占める割合が多いことが示されている（図中の60歳以上については年齢区分が異なる）。

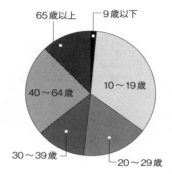

図 14-5　自転車事故者の年齢層の割合（平成 30 年〜令和 4 年の合計）

　自転車を運転するには，ほかの乗り物と同様にさまざまな情報を処理し，とっさの判断も求められる。余裕のある状況で運転をし，ヒューマンエラーの防止や低減に努め，安全で無理のない運転を心がけたい（重森，2021）。

　10代は，子どもから大人への過渡期である小学校高学年・中学生・高校生が中心となる。安全の問題に対し適切に考え，行動することによって一人ひとりが幼い子どもを含めた人びとの安全を守る担い手になることが期待される。

▶引用文献

内閣府（2023）．令和5年度版交通安全白書　https://www8.cao.go.jp/koutu/taisaku/r05kou_haku/index_zenbun_pdf.html（2023年11月1日アクセス）

重森雅嘉（2021）．ヒューマンエラー防止の心理学　日科技連出版社

第 **15** 章

●藤本昌樹

子どもをトラウマから
まもる

トラウマってなんだろう？

　トラウマ（心の傷）という言葉は聞いたことがあるかもしれません。それは，さまざまな状況で，誰もが大きなトラウマや小さなトラウマを経験する可能性があるため，その認識が広がったのかもしれません。

　トラウマという言葉は，もともと医学の分野では文字どおり「怪我」などを指す用語でしたが，心理学や精神医学で心の傷を指す意味で使用されるようになりました。トラウマから生じる精神的な病気に「PTSD」という言葉がありますが，これは「ポスト・トラウマティック・ストレス・ディスオーダ（Post-Traumatic Stress Disorder）」の頭文字をとったものです。

　この章では，子どものトラウマに焦点を当て，トラウマの種類や子どもの発達に及ぼす影響，メカニズムなどについて学び，予防と治療についても探求します。

I．トラウマにはどのような種類が存在するのか？

　トラウマ体験といえば，一般的には事件に巻き込まれた体験や，交通事故，災害を最初に思いつくかもしれない。さらに，医療的な手術，病気，家族の離婚，死亡，戦争，紛争地域での被害，児童虐待などもトラウマとなりうる。しかし，親や先生，同級生から毎日嫌なことを言われるという「いじめ」のよう

な出来事はどうであろうか。これも重大な心の傷となるのである。トラウマは，先述した事件や事故，災害などの出来事から生じたものを大きなトラウマという意味で英語のトラウマ（Trauma）の頭文字を大文字で表記し，「ビッグＴのトラウマ」とよぶことがある。同様に，日常的に嫌なことを言われたり，嫌がらせを受けたりするなどによるものは「小さなトラウマ」とよばれ，英語のトラウマ（trauma）の頭文字を小文字で表記している。「スモールｔのトラウマ」であっても，長期間にわたって経験すると，脳などが変化し，非常に大きな影響を及ぼすことが知られている。小さなトラウマでも，何度も繰り返して体験することによって，大きな影響を及ぼすことがあるのである。したがって，親や大人から「不適切な養育」とよばれるマルトリートメントを受けると，それも子どもに大きな影響を及ぼすことが理解されるであろう。マルトリートメントは，児童虐待といわれる「身体的虐待」，「性的虐待」，「情緒的虐待」，「ネグレクト」を含めた広義の考え方である。親や大人に虐待的な意図はなくとも，子どもにとって有害で心に傷をつくるような行為全般をマルトリートメントとよび，子どものトラウマとなるのである（奥山，2010）。

マルトリートメントとはなんであるか？

　マルトリートメントとは，子どもたちに対する悪い扱いや不適切なケアのことである。以下はその内容である。

①身体的虐待（physical abuse）：これは，子どもの身体を傷つける行為である。たとえば，叩いたり，蹴ったり，激しく揺さぶったり，やけどさせたりすることが含まれる。

②性的虐待（sexual abuse）：これは，子どもを性的なことに巻き込むことである。これは絶対に許されない行為で，子どもたちの身体と心に深刻な傷を与える。

③情緒的虐待（emotional abuse）：これは，子どもたちの感情や自己評価を傷つける行為である。恥をかかせたり，拒否したり，孤立させたり，愛情を与えなかったり，差別したり，恐怖を与えたり，過度なプレッシャーを

かけたりすることが含まれる。これは身体的な暴力がなくても，心に大き
な影響を及ぼす。また，兄弟姉妹や親同士の暴力を見ることも，心に負担
をかける心理的虐待となる。

④ネグレクト（neglect）：これは，子どもたちに必要なケアを提供しないこ
とである。たとえば，適切な食事を与えない（食事のネグレクト），適切な
衣服を提供しない（衣服のネグレクト），清潔を保たない（清潔のネグレク
ト），危険から守る監督をしない（監督のネグレクト），学校に行かせない
（教育のネグレクト），必要な医療を提供しない（医療ネグレクト）などがあ
る。子どもたちにケアを怠ることは，彼らの成長と発展に深刻な影響を及
ぼす。また，特別な信念や宗教上の理由によっても，必要なケアが提供さ
れない場合，それもネグレクトとされる。

子どもたちは健康で安全な環境で成長する権利をもっており，マルトリート
メントはその権利を侵害する行為である。誰かがマルトリートメントを経験し
ていると思ったら，信頼できる大人に話せるようにすすめていくことが大切で
ある。現在では，さまざまな研究が進んでおり，子ども時代のトラウマがのち
にどのような影響を与えるかがかなり詳しくわかってきている。次節では，小
児期逆境体験（ACE）について詳しくみていく。

2. 小児期逆境体験（ACE）とはなんであるか？

小児期逆境体験（Adverse Childhood Experiences：ACE）は，子ども時代に
経験したさまざまな不利な出来事や状況を指す用語である。これらの経験は，
心身の健康に対して長期的な影響をもつ可能性があり，個人の生涯にわたるリ
スクを増加させると言われている（Felitti et al., 1998）。逆境体験については主
に次のような経験があるかどうかを問われる。心理的虐待，身体的虐待，性的
虐待，母親からの暴力的扱い，薬物乱用者との同居，精神疾患・自殺未遂者と
の同居，収監されたことのある家族との同居，などである。

このような小児期の逆境体験は，子どもの成長に深刻な影響を及ぼすだけで

なく，将来の健康にも影響を与え，寿命までも縮めると言われている。これらの逆境体験が子どもに及ぼす影響は，生理的，心理的，社会的側面において観察され，病気になる確率を増加させることがある。たとえば，逆境体験は，脳の前頭前野（思考や創造性と関連）におけるミエリン形成障害に影響する可能性もあると考えられている（牧之段・岸本，2019）。この前頭前野は，注意，ワーキングメモリ，反応抑制，情動，動機づけ，社会行動などにかかわっていると言われている。つまり，生理–心理–社会モデルで見ていくと，すべてにおいて影響を及ぼすと考えられるのである。

　小児期の逆境体験が及ぼす心理的な影響について見ると，子どもは，逆境に対処するためのストレスや不安を経験し，抑うつや自尊心の低下などの心理的な問題に直面すると言える。たとえば，家庭内での虐待や家族の問題にさらされた子どもは，心の安定性がないまま成長することになる。これらの心理的問題は，将来の心の健康に影響を及ぼすことが考えられる。

　具体的には，逆境体験を経験した子どもたちの中には，成人期においてうつ病や不安障害の発症率が高まることが研究によって示されている。子どもは怒り，悲しみ，孤独感などの強い感情を経験しやすくなり，感情の調整が難しくなり，対人関係にも影響を及ぼすことがある。たとえば，親の離婚や家庭内の緊張が子どもの感情の不安定さにつながることがあり，これらの感情的な困難が学業や行動にも悪影響を及ぼす可能性がある。感情のコントロールや対人関係の問題が，将来の心の健康に影響を及ぼし，病気になる確率を高めると言えるかもしれない。

　社会的な側面でも逆境体験に影響されるであろう。安定した家庭環境やサポートを受けられない場合，学業の成績が低下し，将来のキャリアや経済的成功にも影響を及ぼす可能性がある。子どもが安定した環境で育つことは，社会的適応力を高め，良好な対人関係を築く助けとなるからである。逆境体験が社会的孤立や対人関係の困難を引き起こす可能性があるため，サポートが非常に重要である。社会的な適応困難は病気のリスクを高める一因と考えられている。さらに，小児期の逆境体験が将来の健康にも関連している。身体的健康への影

響として，心血管疾患や高血圧，糖尿病などの慢性疾患のリスクが増加する可能性がある。精神疾患のリスクも高まり，うつ病，不安障害，PTSDなどが関連づけられている。また，行動問題や薬物乱用のリスクも高まる。これらの健康リスクは，逆境体験の種類や程度によって異なり，個人差も存在する。しかし，逆境体験が健康に与える潜在的なリスクを考慮すると，早期の支援や適切なケアが提供されるサポート体制をつくることが必要であると言える。病気や精神的な問題のリスクを抱えた子どもたちの将来において，早期の対応が不可欠である。逆境体験に対する適切なケアとサポートは，子どもたちが健康で幸せな成人期を迎えるために重要な役割を果たす。したがって，社会的な支援システムと心理的なケアを提供することで，逆境にさらされた子どもたちの未来に希望をもたらすことができるのである。

3.　子どもの脳と心へのトラウマの影響

　子どもの脳は，3歳くらいまでに神経系の基盤が完成すると言われている。それ以前に虐待のようなトラウマを受けても，本人は記憶として虐待を受けていたことを忘れていることが多いのだが，その影響はあるとする研究がある。とくに自律神経に関連する部分が非常に興奮し，4歳以前に経験した深刻なトラウマの影響により，精神疾患に先駆ける症状や精神病的な症状が発生する確率が高まることがある（Perry, 1994）。

　また，友田（2019）によると，子ども時代に過度な長期間の体罰を受けた場合，脳の「前頭前野」とよばれる領域が収縮する可能性があると述べている。前頭前野は感情，思考，行動に関与する領域であり，情動を制御する役割も果たす。そのため，この領域の収縮は本能的な欲求や衝動の制御が難しくなる可能性がある。また，性的なマルトリートメントやDV（ドメスティック・バイオレンス），親同士の争いを目撃すると，見ることや視覚的な記憶の形成に関連している脳の視覚野の容積が減少し，視覚的な記憶の問題が起こるのである。この視覚野は，視覚を伴う感情処理もされており，嫌なことを思い出すたびに

神経が活発化するので，苦痛を伴う記憶を繰り返さないように，視覚野の容積を減少させると考えられている。同様に，親からの暴言は「聴覚野」とよばれる場所に影響を与え，脳で効率よく情報伝達をするために行われる神経の剪定（シナプス刈り込み）が行われないために，聴覚野の容積が増えてしまうのである。それにより，人の話を聞き取ることに支障が出て，人とのかかわりを恐怖と感じるようになる可能性もある。

　したがって，トラウマが脳に及ぼす影響は大きいため，子どもの行動にもさまざまな変化が現れることがある。たとえば，ひとりでいるのを怖がる，怒りっぽくなる，イライラする，夜泣き，眠れない状態になる，多動，多弁となって集中ができなくなる，学校で問題を起こすといった状態になる（Safe Start Center, 2011）。また，トラウマの原因になった「出来事」を遊びの中で再現されることもある。このように大人の PTSD 症状とは違った形で表現される。

4.　子どものトラウマの治療

　子どもがトラウマによる影響を受け，PTSD となった場合には，より専門的な治療が必要となる。ただし，ここでも基本的に重要なのは「心の安全感」を育んでいくことである。現在では，さまざまな研究が進んでおり，子ども時代のトラウマがのちにどのような影響を与えるかがかなり詳しくわかってきている。「今，ここ」に安心，安全な感覚がないのに，トラウマと向き合っていくことは難しい。

　そのうえで，トラウマを受けた子どもにも，自分の心が今，どのような状態であるのかを説明してあげることが必要である。不安な気持ち，恐い気持ち，そうした気持ちや身体の反応が，なぜトラウマ的出来事のあとも続くのか，そして，どのようにして，よくなっていくのかなどを教えてあげるのである。これをトラウマに関する「心理教育」という。子どもの年齢や理解能力に応じて説明の工夫が必要であるが，自分だけの変わった反応ではないことを知ること

で，それだけでも不安感は低減されていく。また，公認心理師や臨床心理士といった心の専門家による心理療法を受けることは有効である。大人のトラウマやPTSDではすでに研究的に実証された心理療法（エビデンスのある心理療法）が存在している。しかし，子どものトラウマに対する心理療法に関しては，子どもへの効果がまだ十分に研究されていないものも多い。

　子どものトラウマに関してエビデンスがあり，もっとも効果があるとされる治療法は認知行動療法（Cognitive Behavior Therapy：CBT）であり，とくにTF-CBT（Trauma-Focused CBT）である（Bisson et al., 2019；Landolt & Kenardy, 2015）。TF-CBTは，児童および青少年がトラウマに対処するためのスキルを身につけるために，認知行動療法，家族療法，およびプレイセラピーを組み合わせたものである。TF-CBTは，児童および青少年がトラウマに関連するストレス反応を管理するためのスキルを身につけること，トラウマに関連する思考や信念を再構築すること，およびトラウマに関連する出来事を処理することなどを行う。

　その他，成人のPTSDに効果的であるとされる心理療法には，認知処理療法（Cognitive Processing Therapy：CPT），眼球運動による脱感作と再処理法（Eye Movement Desensitization and Reprocessing：EMDR），および，長期持続暴露（Prolonged Exposure：PE）などがある。このようなトラウマに焦点を当てた心理療法は，表15-1に示されるようにトップダウン型とボトムアップ型

表15-1　トラウマに特化した心理療法（杉山，2019を改変）

トップダウン方式 （認知的側面からの働きかけが主となる）	ボトムアップ方式 （身体的側面からの働きかけが主となる）
STAIR-NT（感情および対人関係調整スキルトレーニング-ナラティブ療法） PTSDへの認知療法 Narrative Exposure（ナラティブによる暴露法） Brief Eclectic Psychotherapy for PTSD（PTSDに対する短期折衷精神療法） Cognitive Processing Therapy（認知処理療法）	EMDR（眼球運動による脱感作と再処理法） パルサーを用いたEMDR簡易版トラウマ処理 ブレインスポッティング（BSP） ホログラフィートーク（HT） 自我状態療法（EST） ソマティック・エクスペリエンシング（SE） ボディ・コネクト・セラピー（BCT） 思考場療法（TFT）

の 2 つに分類される（杉山，2019）。

　トップダウン型は，認知行動療法のような頭を使って，認知や信念，自己理解などを深めていく方法であり，ボトムアップ型は，身体の側面からアプローチして，トラウマへの身体的な反応や，トラウマで正常な反応ができなくなっている脳−神経系を整える方法である。EMDR は，眼球運動を使用してトラウマの記憶の処理を促す心理療法であり，脳と体に働きかけを行う心理療法である。たとえば，あるトラウマ記憶を思い浮かべながら，一定の手続きをして，そのトラウマ記憶を思い浮かべながら眼球運動を行うと，その記憶が変化していき，不快な記憶ではなくなるような現象が生じる。また，表 15-1 のボディ・コネクト・セラピー（Body Connect Therapy：BCT）やホログラフィートーク（Holographytalk：HT）などは日本人が開発した心理療法であり，日本文化に適合している新しい心理療法である。

　ボトムアップ型のアプローチは，身体志向心理療法と言われることも多いが，そもそもトラウマ的出来事が，昔のことだと頭では理解しているのに，身体的な反応に出ることを考えると理に適っていると言える。しかし，日本ではトラウマ治療を専門とし，経験のある心理学の専門家はいまだ少ないのが現状である。

5. 子どもをトラウマから守るには

　子どもをトラウマから守るためには，保護者，学校，そして社会が協力することが非常に重要である。こうした協力によって，子どもたちが事件や事故のようなトラウマとなる体験をあまりせずに成長し，健康的な心身の発達を促す可能性がある。感情の表現とコミュニケーションは，子どもたちがトラウマを予防するためのスキルを身につけるのに役立つ。このように，コミュニティ全体が協力して子どもとその家族にサポートを提供し続けることが，子どもをトラウマから守るのに役立つ。

　また，子どもたちに対してトラウマに関する正確な知識を提供し，感情を適

切に表現する方法を教えることが役立つ。子どもたちは自分の感情を理解し，言葉で表現する方法を学び，必要なときに大人からサポートを受けることができるかもしれない。同様に大人も，どのような言動が子どものトラウマとなるかをよく理解しておく必要がある。そして，子どもに安全な環境を提供することはとても大切なことである。

　身体的な安全性はもちろんであるが，心の安全性も確保する必要がある。保護者や学校は，子どもたちが安心して成長できる場所を提供し，暴力や虐待から守るように努力する必要がある。感情の表現とコミュニケーションは，子どもたちがトラウマを予防するためのスキルを身につけるのに役立つ。感情を語ることと他人とコミュニケーションをとることが，トラウマのリスクを軽減させる。また，近年注目されているアプローチに，トラウマインフォームドケア（Trauma Informed Care：TIC）がある。TICとは，支援する多くの人たちがトラウマに関する知識や対応を身につけ，子どもの問題行動などの背景に「トラウマがあるかもしれない」という観点をもって対応する支援の枠組みである（大阪教育大学学校安全推進センター，2023）。また，支援者のストレス管理と自己ケアも重要な要素である。

　保護者や教育者は，自分自身のストレスをうまく管理し，自分自身がイライラせず，ストレスを抱えないようにして子どもたちに接することで，ポジティブなモデルを示していくことが重要である。このように，コミュニティ全体が協力して子どもとその家族にサポートを提供し続けることが，子どもをトラウマから守るのに役立つのである。

6.　子どもの未来と幸福のために

　本章では，子どもをトラウマから守る視点から，小児期逆境体験（ACE）やトラウマの影響について説明してきた。ACEは，子ども時代に経験した不利な出来事や状況である。これらは長期的な心身の健康への影響をもつ可能性があり，成人期の健康にも影響を及ぼす可能性がある。つまり，小児期の逆境体

験が子どもに及ぼす影響は，生理的，心理的，社会的に観察され，将来の病気のリスクを増加させる可能性がある。

　将来的には，心の安定性や感情の調整に影響を与え，成人期においては，うつ病や不安障害の発症率が上昇すること，社会的な側面でも学業成績の低下や社会的適応力の低下が見受けられ，病気のリスクを増加させる。

　さらに，子どもの脳と心へのトラウマの影響についても考察した。トラウマは子どもの脳に影響を与え，自律神経の興奮や精神疾患のリスクを高める可能性がある。さらに，脳の特定の領域が影響を受け，感情や行動に問題を引き起こす可能性もある。

　子どものトラウマの治療においては，心理療法の重要性と種類を紹介した。TF-CBT や認知行動療法，眼球運動による脱感作と再処理法（EMDR）などが効果的であると考えられる。そして，今後，日本でもトラウマに対処できる専門家が増えていくことが重要な課題である。

　子どもをトラウマから守るためには，保護者，学校，社会が協力し，子どもの安全を守っていくことが重要である。そして，子どもが感情の表現とコミュニケーションのスキルを身につけ，安全な環境を提供することが子どもをトラウマから守る鍵となってきている。また，トラウマインフォームドケア（TIC）の導入によるサポートや支援者の自己ケアも重要である。

　未来の子どもたちの健康と幸福のためには，トラウマへの理解と適切な支援が不可欠である。子どもの未来に希望をもたらすためには，社会全体が努力し，協力することが必要である。

▶引用文献

Bisson, J. I., Berliner, L., Cloitre, M., Forbes, D., Jensen, T. K., Lewis, C., Monson, C. M., Olff, M., Pilling, S., Riggs, D. S., Roberts, N. P., & Shapiro, F. (2019). The International Society for Traumatic Stress Studies New Guidelines for the Prevention and Treatment of Posttraumatic Stress Disorder: Methodology and Development Process. *Journal of Traumatic Stress, 32*(4), 475-483.

Felitti, V. J., Anda, R. F., Nordenberg, D., Williamson, D. F., Spitz, A. M., Edwards, V., Koss, M. P., & Marks, J. S. (1998). Relationship of childhood abuse and household dysfunction to many of the leading causes of death in adults. The Adverse Childhood Experiences (ACE) Study. *American Journal of Preventive Medicine, 14*(4), 245-258.

Landolt, M. A., & Kenardy, J. A. (2015). Evidence-based treatments for children and adolescents. In U. Schnyder & M. Cloitre (eds.), *Evidence based treatments for trauma-related psychological disorders: A practical guide for clinicians* (pp.363-380). Springer International Publishing/Springer Nature.

牧之段学・岸本年史（2019）．小児期体験と前頭前野ミエリン形成　日本生物学的精神医学会誌, *30*(1), 28-33.

奥山真紀子（2010）．マルトリートメント（子ども虐待）と子どものレジリエンス　学術の動向, *15*(4), 446-451.

大阪教育大学学校安全推進センター（2023）．子どものこころのケア（トラウマインフォームドケア）　http://ncssp.osaka-kyoiku.ac.jp/mental_care（2023年10月13日アクセス）

Perry, B. D. (1994). Neurobiological sequelae of childhood trauma: PTSD in children. In M. M. Murburg (ed.), *Catecholamine function in posttraumatic stress disorder: Emerging concepts* (pp.233-255). American Psychiatric Association.

Safe Start Center (2011). Tips for Parents and Other Caregivers. https://www.justice.gov/sites/default/files/defendingchildhood/legacy/2011/09/19/tips-caregivers.pdf（2023年10月23日アクセス）

杉山登志郎（2019）．発達性トラウマ障害と複雑性PTSDの治療　誠信書房

友田明美（2019）．親の脳を癒やせば子どもの脳は変わる　NHK出版

▶参考文献

Peverill, M., Rosen, M. L., Lurie, L. A., Sambrook, K. A., Sheridan, M. A., & McLaughlin, K. A. (2022). Childhood trauma and brain structure in children and adolescents. *Developmental Cognitive Neuroscience, 59*, 101180.

友田明美（2020）．子どもの健やかな育ちのためのマルトリートメント予防と養育者支援　小児の精神と神経, *60*(2), 111-115.

コラム 15-❶　PTSDとC-PTSDの違い

藤本昌樹

　2019年に，ICD-11が1990年以来，約30年ぶりに改定された。ICDは世界保健機関（WHO）が作成する疾病分類である。「ICD」はその略称であり，正式名称は「International Statistical Classification of Diseases and Related Health Problems（疾病及び関連保健問題の国際統計分類）」である。日本語では「国際疾病分類」ともよばれている。その改定により，トラウマに関連する新たな診断として複雑性PTSD（Complex PTSD：C-PTSD）が追加された。

　PTSDとC-PTSDはともにトラウマ体験によって発症する障害だが，罹患する経緯と特徴に差異がある。PTSDは主に事故や自然災害などのショッキングな出来事後に発症することが多く，フラッシュバックや過度な警戒心，怒りやイライラ，不安などの症状が特徴である。

　一方で，C-PTSDは逃れられない状況での長期間にわたる持続的なトラウマ（たとえば戦争捕虜，奴隷，家庭内暴力や虐待など）ののちに発症する。PTSDと共通する症状のほか，自己組織化の障害（Disturbance of Self-Organization：DSO）とよばれる自己評価の低さや人間関係の困難，感情を適切にコントロールできないことなどの症状がある。

▶参考文献
白川美也子（2019）．トラウマのことがわかる本　講談社

第 **16** 章

日向野智子
坪井寿子
藤後悦子

災害から
子どもをまもる

　自然災害は，日本に住む私たちにとっては常に考えていかなくてはならない問題です。毎年のように線状降水帯の豪雨，台風，そして地震などが繰り返し起こっています。いつくるともわからない災害から子どもたちをどのように守れるか，考えただけで途方に暮れるかもしれません。しかし，災害後できるだけ速やかに，身の安全を確保し心の平穏を取り戻すための備えや知識があるかどうかによって，被災後の回復力は異なります。とりわけ，被災後の安全と生活を大人に委ねる子どもにとって，災害時に大人が果たす役割は非常に重要です。本章では，今ある知識や知恵を使いながら，災害から子どもを守ること，そして，子どもを守る私たち大人の役目について考えてみたいと思います。

I.　私たちの生活と自然災害

　私たちが住んでいる日本は，地震，火山活動が活発な地理的特徴があり，国土の面積の割には地震の発生回数や活火山の分布数の割合はきわめて高いものとなっている。また，地理的，地形的，気象的諸条件から，台風，豪雨，豪雪などの自然災害が発生しやすい国土となっている（例：内閣府，2002）。

　このような自然災害について，どのようなことを思い浮かべるであろう。ある人は地震，ある人は火災や津波，ある人は豪雨などであろう。災害対策基本法第2条の1では，災害を「暴風，竜巻，豪雨，豪雪，洪水，崖崩れ，土石流，

高潮，地震，津波，噴火，地滑りその他の異常な自然現象又は大規模な火事若しくは爆発その他その及ぼす被害の程度においてこれらに類する政令で定める原因により生ずる被害をいう」としている。わが国では大規模な地震が多数発生しており，甚大な被害が生じている。近年に発生した最大震度7以上を観測した地震災害としては，阪神・淡路大震災，新潟県中越地震，東日本大震災，熊本地震，北海道胆振東部地震，能登半島地震があげられる。地震は，揺れによる建物の倒壊のみではなく，火災や津波，地滑りなどのリスクも伴っていることから，被害が拡大しやすい。大規模地震や津波を想定した避難訓練が，学校や自治体，町内会などによって多数実施されている。

　本章では，災害が大人と子どもの心に及ぼす影響や必要な支援についての概略を述べたあと，地震災害における具体的な支援の実践例について紹介する。最後に，自然災害自体を防ぐことは難しいが，少しでも子どもたちや周囲の大人たちの不安や負担の軽減を図るために，日ごろから行うことのできる予防策や準備についても少し取り上げることとする。

2.　災害が大人と子どもの心に及ぼす影響

1）災害とストレス反応

　大切な家や思い出の品を失ったり，家族や親しい人の安否がわからなかったりしたとき，人びとが心身に負うダメージは計りしれない。予測不能であり，自分ではどうすることもできない出来事ほど，その影響は大きくなる。災害後の人びとには，動悸や頭痛，めまい，食欲不振などの症状や，驚きや恐怖，不安，状況を理解できない，不眠や悪夢，怒りやいら立ち，悲嘆，抑うつ，生き残ってしまったことへの罪悪感，感情の平板化（喜怒哀楽が乏しくなったり，共感性や意欲が低くなったりすること）など，さまざまな急性ストレス反応が現れる。多くの場合，これらのストレス反応は，時間の経過とともに徐々に緩和されていく。しかし，支援を必要とする人が災害時に適切なサポートを得られないと，ストレス反応は強く，長引きやすくなる。そのような場合，心理・社会

的回復にダメージが生じ，うつ病やアルコール依存，子どもであれば不登校などの深刻な問題につながってしまうこともある。とくに，身近な人びとから得られるさまざまな支援であるソーシャル・サポートの欠如は，被災後のPTSD発症要因であることもわかっている。必要な社会的つながりを得られるか否かは，被災後の適応を左右する重要な要因になる。

2）被災後の子どもの反応

　災害後の子どもには，子どもの発達段階に特有のストレス反応も現れる。幼児であれば，赤ちゃん返りや保護者と離れることを不安がる，悲惨な記憶を遊びとして再現し繰り返す行動（例：津波ごっこやブロックでつくった家を『地震だ！』と言って一気に崩す）などがみられやすい。能登半島地震においても，子どもの「地震ごっこ」に大人が戸惑う報道がなされた。ごっこ遊びは，子どもが負った心理的ストレスの回復過程でみられる正常な反応である。ごっこ遊びは，大人からみれば心配で不謹慎な変化に見えるかもしれないが，子どもは，子ども自身の衝撃的な体験をごっこ遊びを通して整理，理解し，心を癒しているのである。通常，無理に制止や禁止をしなくても，子どもの心が落ち着くに従い，ごっこ遊びも減少していく。

　学童期の子どもは，自分や大切な人，物などが被害を受けたとき，「自分がいい子じゃなかったから」，「自分がもっとああしていれば」と自責の念や罪悪感を抱えてしまうこともある。自分の寂しさや不安を表には出さず（または出せず），献身的に保護者や大人を助けるような行動をみせる子もいる。思春期や青年期では，不安や災害に対するいら立ちが反抗的な態度や破壊的な行動として現れることもある。また，被害の程度に差がみられる場合は，友人と自分の状況を比べて孤独感を感じやすくなる。

　災害後の子どもの変化について，親や大人がとまどい不安になることは当然である。しかし，大人の決断や行動に従うほかない子どもたちは，大人にも増してとまどい，不安を抱えているだろう。被災した子どもたちに，私たち大人はなにができるのか。どう接すればよいのか。次項にて災害時の心の支援について

概説した後，被災した子どもに接する際の具体的な支え方について述べる。

3. 災害後の支援

1）心のケアチームによる活動

　災害時には，医師や看護師，保健師，社会福祉士，公認心理師などの専門家，地方自治体の職員や避難所の管理者・スタッフ，NGO や NPO，ボランティアなど，さまざまな人びとが被災した人たちを支援するために連携する。被災後の精神科医療や心理社会的支援のチームは「心のケアチーム」とよばれ，その支援は「心のケア」とよばれる。心のケアは，精神保健活動と心理社会的支援によって成り立つ。精神保健活動は，精神疾患の治療・保護を目的とし，病状や症状に応じたメンタルヘルスへの治療的介入である（ill-being モデル）。一方，心理社会的支援は，被災者の物理的・心理的・社会的なニーズへの要請に応えることによって，被災した人の心理的安全を確保し，精神的回復力（レジリエンス）を高め，ウェルビーイングの改善・促進を目指す過程である（well-being モデル）。災害時には，双方のモデルが補完的に機能することが必要になるという（森光，2021）。

2）サイコロジカル・ファーストエイド（PFA）

● PFAとは

　WHO 版心理的応急処置（Psychological First Aid：PFA）フィールド・ガイド（世界保健機関他〔独〕国立精神・神経医療研究センター他訳，2012）によると，PFA とは，「深刻な危機的出来事に見舞われた人に対して行う，人道的，支持的，かつ実際的な支援」を指す。PFA の目的は，紛争や災害，重大な事件や事故に巻き込まれた人びとを心理的に保護し，これ以上の心理的被害を防ぎ，さまざまな援助のためのコミュニケーションを促進することであるという。PFA では，実施者は被災した人のニーズや気持ちを理解し，実際に役立つサービスや支援を提供する（表16-1）。PFA の対象は，重大な危機にさらされて苦しんでいると思われる人であるが，PFA を望んでいない人には押しつけ

表 16-1　含まれるもの・含まれないものからみた PFA の特徴（世界保健機関他，2012 をもとに作成）

PFA に含まれるもの	PFA に含まれないもの
・実際に役立つ情報の提供（ただし，押しつけない）	・専門家でしかできないものではない[1]
・ニーズや心配事の確認	・専門家のカウンセリングとは異なる
・食料や水，情報など，生きていくうえでの基本的ニーズを満たす手助け	・心理的デブリーフィング[2]とは異なる
・話を聞く（ただし，無理強いしない）	・必ずしもつらい出来事についての詳しい話し合いを含まない
・安心と心が落ち着くような手助け	・なにが起こったのかを分析させたり，出来事やその時間を順番に並べさせたりすることではない
・情報やサービス，社会的支援を得るための手助け	・話したい人がいれば話を聞くが，出来事に対するその人の感情や反応を無理やり話させることはしない
・それ以上の危害を受けないように守る	

注：1) アメリカ版の PFA（アメリカ国立子どもトラウマティックストレス・ネットワーク＆アメリカ国立 PTSD センター　兵庫県こころのケアセンター訳，2011）では，PFA 実施者は主として専門家としている
　　2) 心理的デブリーフィングとは，ストレスになった出来事について，感情や考え，とらえ方，情緒的反応などを系統的に語るよう求めることで，感情表出を促す方法のこと

ず，必要としている人には手をさしのべられるように留意して行われる。**表 16-1 のとおり，WHO 版 PFA では実施者を専門家に限定していない**。つまり，正しい知識を備えていれば，被災時に私たち自身で子どもや身近な人を手助けすることができる。PFA の心得は，災害時の備えとして役立つ実践的な手立てとなる。

● PFA の原則「見る・聞く・つなぐ」

　WHO 版の PFA では，「見る・聞く・つなぐ」を原則（表 16-2）としている。ホブフォル他（Hobfoll et al., 2007）は，心的外傷を負うような緊急時において

表 16-2　WHO 版 PFA の原則「見る・聞く・つなぐ」（世界保健機関他，2012 をもとに作成）

原則	内容
「見る」	安全確認／明らかに急を要する基本的ニーズがある人の確認／深刻なストレス反応を示す人の確認
「聞く」	支援が必要と思われる人びとに寄り添う／必要なものや気がかりなことについて尋ねる／人びとの話に耳を傾け，気持ちを落ち着かせる手助けをする
「つなぐ」	生きていくうえでの基本的なニーズが満たされ，サービスが受けられるよう，自分で問題に対処できるよう手助けする／情報提供／人びとを大切な人や社会的支援と結びつける

は，①安全・安心感，②落ち着き，③周囲とのつながり，④自己効力感および
コミュニティの効力感，⑤希望を回復・保持できるように支援することを原則
としている。PFAにおける「見る・聞く・つなぐ」にはこのような観点が含
まれており，被災した人や子どもが孤独に陥ることなく，人びとや地域社会と
つながりながら，被災者を取り巻く地域全体の回復を促すことを目指す。

● PFAを適切に行うために

　PFAの活動によって被災した人の混乱や不安，不信感を招き，精神的に傷
つけることがあってはならない。PFAは，屋内外にかかわらず，安全で落ち
着いて話せるところであればどこでも行うことができる。ただし，差別や暴力
を受ける可能性のある人や話の内容によっては，プライバシーに配慮した場所
での実施が望ましい。PFA実施者は敬意をもって対象者に接し，その地域の
文化や慣習，その人の価値観や宗教などに配慮しながらPFAを行う。また，
人びとが公平に，差別されることなく，身近な支援を受けられるように，
PFAを提供する。責任をもってPFAを適切に行うためには，実施者自身の
安全・安心を確保することも大切である（コラム16-①参照）。当然ながら，
PFAの実施者は，危機的な出来事の概要や現地で利用できるサービスや支援，
現地の安全と治安状況などを入念に調べておく必要がある。

4. 被災した子どもに大人はどう接すればよいのか

　PFA実施時に特別な注意を必要とする可能性の高い人として，①青年を含
む子ども，②健康上の問題や障害をもった人，③差別や暴力を受ける恐れがあ
る人があげられている。被災後の大人は，子どもを気にかけながらも，生活の
再建に追われる。被災により大人が打ちひしがれている場合は，大人が子ども
に寄り添いケアすることは難しい。また，保護者や身近な大人が亡くなったり
安否がわからなかったりした場合，子どもの生きていくうえでの基本的なニー
ズを満たすことが難しくなるだけでなく，精神的な拠り所までも喪失してしま
う。子どもの不安や悲しみに寄り添い，それ以上の心の傷を増やさないために，

表 16-3　保護者が子ども支えるためにできること（世界保健機関他，2012 をもとに作成）

対象	子どもを支えるためにできること
乳児	温かさと安全を保つ／大きな音や混乱から遠ざける／寄り添ったり抱きしめたりする／できる限り規則的な食事と睡眠のリズムを保つ／穏やかで柔らかい声で話す
幼児・児童	いつもより気にかけ，子どもとの時間を増やす／安全であることを何度も言って聞かせる／悪いことが起きたのはあなたのせいではないと話す／子どもを保護者や兄弟姉妹，大切な人から引き離さない／できるだけいつもどおりの生活習慣や時間を守る／なにが起きたのかという質問には簡潔に答え，怖がらせるような詳しい話をしない／子どもが怯えたり，まとわりついたりするようであれば，側にいさせる／指しゃぶりやおねしょなど，赤ちゃん返りをしても見守る／できる限り，遊んだりリラックスしたりする機会をつくる
児童・青年	時間をつくって向き合う／ふだんの日課がこなせるよう手助けする／なにが起きたのか事実を伝え，今なにが起きているのかを説明する／悲しむことを認める，強くあることを求めない／価値判断をせずに，子どもの考えや恐れに耳を傾ける／明確なルールや目標を設定する／子どもが向き合っている危険について尋ね，子どもを支え，どうすれば傷つけられずにすむか話し合う／自分自身がなにかの役に立つよう励まし，そのための機会を与える

　大人はどのようなことに留意し，子どもにどのように接し，声をかければよいのだろうか。ここでは，WHO 版の PFA フィールド・ガイドに記された「保護者が子どもを支えるためにできること」（表 16-3）を紹介する。

　表 16-3 のとおり，子どもの発達段階に応じて，災害そのものや子どもの置かれている状況の伝え方が変わる。児童・青年期においては，事実について，子どもに明確な説明をすることが推奨される。だからといって，子どもが精神的に自立し，その事実を理解したり受け止められたりするとは限らない。一見，子どもは，災害を受け止め，特段の心配なようすが見られないこともある。健気にふるまい気づかぬ間に負担を抱え込む子や，「さすがお姉さんだね」，「お父さんのぶんまで頑張って」というような労いや励ましの言葉が子どもを追い込むこともある。子どもの心の中では，さまざまな不安と葛藤を抱えている。その反面，大人が思う以上に，子ども自身の精神的回復力はたくましく，子どもに大人が救われることもある。

　災害後の子どものようすやさまざまな変化について，大人は子どもを気づかい，心配していることを伝えつつ，注意深く見守る姿勢も大切である。また，

被災後は，生活のリズムやペースが崩れやすい。衣食住が確保できたあとは，できるだけもとの生活リズムに戻し，規則正しい生活を送れるよう配慮することも，子どもの心身の回復の手助けになる。被災後の子どもについても決めつけることなく，子どもに寄り添い，耳を傾け，必要であれば，困難を乗り越えるための手立てを子どもと一緒に見つけてほしい。

5.　実際の支援例

　ここからは，実際の支援活動のようすや支援の際の留意点についてみていく。

1）阪神・淡路大震災

　子どもたちを含む被災者のメンタルヘルス・ケアの必要性が注目されるきっかけとなった災害が阪神・淡路大震災である。1995 年 1 月に淡路島北部を震源とするマグニチュード 7.3 の地震が発生し，6,400 人以上の死者，4 万人以上の負傷者，約 25 万棟の家屋被害が生じた。災害直後からメンタルヘルス活動の必要性が認識され，地元の保健所を核とする精神医療ネットワークを中心に支援が開始された。その後，被害地外からの応援チームが参加し，支援活動が本格的に展開されることとなる（兵庫県こころのケアセンター HP）。

　一方，被災者の多くは，避難所生活を強いられた。災害直後の避難所は，段ボールを簡易的に間切りした程度のプライベート空間しかなく，ストレスフルな状態であった。子どもたちのストレス反応である，落ち着かない，すぐ泣く，けんかのようになるなどの行動は，避難所などの集団生活の中では，迷惑がられることもある。そのため子どもたちの背後に抱える悲しみや苦しみを理解されることなく，たんに「怒られる」ことも多かった。このような状態を改善しようと，子どもたちの悲嘆反応に対する啓発活動や子どもたちへの直接的支援が開始された。

　4 月になり，被災者が仮設住宅へ移転しはじめたあと，子どもたちの PTSD の問題がより顕著になり，長期的な取組みの必要性が求められた。兵庫県では

基金を活用し，保健所とは別の組織として「こころのケアセンター」が設立され，子どもたちのケアが実施された。ここでは，子どものトラウマへの心理教育，心的外傷性悲嘆の理解や支援のためのガイドブックや動画の作成などを行い，長期的な支援を実施している。

2）東日本大震災，熊本地震，能登半島地震などにおける子どもの支援

　阪神・淡路大震災の経験を受け，国内各地で自然災害が発生するたびに，心理臨床や精神科医療の団体による支援，保育士会や各種民間団体による子どもたちへの支援などが迅速に行われるようになった。

　たとえば熊本地震の際の臨床心理士会の活動を見てみると，2016年4月14日に地震が発生したのち，4月17日には熊本臨床心理士会で災害本部が立ち上げられ，災害対策会議（第1回）が実施された。約2週間後には緊急支援研修会（第1回），熊本市教委緊急支援スクールカウンセラー（以下，SC）の活動が開始され，熊本市の小学校・中学校全校にSCを派遣し，災害に特化したSC活動を行った。このように子どもたちの心理的サポートは，学校への派遣を中心とした支援が実施された（古賀，2017）。

　また，避難所などでは，保育士会や各民間団体（NPO，関連学会など）が遊びを中心とした子どもへの支援を行った。たとえば，NPO法人日本冒険遊び場づくり協会の関連団体「遊び場を考える会」では，車に遊び道具を積んで，被災場所を定期的に訪れて子どもたちが安心して遊べる場所を提供した（井上，2019）。

　一方，子どもたちの回復には，支援される経験ばかりではなく，他者のために役に立つ経験も重要である。東日本大震災を受けた経験をもとに，15歳の語り部として活動をしていた青年たちの講演会に参加した際，彼らが「避難所で『子どもたちはなにもしなくていい』と言われたのがつらかった。僕たちでも役に立てることがあるのに」と話してくれたことが印象的であった。災害後多くの子どもたちは無力感に襲われる。だからこそなにもできない自分であっ

ても，他者のために貢献できているという事実こそが自己効力感の回復につながるのかもしれない。令和6年の能登半島地震では，NPO法人カタリバが現地の高校生と一緒に，子どもの預かり・居場所・遊び支援を行う「高校生とつくるみんなのこども部屋」を開設した。その様子がニュースで流れていたが，子どもたちや保護者の喜びの声のみでなく，高校生自身が「誰かの支えになることで自分たちも元気をもらえた」と話していたことが印象深かった。

3）配慮が必要な子どもたちへの支援

　災害時の非日常的な生活は，配慮が必要な子どもたちやその保護者に，より負荷がかかる。子どもたちに起こりうる状況や留意点についてみていこう。

● 発達障害児など障害児への被災地支援

　発達障害情報センターは，「発達障害児・者に対応されるみなさんへ」（発達障害情報センターHP）として，発達障害児への支援方法に関する情報を提供している。重要な内容として，①発達障害のある子どもの状況は家族や関係者がもっともわかっているので，まずはその方たちに対応を確認する，②日常生活の変化に想像以上に苦手なことがあるので，具体的な提示，時間を過ごせるものの提供，スケジュールや場所の変化を伝える，③大勢の環境にいることが苦痛な場合があるので，説明の仕方や居場所の配慮，健康状態のチェックを行う，などである。なお，声かけについては，次のような工夫が考えられる。

　例1：「そこに行っちゃだめ」　⇒　「この場所で待ってください」

　例2：「静かに待ってて」　⇒　筆記用具と紙，パズル，図鑑などを提案

　発達障害以外にも視覚障害，聴覚障害，肢体不自由，知的障害などさまざまな障害があり，車椅子でのトイレの使用，食物アレルギー，薬への配慮，医療的ケアへの配慮も必要である（国立特別支援教育総合研究所HP）。集団での生活が難しいと感じた場合，遠慮せず，福祉避難所の活用をおすすめする。

● 外国にルーツをもつ子どもの被災地支援

　次に，外国にルーツをもつ子どもたちについてであるが，自宅で過ごしているときに被災した場合，彼らは情報難民となりやすい。外国人家庭の子育ての

課題を概観した結果，災害時にどこから情報を得たらよいかわからない実態が示された（藤後他，2023）。そもそも逃げる際に，「ひなん」の意味がわからず怒鳴られているように感じたり，避難所の食事を宗教上の理由から食べられないと「わがままだ」と言われたりなど，異文化ゆえの誤解も生じうる。また災害特有の言葉「たきだし」などが理解できないこともあるので，緊急支援に必要な言葉が多言語で用意できることが望ましい（佐藤，2016；川嶋，2017）。横浜市国際交流協会では，災害時の通訳や翻訳ボランティアの登録を事前に行っており，子どもたちを含め親子の困り事などに対応できる工夫を行っている。

4）被災の長期的影響

　災害後の支援は，トラウマと喪失の両方への支援が必要である。子どもによっては養育者の死別が生じ，新たな養育者のもとでの生活を余儀なくされるなど二次的困難さが伴う。子どもたちのPTSDの症状は適切なケアがないと長期的にも影響が続く。症状としては，抑うつや過度の攻撃性，感情鈍麻や解離などが生じうる。とくに毎年おとずれる災害発生日や災害から〇〇年というメモリアルの時期にはメディアによる災害の刺激を多く目にすることとなり，それらが引き金となって心的外傷性悲嘆が生じることがある。

　東日本大震災の語り部の方が教えてくれた話では，「小学生の男の子が自宅にいたときに津波に遭い，おばあちゃんと2階に逃げた。男の子は必死におばあちゃんの手をつないでいたが，波にのまれて手が離れてしまった。男の子は助かり，おばあちゃんは流されて亡くなってしまった。男の子は『僕が手を離さなければ……』と後悔しており，そのときの映像がふとしたときに浮かんできて苦しくなる」とのことだった。このように過去の苦しい記憶は突然侵襲してくる。

　また被災直後は，ハネムーン期として皆で困難を乗り越えようとするムードが高まるが，時間が経つにつれてお互いの状況の格差が明らかになる。ある人は家屋の一部が崩壊したが，すぐにもとの生活に戻った。ある人は家が全壊し，家族が亡くなってしまった。このように置かれている環境の差が明らかになる

につれ，子どもたちの葛藤も深くなる。

　さらに残念なことだが，原発事故の関係や自宅全壊などを受けて，他の地域での生活を余儀なくされた子どもたちが「放射能」などとからかわれ，いじめに遭っていた事実も報告されている（東京新聞，2022）。このような二次被害からも子どもたちを守る必要がある。

5）子どもをまもる保護者，保育者や教師，医療関係者，自治体職員などのケアの必要性

　本節の最後になるが，子どもたちを守るためには，周囲の大人もケアされる必要があることを強調したい。被災で子どもが傷ついている場合，必ずと言っていいほど周囲の大人も傷ついている。大人自身の苦しみを吐露することは案外難しい。安心した雰囲気の中で自然な形で，言葉に出すことができるよう，さまざまな支援団体が「カフェ」活動を行い，生活の中での支援が行われていった。

　子どもを守る大人のケアの必要性の例として，保育者を取り上げる。多くの保育現場は，災害直後から高い保育ニーズを求められ，すぐに保育を再開することが多い。熊本地震直後に実施した保育者への調査（藤後他，2018；2019）からは，保育者としてのストレスと被災者としてのストレスにさいなまれている様相が示された。保育者としてのストレスは，日常保育に加え，住民たちへの支援が求められたり，目の前の子どもたちを本当に守れるのかという不安に襲われたり，保護者のストレスのはけ口になったりということがあげられた。このような過酷な保育現場のストレスに加え，保育者は被災者としての生活の困難さも抱えているのである。これは保育者のみでなく医療関係者や自治体職員なども同じことであろう。コラム 16-①で示しているように支援者の支援という視点も忘れてはいけない。

6. 災害の予防に向けた事前の取組み

　以上，種々の自然災害の状況から子どもたちの命を守るためのさまざまな取組みについて紹介した。もちろん，災害が起こってから迅速に対応することは大切であるが，事前の取組みも大切となる。自然災害自体を防ぐことは難しいが，少しでも子どもたちや周囲の大人たちの不安や負担の軽減を図るために日ごろから想定される危機状況への予防的対応が重要である。たとえば，文部科学省からも学校の危機管理マニュアルが作成されているが，そこでも事前対応の重要性が示されている（文部科学省，2018）。家庭や地域社会での取組みも重要であり，これらが連携を保ちながら取り組んでいくことが求められる。実際にはさまざまな事前対応がなされている。事前の取組みについての全容を紹介することはできないので，本章で述べられたことと関連させながら，実際に災害が生じた場面とのつながりをもとに少し述べていくことにする。

　サイコロジカル・ファーストエイド（PFA）については詳細に前述したが，実際に支援が必要になってから活用するのではなく，あらかじめ把握・理解しておくことが求められる。当たり前のことかもしれないが，実際の災害場面での取組みにつながるような事前の取組みというのが基本になると考えられる。

　具体的な実際の支援例との関連についても少し考えてみる。たとえば，発達障害のある子どもたちに対しては，前もって落ち着いて静かに取り組めるもの（活動）を考えておくことも有用となる。また，不安が生じない差し支えない範囲で避難行動が生じるとどのような状況になるのかをあらかじめ知らせておくことも必要かもしれない。また，外国にルーツをもつ子どもたちに対しては，基本的事項についてはいくつかの主要な言語で対応できることも大切だが，その一方で，「避難（ひなん）」，「炊き出し（たきだし）」などいくつかのキーワードについては前もって確認しておくのもよいかもしれない。もちろん，宗教上の配慮について関係する人びとが前もって理解・把握しておくことも大切なことと言える。

　このように考えると，事前に準備できることも少なくない。ただ，そうは

いっても，ことに自然災害については想定外のことが生じることがあるのも事実である。事前に対応できるものには限界があるということを自覚し，実際の災害場面では柔軟に対応することが求められる。この柔軟な対応のためにも事前の取組みが大切となるであろう。

7.　災害から「子どもをまもる」とは

本章では，災害から子どもを守ることについて，いくつかの側面から検討した。周囲の大人が災害から子どもを守ることは，生命にかかわることでもあり最優先されるものである。その一方で，実践例の項でも述べたように子どもたちはなにか役に立てることがあれば取り組みたいという気持ちももっている。もちろん子どもの状況に配慮してのことではあるが，可能であれば発達段階に応じて子どもたちにでもできることを取り組んでもらうとよいのではと考える。こういったことを通して子ども自身が守る力を培っていくことが，本当の意味での「子どもをまもる」ことにつながるのかもしれない。

▶引用文献

アメリカ国立子どもトラウマティックストレス・ネットワーク＆アメリカ国立PTSD
　　センター　兵庫県こころのケアセンター（訳）（2011）．災害時のこころのケア
　　サイコロジカル・ファーストエイド実施の手引き 第2版　医学書院
発達障害情報センター（発行年不明）．被災地で，発達障害児・者に対応されるみな
　　さんへ（その1）　http://www.rehab.go.jp/application/files/2115/8314/2719/1.
　　pdf（2023年11月3日アクセス）
Hobfoll, S. E., Watson, P., Bell, C. C., Bryant, R. A., Brymer. M. J., Friedman, M. J.,
　　Friedman, M., Gersons, B. P. R., Jong, J. T. V. M. de, Layne, C. M., Maguen, S.,
　　Neria, T., Norwood, A. E., Pynoos, R. S., Reissman, D., Ruzek, J. I., Shalev, A. Y.,
　　Solomon, Z., Steinberg, A. M., & Ursano, R. J. (2007). Five essential elements of
　　immediate and mid-term mass trauma intervention: Empirical evidence.
　　Psychiatry, 70(4), 283-315.

兵庫県こころのケアセンター．https://www.j-hits.org/outline/（2023年12月22日アクセス）

井上徹太郎（2019）．被災地で子どもが自由に遊ぶことができる場づくりをする　日本財団HP　https://www.nippon-foundation.or.jp/what/projects/activity/24667（2023年10月24日アクセス）

川嶋賢治（2017）．東日本大震災で被災した神経発達障害児・者と養育者および地域の人々との関連性についての探索的検討　社会福祉学，*57*(4)，121-132.

古賀香代子（2017）．平成28年熊本地震災害支援対策の報告〜熊本県臨床心理士会〜九州臨床心理学会第45回宮崎大会大会企画シンポジウム　配布資料　http://www.jsccp.jp/suggestion/sug/pdf/2_kumamoto.pdf（2023年10月23日アクセス）

国立特別支援教育総合研究所（発行年不明）．災害時における障害のある子どもへの支援　https://www.nise.go.jp/cms/resources/content/6507/hairyo3.pdf（2023年10月24日アクセス）

文部科学省（2018）．学校の危機管理マニュアル作成の手引　（独）日本スポーツ振興センター学校安全部　https://www.mext.go.jp/a_menu/kenko/anzen/__icsFiles/afieldfile/2019/05/07/1401870_01.pdf（2023年10月31日アクセス）

森光玲雄（2021）．災害時の心のケアとサイコロジカル・ファーストエイド　金沢吉展（編著）公認心理師ベーシック講座　健康・医療心理学（pp.230-235）講談社

内閣府（2022）．わが国の災害対策　内閣府　https://www.bousai.go.jp/kyoiku/panf/pdf/saigaipanf.pdf（2023年11月1日アクセス）

佐藤和之（2016）．災害時の外国人への情報伝達から学ぶ多文化共生――「やさしい日本語」の可能性　多言語対応・ICT化推進フォーラムセミナー用資料　https://www.2020games.metro.tokyo.lg.jp/multilingual/references/pdf/160705forum/e-1.pdf（2023年10月24日アクセス）

世界保健機関，戦争トラウマ財団，ワールド・ビジョン・インターナショナル（独）国立精神・神経医療研究センター，ケア・宮城，公益財団法人プラン・ジャパン（訳）（2012）．心理的応急処置（サイコロジカル・ファーストエイド：PFA）フィールド・ガイド　世界保健機関

藤後悦子・川原正人・須田　誠（2018）．保育者からみた災害後の「気になる保護者」――熊本地震後の保育者調査から　東京未来大学実習サポートセンター紀要，*5*，75-82.

藤後悦子・川原正人・須田　誠（2019）．震災後における保育者のストレスについて　東京未来大学研究紀要，*13*，109-116.

藤後悦子・野澤純子・石田祥代（2023）．乳幼児および学童期を育てる外国人家庭の

　　子育ての課題と必要な支援について　東京未来大学研究紀要, *17*, 199-208.
東京新聞（2022）．いじめ，自殺未遂…福島の少女の 11 年　避難前は明るかった「い
　　いよ．友だちが増えるだけじゃん」 https://www.tokyo-np.co.jp/article/164844
　　（2023 年 10 月 24 日アクセス）

本章の一部は，JSPS21K02716 の助成を受けたものである。

コラム 16-❶　支援者自身の安全・安心

川原正人

　　危機的な出来事に見舞われた人に対する支援として PFA（心理的応急
処置）がある。災害などの支援にかかわる可能性がある人なら，少なく
とも名前は聞いたことがあるのではないだろうか。精神疾患などの治療
法や予防法の一種であるかような誤解もまだ見聞きするが，正しくは，
支援を要する人の基本的ニーズを満たし，適切な心理社会的支援を提供
することで，本人の回復力を取り戻してもらうためのガイドラインである。
　　PFA では支援を要する人とのかかわり方はもちろんであるが，支援者
自身のケアについても取り上げられている。支援者自身がよい状態でな
ければよい支援ができないのは当然であるが，研修などでこのテーマを
扱うと意外に難しさを感じる参加者もいることがわかる。支援にかかわ
る人であればセルフケアや同僚へのケアはスキルとして知っていること
も多い。では，どの点で難しく感じるのか。それは組織としてどのよう
なケアやサポートを行うかという話になったときである。現場は常に予
測不可能であり，支援者自身のケアも含めた現場のニーズに対して，速
やかに適切なサポートやリソースが提供されてはじめてよい支援の維持，
継続が可能となる。しかし，組織としての対応が現場のニーズから乖離
するほど問題を現場で抱え込まざるをえなくなり，支援者自身のケアに

ついても組織の支援など望むべくもなくなってしまう。そのような状況でもその専門性や使命感から無理をして心身の調子を崩したり，バーンアウト（燃え尽き症候群）に陥ったりしてしまう支援者もいる。平時から支援者が安全・安心を感じながら活動できる体制を整えておくことは，万が一危機的な出来事が発生したときによい支援を提供するための重要な準備のひとつと言えるだろう。

コラム 16-❷　コロナ禍が子どもに及ぼした影響

石倉　篤

　私たちが経験し，今もまだ経験しつつあるコロナ禍は大人だけでなく子どもにも大きな影響を与えてきた。コロナ禍において，通学や部活動，習い事などがこれまでどおりできなくなることにより，子どもたちはこれまで目標にして頑張ってきたことが突然できなくなり，目標を失い，学級での役割や友人関係における心理的居場所など，集団の中での自己イメージから離れ，孤独感を味わった（木須・安川，2021）と言われている。

　かつてフランクル（Franckl　山田訳，2004）は自分がしたいことや，自分が体験したいこと，今ここで自分の人生が自分に求めていくことに応えることができていれば，空虚になるようなことはないと述べている。コロナ禍では突然したいことや体験したいことができなくなり，子どもたちはまさに「むなしさ」や不安を抱くことになった。困難な状況だが，やりたいことや体験をさせていきたい。

　コロナ禍では，子どもたちは大きなストレスを感じている。木須・安川（2021）によると，子どもが精神的に未発達であると，大きなストレス反応が現れることもあり，コロナ禍で大人は気づかないような場面でも，実は傷ついていたり，無自覚の中でストレスを抱えたりしている子

どもがいることを理解し，子どもであるがゆえの適切なサポートが必要
である（木須・安川，2021）。コロナ禍では，じかに人とかかわる機会
が減ったからこそ，少ない機会であっても子ども同士の交流の機会を模
索したり，ストレスを抱えているだろう子どもに声をかけていったりす
ることが有益である。

コロナ禍ではソーシャル・サポート自体が欠如しているため，オンラ
インなどを積極的に使用して，直接会えなくてもサポートが受けられる
体制づくりなども重要である（木須・安川，2021）。先ほど，じかのか
かわりが必要だと述べたが，それが難しくても，オンラインを通したか
かわりであっても，子どもは自分がひとりではないと感じ取ることがで
きるかもしれない。

コロナ禍ではこれまで述べたように，子どもにやりたいことや体験を
させる機会をつくることや，大人が子どものストレスに対応すること，
オンラインも使用することが求められている。

▶引用文献

Franckl, V.　山田邦男（訳）（2004）．意味による癒し　ロゴセラピー入門
　　春秋社
木須千明・安川禎亮（2021）．コロナ禍における子どもの心理的影響の一考
　　察　北海道教育大学大学院高度教職実践専攻研究紀要（教職大学院研
　　究紀要），*11*，13-20.

コラム 16-❸　「子どもをまもる」に関連する心理学の資格

坪井寿子・藤後悦子

本書では，「子どもをまもる」について心理学のさまざまな観点から
紹介している。子どもを守ることに関する心理学関連の資格もいくつか

みられる。代表的なものについて簡単に紹介する。いずれも，本章で取り上げた災害支援への取組みが充実している。

　まず，国家資格である「公認心理師」があげられる。わが国の唯一の心理職に関する国家資格であり，次の5つが主な支援の場となっている。①保健医療分野では，病に罹った人への治療の営みである医療分野と，病に罹らないよう予防を含め健康を保つ営みである保健分野とからなっている。②福祉分野では，生活に困難を抱えている人びとへの生活の豊かさや幸福を支援していく分野である。③教育分野では，学校教育場面を中心に主に子どもたちの学習面や行動面に関する理解と支援に関する分野である。④司法・犯罪分野では，犯罪や非行とともに司法場面における（家庭）裁判所での家事事件などもその対象となる。⑤産業・労働分野では，「働くこと」への心理的支援が基本的であり，組織内外の健康管理・相談，障害のある人びとを含む就労支援やキャリア支援などを取り上げている。

　次に，「臨床心理士」については，わが国の心理職において中心的な役割を果たしている資格であり，30年以上の実績のある民間資格である。子どもたちにとって身近な存在であるスクールカウンセラーも臨床心理士有資格者が主となっている。実際の活躍の場は広く，医療・保健，教育，福祉，司法・法務・警察，産業・労働，私設心理相談，大学・研究所などがある。

　このほかにも特定の分野に特化した心理資格も数多くあるが，子どもに関する主だったものは次の2つになる。まず，「学校心理士」であり，これは主に学校教育場面での心理支援にかかわっているものである。もうひとつは「臨床発達心理士」であり，生涯発達の観点からの心理支援を目指している資格であるが，保育・子育てに関する心理支援も充実している。

　いずれも大学院卒以上で試験に合格する必要もあるが，本書を読んで子どもを守ることについて専門的に取り組みたいと考えている方は，上記の資格についても検討されるとよいだろう。

おわりに

　本書は，「子どもをまもる」をメインテーマとし，現代の子どもにまつわる諸問題を心理学のさまざまな観点からとらえてきました。

　「はじめに」に記しましたとおり，本書は，東京未来大学こども心理学部こども心理学科心理専攻教員によって執筆されています。本書をまとめるきっかけになったのは，本学心理専攻1年次必修科目である「子ども学」でした。同科目は，本学創立時から開講されているオムニバス科目であり，子どもを多角的にとらえ学ぶための非常に重要な科目です。全14回の授業を心理専攻の教員が1講義ずつ担当することで，入学直後の4月から，さまざまな心理学と子どもに関する知識や視点を得てもらえるよう工夫がなされています。しかし，なかなかそのような内容をカバーする高書は見当たらない……。それならば，テキストを作成しようではないかと思い至り，本書の計画が立ち上がりました。

　本書は，2022年秋口に計画が立ち上がり，迷走期間を経て，本格的に始動したのは2023年7月ごろです。たんに子どもに関する心理学的知見をまとめるのであれば，発達心理学的なテキストになってしまいます。本書のコンセプトを定めるにあたり，「子ども学」とはなにか，「子ども学」において学生になにを学んでほしいのか。また，授業としての「子ども学」を超えて，私たちはなにを読者に伝えたいのか。心理学（心理専攻）をベースとした「子ども学」をどのように展開したらよいのか。これらについて，専攻教員で議論を重ね，本学心理専攻教員19名全員がそれぞれの専門性をもち寄り，「子どもをまもる」をテーマに書き上げました。

　結論として，子どもを知るだけでなく，子どもの健やかな育ちや子どもの豊かな感性，子どもの育ちゆく未来までもまもりたい。私たちは，このような

テーマと願いをかかげ，本書を作成してきました。少子化である昨今，子どもは大切に社会全体で育むものですが，必ずしもそのような現状ばかりではありません。本書における「子ども」を「まもる」という視点は，非常に重要な心理・社会的テーマとも言えます。

＊

　以下では，本書の概要を振り返ってみたいと思います。

　第Ⅰ部「子どもの健やかな育ちをまもる」では，現代社会も含めて子どもたちの周囲の環境という外面とのかかわりや子どもたち自身の深い内面から健やかな育ちについて取り上げました。「まもる」についてはとかく「外からまもる」といったニュアンスで見られがちですが，本書では，内面からまもる力を育むことについても触れてきました。

　第Ⅱ部「子どもと身近な大人との Well-being をまもる」では子どもの身近な環境である学校や地域社会において大人と子どもとのかかわりも含めて，「子どもをまもる」うえで本質的な問題についても取り上げました。

　第Ⅲ部「子どもの心と安全をまもる」では，子どもたちのさまざまな困難から「まもる」について取り上げました。2024 年元日には，令和 6 年能登半島地震も起き，災害への備えと意識はこれまで以上に高まっています。犯罪，事故，トラウマ，災害の観点から，それぞれ「子どもをまもる」うえでの具体的な方策についても述べてきました。

　今度は少し見方を変えて，「子どもをまもる心理学」の「子ども」，「まもる」，「心理学」のそれぞれから考えてみます。

　まず，「子ども」については，テーマによる多少のバランスの違いは見られますが，それぞれの章で乳児期，幼児期，児童期，思春期へと発達プロセスをたどるうえで，各発達段階での子どもたちの様相とその発達プロセスについて述べられています。そこでは，「周りからまもられる存在」から「自らまもることのできる存在」への移行プロセスが随所にみられるでしょう。

　そして，「まもる」を取り上げたことは，本書の大きな特徴と言えます。「はじめに」でも述べていますが，子どもは「守られる」存在です。社会から，学

校から，保護者から，子どもを取り巻くすべての環境から「守られる」存在であるとしたうえで，一般的に「まもる」と言えば，大事なものが侵されたり害されたりしないよう防ぐことですが，本書では大切にかばい合って害が及ばないよう防ぐ意味も込めて広く扱っています。「まもる」の言葉がもつ広さや深さを本書の各章からも読み取っていただけるでしょう。

最後の「心理学」は本書の基本的なスタンスです。心理学は，心の科学と言われ，心のメカニズムについて心の内面や外面に現れる行動を科学的に探究する学問分野です。本書の書名に「子ども」とあるように「発達」分野が主軸となりつつも，「まもる」について「臨床」，「社会」，「認知」などの心理学の諸分野から検討してきました。

このようなことから，本書は「〈子どもをまもる〉ことの〈心理学〉」，あるいは「〈まもる〉ことについての〈子ども〉〈心理学〉」と言えるでしょう。

本書では，高校生をはじめ，これから心理学を学ぼうとしている方々に読んでいただきたいと考えています。現代社会において喫緊の課題となっている「子どもをまもる」ために心理学の立場から役立てていきたいという意図も込められています。

最後に，本書の計画から刊行まで，鋭くも温かく建設的なご助言を賜りました福村出版の川口晃太朗さんに心より感謝申し上げます。

本書を読んで，「心理学」そして「子どもをまもる心理学」に関心をもっていただければ幸いです。

2024 年 3 月

編者一同

索引

執筆者紹介 （執筆順）

※執筆者はすべて東京未来大学こども心理学部こども心理学科心理専攻所属（執筆時）
※【 】は執筆項目，☆は編者，①主要業績，②専門分野

出口保行　【はじめに・第13章】☆
①『犯罪心理学者が教える子どもを呪う言葉・救う言葉』（単著，SBクリエイティブ，2022），『犯罪心理学者は見た危ない子育て』（単著，SBクリエイティブ，2023），「子育て×防犯──子どもが安全・安心に暮らせる社会」（単著，マッセOSAKA研究紀要，*23*, 31-41, 2020）
②犯罪心理学

渡辺千歳　【第1章】
①『子ども家庭支援の心理学　演習ブック』（共著，ミネルヴァ書房，2022），『はじめて学ぶ発達心理学──乳幼児を中心に』（編著，大学図書出版，2017）
②発達心理学

井梅由美子　【第2章】
①『スポーツで生き生き子育て＆親育ち──子どもの豊かな未来をつくる親子関係』（共編著，福村出版，2019），『部活動指導員ガイドブック　基礎編』（共編著，ミネルヴァ書房，2020），『同・応用編』（共編著，ミネルヴァ書房，2022），『保育と子ども家庭支援論』（共著，勁草書房，2020）
②臨床心理学

藤後悦子　【第3章・第16章】☆
①『中学生のナーチュランスを形成する発達教育プログラム』（単著，風間書房，2012），『社会的子育ての実現──人とつながり社会をつなぐ，保育カウンセリングと保育ソーシャルワーク』（監修・編著，ナカニシヤ出版，2022），『保育カウンセリング──ここからはじまる保育カウンセラーへの道』（編著，ナカニシヤ出版，2010）
②臨床心理学，コミュニティ心理学

鈴木公啓 【第4章】
①『〈よそおい〉の心理学——サバイブ技法としての身体装飾』（共編著，北大路書房，2023），『装いの心理学——整え飾るこころと行動』（編著，北大路書房，2020）
②社会心理学，性格心理学

須田 誠 【第5章】
①「我が国のいじめの態様に関する論評——従来型いじめとネットいじめの対比から」（単著，東京未来大学研究紀要，*18*，183-194，2024），「子ども・若者の自殺未遂に対するコンサルテーション」（単著，東京未来大学研究紀要，*16*，141-153，2022），『子どもを支援する教育の心理学』（共著，ミネルヴァ書房，2021）
②臨床心理学，青年心理学

横地早和子 【第6章】
①『創造するエキスパートたち——アーティストと創作ビジョン（越境する認知科学6)』（単著，共立出版，2020），『触発するアート・コミュニケーション——創造のための鑑賞ワークショップのデザイン』（共編著，あいり出版，2023）
②認知科学，教育心理学

日向野智子 【第7章・第16章】☆
①『子ども学への招待——子どもをめぐる22のキーワード』（共編著，ミネルヴァ書房，2017），『組織行動の心理学——組織と人の相互作用を科学する（産業・組織心理学講座 第3巻）』（共著，北大路書房，2019），『心理学概論——Well-Beingな生き方を学ぶ心理学』（共著，ナカニシヤ出版，2022）
②社会心理学

塚本伸一 【第8章】
①『看護学生のための心理学 第2版』（共著，医学書院，2016），『子どもの発達と学校［第3版］I 発達と学習の心理学』（共著，ナカニシヤ出版，2019）
②発達心理学，教育心理学

大橋 恵 【第9章】
①『集団心理学（現代に活きる心理学ライブラリ——困難を希望に変える心理学VI-2)』（編著，サイエンス社，2021），*Asian Indigenous Psychologies in the Global Context*（共著，Palgrave Macmillan，2019），『ジュニアスポーツコーチに知っておいてほしいこと』（共著，勁草書房，2018）
②社会心理学，文化心理学

野中俊介 【第10章】

①Characteristics of family interaction of individuals with *hikikomori* (prolonged social withdrawal) from the viewpoint of behavior theory. (共著, *Japanese Psychological Research*, *61*(3), 153-165, 2019), Individuals with hikikomori and their families' cognitive behavioral factors: A prospective study. (共著, *Current Psychology*, *42*(18), 15122-15131, 2023), Who are hikikomori? Demographic and clinical features of hikikomori (prolonged social withdrawal): A systematic review. (共著, *Australian & New Zealand Journal of Psychiatry*, *56*(12), 1542-1554, 2022)
②臨床心理学

大村美菜子 【第11章】

①『青年期女子における醜形恐怖心性とその関連要因』(単著, 風間書房, 2015), Beautiful skin hides all faults - Effects of body satisfaction on self-esteem and shyness in Japanese female youths. (共著, *International Journal of Psychology and Counselling*, *7*(3), 47-53, 2015), 「産後女性における化粧行為とメンタルヘルスとの関連」(共著, 容装心理学研究, *1*(1), 13-19, 2022)
②青年期心理学, 臨床心理学

大橋　智 【第12章】

①「保育巡回相談におけるコンサルテーション満足度評価尺度の作成の試み」(共著, コミュニティ心理学研究, *16*(2), 164-177, 2013), 「保育巡回相談におけるコンサルテーションの機能の質的分析――KJ法を用いたモデル化とテキストマイニングによる属性分析」(単著, 明星大学発達支援研究センター紀要：MISSION, *2*, 11-24, 2017), 『学校コンサルテーション――統合モデルによる特別支援教育の推進』(共訳, 学苑社, 2008)
②コミュニティ心理学, 応用行動分析

坪井寿子 【第14章・第16章】☆

①『はじめて学ぶ発達心理学――乳幼児を中心に』(共著, 大学図書出版, 2017), 『子ども学への招待――子どもをめぐる22のキーワード』(共著, ミネルヴァ書房, 2017)
②認知心理学, 発達心理学

藤本昌樹 【第15章】

①『あたらしい日本の心理療法――臨床知の発見と一般化』(共著, 遠見書房, 2022), 『心理学概論――歴史・基礎・応用(公認心理師の基本を学ぶテキスト2)』(共著, ミネルヴァ書房, 2020)
②発達心理学, 臨床心理学

近藤俊明　【コラム】
①『子ども学への招待——子どもをめぐる 22 のキーワード』（共編著，ミネルヴァ書房，2017），『子ども臨床心理学（現代に活きる心理学ライブラリ——困難を希望に変える心理学III-2)』（単著，サイエンス社，2014)
②臨床心理学

小谷博子　【コラム】
①『わたしが一番輝くとき——自然なお産にチャレンジ！』（共著，医学映像教育センター，2008），『出産で女性は賢くなる』（単著，ごま書房新社，2006），『30 才からのオメデタトレーニング』（単著，新紀元社，2009)
②育児工学

川原正人　【コラム】
①『発達障害とパーソナリティ障害——新たなる邂逅（現代のエスプリ no. 527)』（共著，ぎょうせい，2011），『子ども心理辞典』（共著，一藝社，2011)
②臨床心理学

石倉　篤　【コラム】
①「Tグループにおける他者との関わりを通した体験過程の進展」（単著，心理臨床学研究，*35*(3)，278-289，2017)，「Tグループにおける個人プロセスのフェーズ——自己探求が深まりフェルトシフトを体験した参加者の事例の検討」（単著，人間性心理学研究，*35*(2)，183-195，2018)
②人間性心理学

子どもを「まもる」心理学
健やかな育ち・ウェルビーイング・心と安全

2024 年 4 月 5 日　初版第 1 刷発行

編著者　出口保行，藤後悦子，坪井寿子，日向野智子
発行者　宮下基幸
発行所　福村出版株式会社
〒 113-0034　東京都文京区湯島 2-14-11
　　　　　　電話　03-5812-9702　FAX　03-5812-9705
　　　　　　https://www.fukumura.co.jp
印刷・製本　中央精版印刷株式会社